추방과 탈주

초판 1쇄 발행 2009년 1월 25일
초판 4쇄 발행 2018년 1월 20일

지은이 고병권
펴낸이 유재건 | **펴낸곳** (주)그린비출판사 | **등록번호** 제2017-000094호
주소 서울 마포구 와우산로 180, 4층 | **전화** 02-702-2717 | **이메일** editor@greenbee.co.kr

ISBN 978-89-7682-719-7 04300

이 도서의 국립중앙도서관 출판시도서목록(CIP)은 서지정보유통지원시스템 홈페이지(http://seoji.nl.go.kr)와
국가자료공동목록시스템(http://www.nl.go.kr/kolisnet)에서 이용하실 수 있습니다.(CIP제어번호: CIP2009000111)

Copyright © 2009 고병권
저작권자와의 협의에 따라 인지는 생략했습니다.
이 책은 저작권법에 의하여 한국 내에서 보호를 받는 저작물이므로 무단전재와 무단복제, 전자출판 등을 금합니다.
책값은 뒤표지에 있습니다. 잘못 만들어진 책은 서점에서 바꿔 드립니다.

트랜스 소시올로지
Trans Socio-logy 002

추방과 탈주

고병권 지음

그린비

머리말

길 위에서

1

집의 시대가 가고 부랑의 시대가 온 건가. 존재의 집은 파괴되었다. 존재는 홈리스고, 존재는 노숙한다. 공장이 노동자를 내치고 학교가 학생들을 내치고 농토가 농민들을 내치고 정부가 국민을 내치고 나라가 이방인들을 내치면서, 집은 텅 비고 길은 꽉 찼다. 집과 직장, 정부에 대한 간밤의 꿈은, 새벽 몸서리치며 눈 뜬 곳이 길임을 아는 순간 사라져 버렸다.

우리가 잠깬 곳, 바로 길 위에서 이제 매일의 해가 떠오를 것이다. 집에 대한 그리움으로 눈 뜨기를 거부하는 이가 있다면, 길 위에서의 향수병은 암보다 치명적임을 깨닫게 될 것이다. 이제 모두 털고 일어나자. 길에서 먹는 법, 길에서 생각하는 법, 길에서 싸우는 법, 길에서 공부하는 법을 배울 때가 되었다. 이는 그 누구보다도 사유하는 자들에게 하는 말이다. 니체의 말처럼, 이제야말로 '문 밖에서 사유하는 법'을 배울 때이다.

2

이 책의 첫 문장은 2006년 봄에 시작되었다. 어떤 면에서 이 책의 문장들은 내가 썼다기보다 나로부터 뛰쳐나갔다. 지난 2, 3년간 한국 사회 많은 이들이 그랬듯이, 나 역시 어떤 불길한 조짐을 느꼈고, 몸 안 분자들의 난동을 겪으며 길거리로 나갔다. 더 이상 집 안에 있을 수는 없었다. 외환위기 이후 한국 사회에서 끊임없이 성장해 온 신자유주의가 숙성을 마치고, 우리 앞에 적나라하게 드러났기 때문이다. 지난 십여 년간, 네 개의 정부 두 번의 정권교체가 있었음에도 불구하고 신자유주의의 발전과 숙성에는 어떤 단절도 없었다. 단지 그것을 책임지는 관리자들만이 달랐을 뿐이다. 이제 우리는 그 숙성의 불행한 결과와 대면하고 있다.

환자가 덜 아픈 어제를 그리워할 수는 있지만 그렇다고 병이 어제 이미 시작되었음을 부인할 수는 없다. 오늘 넘어야 하는 것은 어제 넘어야 했던 그것이다. 현 정부와 저강도 내전상태에 있는 대중들이 지난 정부, 지난 여당에 마음을 주지 않는 이유, 차라리 길거리에서의 머뭇거림을 선택한 이유는, 어제의 증세와 오늘의 증세를 왕복할 생각이 없기 때문이다.

대중이 부와 권력의 주변으로 밀려나고, 시간과 공간 그 어느 것도 보장받지 못한 불안한 존재로 전락한 것, 자기 나라 안에서 자기 정부를 잃은 내부난민으로 떠돌기 시작한 것이 과연 오늘의 일인가. 분명히 어제와 오늘은 규모도 다르고 수준도 다르다. 그러나 오늘은 어제가 낳은 야수이고, 오늘은 지난 십 년의 숙성이다.

3

내가 이 짧은 책을 쓰기 시작한 3년 전, 노무현 정부는 미국과 자유무역협정을 체결하겠다고 선포했다. 모두가 그 내용을 몰라 어리둥절하고 있을 때 정부의 테크노크라트들은 특전사 요원들처럼 기민하게 움직였다. 한편으로는 공청회를 열면서 다른 한편으로는 미국에 가서 협상 시작을 선포했다. 공청회는 규정상의 절차였을 뿐이다. 모든 게 요식이었고 모든 게 연출이었다. 자기 삶이 크게 좌우될 협상에서 대중들은 완전히 배제되었다.

나는 거기서 끔찍한 새로운 민주주의, 즉 '데모스demos 없는 데모크라시democracy'가 만화 속 거신병巨神兵처럼 태동하고 있음을 느꼈다. 그 해 봄 새만금 개발에 대한 대법원의 최종 판결이 날 때도 그랬고, 평택 미군기지건설 방침이 정해졌을 때도 그랬다. 전 국민적 이해관계가 달려 있는 국책사업들은 조정이나 매개보다는 명령이나 통보 형태로 진행되었다.

왕이나 귀족이 아닌, '민중의 지배' demo-cracy를 의미하는 민주주의가 민중 없이 작동할 수 있다는 것, 심지어 민중을 추방하는 민주주의가 가능하다는 건 참으로 아이러니하다. 그것은 민주주의가 몇 가지 제도나 장치들의 이름에 불과하며 일종의 통치시스템 내지 통치기계가 되었기 때문이다. 한국 사회의 민주화는 자의적 군부 독재자를 물리쳤지만, 그 자신이 민중 배제적인 시스템이 되는 것을, 즉 시스템 형태의 독재가 탄생하는 것을 막지는 못했다.

최근 한국에서 나타나고 있는 '데모스 없는 데모크라시', '통치시스템' 내지 '통치기계'로서의 민주주의는 역설적이게도, 민주정의 전사前史인 줄 알았던 귀족정이나 군주정을 다시 불러들이고 있다. 시스템의 작동에 관여하고 있는 기술자들, 그리고 무엇보다 시스템 작동의 키를 쥐고 있는 자들이 민주정의 이름으로 귀족정이나 군주정을 시행하고 있다는 느낌을 준다. 말하자면 최근 한국 사회에서는 특정 분파가 민주주의를 장악하고, 민주주의가 특정 분파의 이익에 복무한다는 느낌을 준다.

이명박 정부 아래서 이 경향은 더 노골화되었다. 분명 근대 민주주의의 공식에 따라 행정부와 입법부, 사법부는 제도적으로 분화되어 있고, 언론의 권력은 권력의 '제4부'라고 불러도 좋을 만큼 막강하며, 시민단체의 권력 역시 역대 어느 정부보다 강하다. 그러나 민주주의를 상징하는 제도와 기구들은 현 정부 아래서 하나의 독재 기계가 되어 유기적으로 맞물려 돌아간다.

현 정부의 정책들은 입안에서 실행에 이르기까지 철저히 민중 배제적이라는 느낌을 준다. 그러나 그 정책들은 국민 의사를 대의한다고 간주되는 의회의 지지를 받으며, 무엇보다 사법부(특히 헌법재판소)에 의해 정당성을 인정받는다. 정부 정책에 대한 실재적인 견제와 균형이 이루어진다기보다, '견제와 균형 시스템'에 의해서 정책이 추인되는 형식으로, 민주주의적 검증을 통과한 것으로 '인정' 받는 것이다. 게다가 일부 시민단체들이 정부에 우호적이지 않은 기구나 단체들을 고발하고 거기에 행정관청이나 사법부가 응하는 방식으로, 시민단체의 의견을 수렴하는 민주주의가 작동한다(방송이나 교과서 파동을 보라). 이제 비정부기구NGO와 정부기구GO의 구별은 여러 곳에서 흐려졌다. 이 끔찍한 새로운 민주주의의 공론장을 주도하는 것은 언론들이다. 이들은 여론을 매개하거나 중개하기 이전에 여론을 주도하고 여론을 자임

한다. 여론을 대의해서 언론인 것이 아니라, 언론이기에 여론을 대의하는 것으로 간주되는 것이다.

한국 민주주의가 매개나 조정보다는 명령이나 통보 형식을 띠고 있다고 했지만, 어찌 보면 매개나 조정, 합의 등이 사라진 것은 아니다. 그것들은 사라졌다기보다 명령과 통보, 추방의 체계 안으로 흡수되었다고 말하는 편이 옳을 것이다. 여전히 여야 정당들은 정치적 갈등을 해소하기 위해 조정하고 합의를 이루어 낸다. 여전히 언론들은 여론을 매개하고 전달한다. 여전히 시민단체들은 운동을 조직하고 대의한다. 그러나 매개와 조정, 대의는 그 시스템에 의해 거부되는 사람들, 그 자리에 참여할 수 없을 뿐 아니라 그 자리에서 내려진 결정에 의해 배제되는 사람들을 산출하고 있다. 새로운 민주주의는 국민의 뜻을 받들지만, 그것은 국민 아닌 자들을 산출하면서이고, 합의와 협력을 이루지만, 그것은 '합의로부터 배제' 되고 '합의를 통해 배제' 되는 사람들을 산출하면서이다.

그래서 민주주의를 위한 투쟁이 민주주의에 대해서 벌어지는 이상한 상황이 자주 일어나고 있다. 여야 간의 합의consensus는 대중과 정치권의 불화dissensus와 나란히 가며, 언론에 의한 여론의 독점적 매개는 그 매개를 거부하는 현상, 즉 미디어를 넘어선 미디어, 미디에이션을 거부하는 이미디에이션im-mediation, 직접 행동 미디어로 나타난다. 오랫동안 데모스 없이 권력을 키워 온 시민단체들은 데모스들, 민중들의 사회적 투쟁에서 왕따를 당하거나, 심지어 공격의 대상이 되고 있다. 작년 촛불 시위는 이 모든 것들의 분출이었다.

4

 이 책의 대부분은 '문 밖에서' 쓰여졌다. 2006년 봄, 길을 나섰다. 반쯤은 참을 수 없어서, 반쯤은 이해할 수 없어서. 반쯤은 화가 났고 반쯤은 궁금했다. 도무지 무슨 일이 일어나고 있는 건지. 전라도에서 서울까지 걸어오면서 매일 밤 세미나를 열었고 매일 밤 토론을 벌였다. 여기저기를 다녔고 이 사람 저 사람 만났다. 새만금 갯벌에 즐비한 시체로 늘어서 있던 백합 조개들도 보았고, 다 죽어가는 농촌의 60대 청년 부장도 만났으며, 바다를 잃고는 날품팔이로 복분자를 따러 가는 어부도 보았으며, 고등교육에서 밀려나는 가난한 아이들을 걱정하던 교사도 만났다. 단속추방에 쫓기던 이주노동자를 만났고, 철조망에 가로막혀 논 앞에서 절규하던 대추리의 주민도 만났고, 한강대교를 온 몸으로 기어가며 이동권과 활동보조인제도를 요구하던 중증장애인도 만났고, 근무한 연한보다도 더 긴 농성을 벌이고 있는 비정규직 노동자도 만났다. 이 모든 사람들을 2007년 한미자유무역협정 반대 시위에서, 그리고 다시 2008년 촛불 시위에서 만났다.

 도대체 무슨 일이 일어났는가. 길은 온통 뛰쳐나온 사람들과 쫓겨나온 사람들로 가득 찼다. 길 위의 대중은 참으로 두렵다. 하지만 그 두려움은 추방된 자들의 감정이면서 동시에 추방한 자들의 감정이기도 하다.

 추방, 그것은 지난 십여 년간 한국 사회에서 일어난 일을 말해 준다. 탈주, 그것은 앞으로 일어날 일의 전조이다. 길 위의 무수한 대중들은 '무슨 일이 일어났는가'에 대한 증언이자 '무슨 일이 일어날 것인가'에 대한 예언이다. 아직은 웅성거림이고, 아직은 머뭇거림이지만,

속삭임의 말들은 급속히 퍼져 나가고 있다. 그러다 여러 말들이 갑자기 하나의 언어로 짜이는 순간이 올지 모른다. 그때 대중은 더 이상 속삭이지 않고 명확한 언어로 말할 것이다. 이제 때가 되었다고.

5

안데르센의 동화 『임금님의 새 옷』에서 옷 입기를 좋아하는 임금님이 마지막으로 걸친 옷은 투명한 옷이었다. 그것은 입은 것이기도 했고 벗은 것이기도 했다. 한 '익명의' 아이가 불쑥 그것을 말하기 전까지 투명한 옷은 분명 아름다운 옷이었다. 위선과 허세, 두려움이 범벅되어 만들어진 아름다운 옷. 그런데 임금님이 최고로 아름다운 옷을 입은 순간, 임금님은 옷을 입지 않았다는 역설이 생겨나고, 그것이 익명의 대중들에게 노출되었다. 대중 속에서는 '불쑥' 일어나는 일이 많다. 길거리의 많은 이들도 임금님과 그 신하들처럼 아름다운 옷을 찬양했었다. 그러나 대중은 단지 많은 사람들의 모임이 아니다. 거기서는 예측할 수 없는 온갖 일들이 '갑자기' 일어난다. 누군가는 남들이 말하지 않은 것을 '불쑥' 말해 버린다. 그 말을 한 이가 어린아이였는지 중고생이었는지 노숙인이었는지는 중요하지 않다. 누군가 불쑥 던진 말이 모두의 마음속에 있던 공통의 말이라면, 그때 상황은 걷잡을 수 없이 반대 방향으로 나아가게 된다.

그래서 적나라한 임금님이 익명의 대중 앞에 서는 것은 매우 위험한 일이다. 나중에 아이를 잡아들이고 문초해 봐야 헛일이다. 그는 단지 사람들 마음속에 있던 하나의 말이 현상한 것에 불과하기 때문이다. 한 사람을 잡아 그 실명을 밝힌다고 해도 의미가 없다. 그가 얼마나 보잘것없는 개인인지를 드러내는 것도 우스꽝스러운 일이다. 불쑥 말하는 순간 그는 단지 대중이었을 뿐이고, 대중은 본래 익명이며 아무것도 아닌 자들이기 때문이다. 대중은 1인칭도, 2인칭도, 3인칭도 아니다. 그들은 굳이 말하자면, 누군가의 표현처럼, 4인칭이다. 그들 중 어떤 이를 잡아 '그'라고 확정하는 것이 무슨 의미가 있겠는가.

최근 정세를 보면서, 정부가 적나라해지는 것에 맞춰 대중은 익명적이 됨을 느낀다. 정말로 대중은 '대중적'이 되어 가고 있다. 그러나 대중이 익명이라는 사실이 사람들이 숨는다는 걸 의미하지는 않는다. 사람들은 대중 속으로 숨는 게 아니라 대중으로서 드러나는 것이다. 한국 사회에서 사람들은 익명적으로 전면화되고 있다. 익명성을 은폐나 회피로 이해하는 것은 개별자만이 참되다고 믿는 근대 서구 철학의 편견이다. 오히려 사람들이 개별자로 머무는 곳에서 대중이야말로 은폐되고 회피된다. 획일적 집단화 현상은 대중화 현상이라기보다 대규모 개별화 현상이다. 개인주의자들이 대중을 비난하는 곳에 있는 것은 대중이 아니라 거대한 개인이다.

한국 사회에서 개별화되지 않는, 익명의 다질적 무리들이 형성되고 있음에 주목할 필요가 있다. 그들은 '대중을 이해하지 않으려는 정부'에게 들이닥치고 있는 '이해할 수 없는 대중들'이다. 정부가 세금을 국민에게 돌려주고, 방송을 국민에게 돌려주고, 안전과 부를 국민에게 보장할 때, 정부가 돌려주는 것을 받을 수 없고, 정부의 보장 때문에 불안해지고 가난해지는 사람들이다. 형식적으로 어떻게 불리는가에 상관없이, 이 길거리로 쫓기고 도망친 대중들은 모두 비국민이고 난민이다. 이 사람들은 스스로 불안에 떨면서 동시에 권력자들을 불안케 한다. 그들의 정체는 파악되지 않고, 그들의 말은 알아들을 수 없다. 권력자들은 추방된 자들의 말을 괴담으로, 행동을 난동이라고 부른다. 그리고 알 수 없는 적에 대한 강박에 사로잡혀 감시와 처벌, 통제 장치를 계속 키워만 가고 있다.

6

길, 사실 그것은 뭔가를 묻고 배우려는 자들의 오랜 장소였다. 길만큼의 물음이, 물음만큼의 길이 있었고, 또 그만큼의 배움의 공동체가 있었다. 학교가 세상의 어떤 장소, 어떤 건물의 이름표가 되기 전에는, 배움이 일어나는 모든 길, 그 길에 열린 모든 모임이 학교라고 불렸다. 특정한 어느 장소가 학교라는 이름을 가져가면서 사람들은 더 이상 학교 바깥에서 배우려 하지 않는다. 더 나쁜 것은 그 이름 때문에, 학교에서 하는 모든 지식 전달 행위가 공부인 줄 안다는 것이다. 어느 기둥 옆에서, 어느 집 정원에서, 어느 성당에서, 어느 길모퉁이에서 공부하는 이들이 학교를 여는 것은 근대 이전에는 아주 흔한 풍경이었다. 무엇보다 우니베르시타스universitas, 즉 대학은 배움과 삶을 하나로 해결하고자 했던 하나의 길드였고 코뮨이었다. 여러 대중들 속에 지식인 대중이 존재하는 것은 하나도 이상한 일이 아니었다.

    길 위에서 나는 그것이 사실임을 깨달았다. 우리가 갖지 못한 것은 교수직도, 대학도, 연구소도 아니었다. 우리에게 없는 것은 딱 하나, '길'이었다. 지난 3년간 간혹 들리던 소위 '인문학 위기' 담론은 참 이상했다. 인문대학 총장들은 마치 기업경영자들CEO처럼, 인문학에 투자해 달라는 말만 했다. 인문학에 돈을! 그러나 길 위에서 인문학을 하는 사람들, 소위 '현장인문학'을 외치는 활동가들은 가난한 사람들에게 절실한 것은 돈이 아니라 인문학이라고 했다. 삶을 구원하는 것은 돈이 아니라 앎이라는 것이다. 돈보다 인문학을!

여기 저기, 이 사람 저 사람에게 강연을 다녔다. 때로는 비정규직 장기농성장에서, 때로는 교도소에서, 때로는 장애인 야학에서 철학을 함께 공부했다. 그리고 노숙인들에게 인문학을, 탈성매매여성에게 인문학을 하는 사람들을 만났다. 이 책은 거기서, 그 사람들에게서 본 것과 들은 것의 기록이기도 하다. 이 책에는, 비록 내 짧은 지식과 둔감한 신체 탓에 제한되기는 했지만, 앎의 장소, 앎의 신체가 있다. 문장들 속에서 나는 '거기'와 '그들'을 떠올릴 수 있다. 문장들 속에서 나는 '여기'와 '우리'에 대해 말할 수 있다.

기억하고 예고하는 것, 고백하고 약속하는 것, 말하고 행동하는 것, 길 위에서 이루어지는 그 행복한 마주침을 뭐라고 부를까. 나는 그것을 '선언'이라고 부른다. 이 책 3부에 실린 선언들—사실 나는 지난 3년간 몇 개의 선언문을 썼는지 기억하지도 못한다—은 내게 선사된 고마운 마주침들이다. 고대의 현인들은 앎을 통해 구원을 얻으려는 자들에게 지혜로운, 하지만 또한 엄중한 문구를 남겼다. "살아온 대로 말하고, 말한 대로 살아가라!" 나는 물론 이 문구에 한참 모자란 사람이다. 그러나 우리의 앎이 우리 삶을 구원할 수 있다면, 바로 그 한 문구 때문이다. 길 위에서 사람들은 말하고 행동할 수밖에 없다. 한마디로 그들은 선언할 수밖에 없다. 선언은 사람들에게 보내는 초대장이다. 길로 나오라는 것, 걸으며 묻자는 것, 사유의 장소는 집이 아니라 길이라는 것.

어떻게 흘렀는지 알 수 없는 시간이 흘렀다. 대중 속에서, 그리고 길 위에서 '나'를 잃어버렸다. 대중을 비난한 자들이 말하듯, '연루되고' '휩쓸렸다.' 그러나 나를 잃어버린 그 시간들이 나를 만들어 주었다. 세상의 모든 개성은 타자들의 선물이다. 대중 속에서가 아니라면, 타자들이 없다면, 특이성이라는 게 어떻게 가능하겠는가. 정말이지 나는 나로부터 먼 데서 왔다. 우리 모두가 그렇다. 앞으로 우리에게 일어난 많은 사건들이 그 사건에 참여한 우리에게 놀라운 특이성을 선물할 것이다.

그러나 이 머리말이 끝나기 전에 지난 삼 년의 선물에 감사를 표하고 싶다. 함께 행진했던 '연구공간 수유+너머'의 동료들, 우리가 길에서 만났던 그 많은 친구들과 스승들, 모두에게 깊은 감사를 전한다. 내게 초대장을 보내 준 사람들, 내 초대에 응해 준 사람들 모두에게 감사의 마음을 전한다. 특히 용기와 유머의 미덕을 갖추었던 우리 촛불 대중들, 이 책의 가장 큰 감사가 그들에게 전해지길 바란다. 1848년 6월 혁명이 좌절되고 참여자에 대한 온갖 탄압과 비난이 가해졌을 때, 맑스는 배고픔에 시달리고, 신문에 모욕당하고, 노예선에 팔려가고, 바다 건너로 추방되는 평민들, "지독히 침울한 그들의 이마에 월계관을" 씌워 주었다. 그리고 그것을 민주주의적 신문의 권리이자 특권이라고 했다. 부디 그런 특권이 이 책에도 있기를 소망한다.

2009년 1월

고병권

:: 차 례

머리말_길 위에서 5

1부 대중의 흐름

1_주변화와 소수화 : 국가의 추방과 대중의 탈주
대중의 추방 21 | 주변의 생산 24 | 새로운 인클로저 29 | 치외법권 지대에서의 폭력 32 | 대중의 탈주 36

2_불안시대의 삶과 정치
세계-주변-존재 44 | 신자유주의 시대의 국민주의 47 | 공포체제에서 불안체제로 57 | 합의정치의 폭력, 그리고 대중의 난입과 탈퇴 66 | 우리, 잃어버린 자들의 미래 70

3_혁명 앞에서의 머뭇거림 : 2008년 촛불시위의 발발과 전개

#1 추방된 자들의 귀환 73
어두운 전조 73 | 광장으로 난입한 대중, 그들은 누구인가 77 | 미디어—'이미디에이션'(im-mediation)과 '온오프라인'(onoff-line) 80 | 혁명의 혁명—바리케이트는 누가 쳤는가 82

#2 사제와 폭력 85
1987년과 2008년의 '6월 10일' 85 | 대충돌—6월 28일 밤 88 | 사제들의 등장 92 | 폭력이란 무엇인가 96

#3 촛불시위, 그 승패에 대한 관심 102
불임의 전쟁에 대한 공포 102 | 어떻게 승패를 다룰 것인가 104 | 촛불의 성취 106 | 과정 중의 존재 107 | 전쟁사회의 전망 108

2부 지식의 운명

1_한국 사회에서 지식인의 죽음을 예감하다
지식기반사회에서 지식인 113 | 진보적 지식인과 현장 117 | 대학─탈속적 공간에서 세속적 공간으로 126 | 테크노크라트와 대중지성 131 | 지식인의 죽음 136

2_교도소에서 인문학을 한다는 것
인문학에 대한 물음 140 | 삶의 기술과 범죄의 기술 144 | 어리석음과 처벌 147 | 교정한다는 것과 공부한다는 것 150 | 교도소는 대학이 될 수 있을까 153

3_'앎'은 '삶'을 구원할 수 있는가 : 인문학자와 '현장'
'현장'으로의 초대 156 | 배움이 없는 교육자 161 | 앎은 삶을 바꿀 수 있는가 166 | 인문학자의 감옥과 배움의 사건 172 | 삶으로 사유하기 위하여 179

3부 운동의 선언

1_소수자에 대한 학살을 중단하라/소수자 투쟁 선언 182

2_길에서 하는 공부/걸으면서 질문하기 188

3_우울한 지식과 즐거운 지식/대중지성 프로젝트를 위한 선언 196

4_앎의 연대 : 책을 읽자, 세상을 바꾸자/시민지식네트워크를 위한 독서 프로젝트 200

5_코뮨주의를 선언한다/코뮨주의 선언 208

1부

대중의 흐름

1.
주변화와 소수화
−국가의 추방과 대중의 탈주

2.
불안시대의 삶과 정치

3.
혁명 앞에서의 머뭇거림
−2008년 촛불시위의 발발과 전개

1_ 주변화와 소수화
국가의 추방과 대중의 탈주

1. 대중의 추방

한국 사회의 신자유주의적 재편이 분명해진 것은 1990년대 후반에 들어서였다. 정부의 신자유주의적 여망은 물론 더 오래된 것이겠지만, 그때까지는 사회를 그렇게 재편할 힘이 모자랐다. 가령 정리해고를 법제화하려 했던 1996년의 정부 시도는 대규모 총파업에 의해 좌절되었다. 파업에 참여한 노조 수가 3천 개가 넘었고, 참가한 노동자 수는 4백만 명에 육박했다. 1996년 겨울은 한국의 노동자들에게 대단히 뜨거운 계절이었다.

그러나 모두가 알고 있듯이 1997년의 겨울은 1996년의 겨울과는 완전히 달랐다. 1996년에 불가능한 것은 신자유주의였지만, 1997년에 불가능한 것은 신자유주의에 대한 이의제기였다. 그 누구도 국제통화기금IMF이 내린 신자유주의적 구조조정 프로그램에 이의를 달 수 없었다. 모든 대선 후보들이 IMF의 구조조정 프로그램을 준수하겠다는 서약을 했고, 그 프로그램이 너무 가혹하다며 재협상을 운운한 사람들은 역적 취급을 받았다.

결과적으로 보면 신자유주의적 구조조정을 추진했던 한국의 권력과 자본은 '위기' 덕분에 '기회'를 잡은 셈이다. 1997년의 외환위기는 당시 집권당과 일부 대기업을 무너뜨렸지만, 새로운 집권당과 살아남은 기업들에게 막대한 권력과 이익을 제공했다. 그 권력과 이익은 1996년 겨울에 패배한 자들이 본래 노렸던 것보다 훨씬 큰 것이었다. 국내 권력과 자본은 스스로 신자유주의적 명령을 내리는 데는 실패했지만, 초국적 기구의 명령에 편승함으로써 자신들이 얻고자 했던 바를 모두 얻었다고 할 수 있다.

이제 그로부터 십여 년이 흘렀다. 한국 사회의 신자유주의적 재편은 여전히 진행형이다. 아니 진행형으로 정의되는 게 신자유주의가 아닌가 싶다. 구조조정은 사회구조를 재편하기 위해 한 번 필요한 것이 아니었다. 오히려 매번의 구조조정이 이제 하나의 사회구조가 되었다. 위기는 전환의 순간에 한 번 찾아오는 것이 아니었다. 대중들은 이제 영속적 위기 속에서 사는 법을 배워야 한다. 대중들의 삶은 지난 십여 년간 정말로 많이 변화했다.

2006년 5월 나는 '연구공간 수유+너머'의 동료들과 함께 한국 사회의 신자유주의적 재편에 반대하는 행진을 벌였다. 우리가 행진을 결심하게 된 데는 그 해 봄에 있었던 세 개의 사건이 큰 영향을 미쳤다. 하나는 개발 목적조차 불분명한 새만금 간척사업을 대법원이 추인해 준 판결이었고, 다른 하나는 미군기지 건설을 위해 정부가 벌인 평택 대추리 주민들의 폭력적 추방이었다. 그리고 마지막 하나는 '한미 자유무역협정'(FTA)을 체결하겠다는 정부의 급작스런 선언이었다.

노무현 정부는 이들 국책사업에 막대한 '국익'이 달려 있다는 이유로 사업 추진을 정당화했다. '전체'를 위해 '일부'의 희생이 불가피하다는 논리가 시종일관 따라다녔다. 그러나 이제 희생이 불가피한 그 '일부'는 셀 수 없을 만큼 많아졌다. 지역 개발을 위해 불가피하게 희생된 자연, 무역해야 먹고 살 수 있다는 나라에서 희생이 불가피한 농민, 기업하기 좋은 나라를 위해 불가피하게 희생된 노동자(특히 비정규직과 이주노동자), 국가 안보를 위해 자기 안보를 희생해야 했던 대추리 주민들. 신자유주의가 본격화된 지난 십여 년간 대중들의 삶은 이 '불가피하다'는 희생 속에 존재하고 있다. '전체'를 위해 희생된 '일부', 결과적으로 '전체'에 포함되지 못하는 '일부'. 그것이 한국 사회 대다수 '대중'의 형상이 되었다.[1]

우리는 전라도에서 서울까지 매일 열 시간 정도를 걸었다. 하루의 행진이 끝나면 그 지역의 대중들을 만났고 그들과 함께 이야기를 나누었다. 새만금 갯벌에서는 무수히 많은 조개들의 시체를 보았고, 전라도·충청도·경기도를 거치면서는 삶의 위기를 겪고 있는 어민과 농민들을 만났다. 우리가 만난 사람들 중에는 가난한 아이들의 미래를 걱정하던 교사도 있었고, 환경 재앙을 경고하던 환경운동가도 있었다. 단속추방에 쫓기던 이주노동자도 있었고 활동보조인제도 시행을 요구하던 중증장애인도 있었다. 그리고 자신들의 마을을 지키기 위해 매일 저녁 촛불을 밝히는 대추리의 주민도 있었다.

권력과 자본에 의해 추방된 사람들은 그야말로 곳곳에 있었다. 지난 십여 년간 권력과 부의 영역에서 대중들은 지속적으로 추방되어 왔다. 각종 양극화 지표들이 잘 보여 주고 있듯이, 1997년 이후 한국 사회

---

[1] 이에 대해서는 다음을 참조하라. 이진경·고병권, 「제국의 시대인가, 제국의 황혼인가 : 한미FTA를 둘러싼 정세에 관하여」, 『시민과 세계』(제9호/하반기), 참여사회연구소, 2006 ; 고병권, 이 책 3부에 실린 '소수자 투쟁선언'.

는 권력과 자본의 핵심을 장악한 소수의 세력과 그렇지 못한 대중들로 뚜렷하게 구분되고 있다.[2] 사실 '양극화'라는 말 자체는 최근 일어나고 있는 분화에 대한 적절한 표현이 아니다. 두 집단은 결코 대칭적이지 않기 때문이다. 체제의 핵심에서 추방된 사람들은 뚜렷한 정체성을 갖고 있지 않는 사실상의 '비가산집합'非可算集合이다. 이는 자본과 권력의 핵심에 있는 집단과 그렇지 못한 집단, 즉 한 집단과 그것의 여집합으로 존재하는 집단의 분화에 가깝다.

2. 주변의 생산

지난 십여 년간 자행된 대중의 추방현상을 나는 '주변화' marginalization 라는 말을 통해 이해한다. '마진' margin이라는 외국어는 현재 우리나라 대중들의 사회적 처지를 사고하는 데 아주 적합하다. '마진'은 주변, 한계, 이익, 공백 등의 사전적 의미를 갖고 있다. 그런데 최근 한국 사회에서 이 사전적 의미들은 다음과 같은 현실적 의미들로 전화한다.

'마진'의 첫번째 의미인 '주변'은 권력과 부의 영역에서 부차화된 대중의 지위를 나타낸다. 가령 전체 노동자의 과반수인 비정규직 노동자들은 가치생산에 참여하지만 적극적 주체로서의 역할을 인정받지 못하거나 평가절하된 형태로만 인정받는다. 새로 생겨난 일자리들은 대부분 불안정한 형태의 질 낮은 것들이다. 생산의 부차화는 결국 소비의 부차화로 이어지는데, 가령 교육비나 의료비 지출의 경우 저소득층은 고소득층의 1/4에도 못 미친다.[3] 이 차이는 1997년 이후 지속적으로

---

2) 고병권, 「한미FTA와 한국 사회의 양극화」, 『한미FTA 국민보고서』, 그린비, 2006.

확대되어 왔다. 쏟아 부은 돈이 다르기 때문에 당연히 차별적 결과가 나타날 수밖에 없다. 교육비 지출은 계층상승에 결정적 영향을 미치는 유력 대학들의 신입생 비율 차이로 나타나고, 의료비 지출은 계층별 사망률 같은 지표에 큰 차이를 가져온 것으로 조사됐다.[4] 대중들은 생산에 있어서도, 소비에 있어서도 부차적인 지위로 점차 밀려나고 있다.

'마진'의 두번째 의미인 '한계'는 대중들의 삶이 처한 상황을 나타낸다. 대중들은 지난 십여 년간 삶의 한계지대로 추방되어 왔다. 이때의 추방은 '바깥'으로가 아니라 '한계'지대로 행해졌다. 한계는 척도가 부재한 곳이 아니라 척도가 가장 강하게 관철되는 곳이다. 권력과 자본의 명령을 그 어느 곳보다 강하게 체험하는 곳이라고 할 수 있다. 그런 점에서 대중들이 내몰린 한계지대는 척도 바깥이 아니라 척도의 내부, 그것도 어떤 내부보다 더 내적인 장소다.

그럼에도 한계지대는 또한 어떤 '보호'도 받지 못하는 곳이기도 하다. 지구화된 시장의 폭력이 가장 강하게 몰아닥치는 곳, 그러나 정부나 기업으로부터 어떤 보호도 받을 수 없는 곳이다. 신자유주의는 대중들을 공동체 바깥으로 추방한 게 아니라, 이런 한계지대로 추방해 왔다. 대중들을 한계지대에 매달리도록 하는 것, 그것이 지난 십여 년간 일어난 주변화의 특징이다. 이제 불안정과 위기는 대중들 삶의 기본 조건이 되었다.

이 추방은 어떤 의미에서는 '적극적'인 '방치'를 뜻한다. '방치한

---

3) 사교육비의 경우 정확한 집계가 어렵다. 한국은행은 2000년 기준으로 상위 10%의 사교육비 지출이 하위 10%에 비해 9배 정도인 것으로 추정했다(한국은행, 「경제양극화의 원인과 정책과제」, 2004년 7월 22일).
4) 이태수, 「양극화 해소를 위한 사회안전망 확충의 방향 및 복지재정의 과제」, 토론회 자료 (2005년 11월 16일), 사회양극화해소국민연대, 2005.

다'는 말은 보통 적극적 행위를 하지 않는다는 뜻이지만, 신자유주의적 추방에서는 적극적인 행위로서 나타난다. 아감벤은 '법의 힘'에 대해 이런 말을 한 적이 있다. "그것은 삶을 추방함에 있어 삶을 방치함으로써 삶을 붙든다."[5] 즉 추방은 권력에 더욱 매달리게 하는 하나의 통치술이다. 대중들을 삶의 한계지대에 방치함으로써 더 큰 지배력을 얻을 수가 있다. 한계지대의 대중들은 살기 위해 필사적으로 국가와 자본에 매달리게 되고, 국가와 자본은 이런 '공포에서 나온 이익'[6]을 챙긴다.

이러한 '이익'이 '마진'이라는 말의 세번째 의미다. 권력과 자본은 '주변화' marginalization를 통해서 막대한 이익, 즉 '마진'을 챙기고 있다. 이들은 '주변'을 생산하고 관리하고 활용한다. 현재 노동자의 과반수를 차지하는 비정규직들은 삶의 한계지대에 내몰려 있기 때문에, 저임금은 물론이고 아주 열악한 노동조건을 감내하고 있다. 이들의 임금은 2007년 현재 정규직의 60%대에 머물고 있다. 보험 가입률도 정규직의 1/10 정도에 그칠 뿐이다.

우리가 행진 중에 만난 이주노동자 중의 한 사람은 이렇게 말했다. "합법적 체류 기간인 3년이 지났을 때 사장이 와서 말했다. '내일부터 너는 불법이니까 임금을 깎겠다.'" 현재 한국의 이주노동자 중 절반 정도가 불법체류자 신분인 것으로 추정되고 있다. 현행 제도 아래서는 이주노동자가 3년이 지나도 계속 체류를 하게 되면, 범죄 행위를 범했느냐에 상관없이 불법 신분이 된다. 그런데 자본은 이 '불법'을 적극 활용

---

5) Giorgio Agamben, *Homo Sacer*, trans. Daniel Heller-Roazen, Stanford, Calif.: Stanford University Press, 1998, p.29.
6) 나는 이 표현을 윌버트의 글에서 빌려 왔다. Chris Wilbert, "Profit, Plague and Poultry", *Radical Philosophy*, no.139, September/October, 2006.

하고 있다. '불법'이라는 규정은 추방의 근거라기보다는 착취의 근거가 되고 있다. 정부의 단속추방이 수십만에 이르는 미등록 이주노동자를 모두 몰아낼 수 없을 것이다. 하지만 지속적인 단속추방은 이주노동자들의 삶을 극도의 불안정한 지대로 내몬다. 단속추방은 사망 사고를 불러올 정도로 가혹하게 이루어지는데, 이는 항상적 공포를 조장하기 위한 스펙터클로서 기능하고 있다. 누구에게나 저런 단속추방이 일어날 수 있다는 사실을 이주노동자들 모두에게 각인시킴으로써, '공포에서 나온 이익'을 얻을 수 있는 환경이 조성된다.

새만금 개발에서도 우리는 비슷한 것을 목격했다. 새만금 개발은 한계상황에 내몰려 있는 한국의 농촌과 깊이 연관되어 있다. 연이은 개방과 농업 정책의 실패로 농촌은 이미 경제적 파산상태에 있다. 게다가 최근에는 농촌의 교육과 의료체계가 붕괴되고 마을 공동체가 깨지면서 사회적으로도 파산했다. 우리는 어느 농민으로부터 자신이 살고 있는 지역의 인근 군郡들에 산부인과나 소아과가 하나도 없다는 말을 들었다. 일반 병원을 가려고 해도 한 시간 이상 차를 타고 나가야 한다고 했다. 뿐만 아니라 많은 초등학교들이 폐교되어 아이들의 통학거리가 두 시간 가까이 된다고 했다. 결국 이런 환경은 농촌의 생물학적 파산으로 이어지고 있다. 우리가 방문했던 곳은 150가구가 넘는 제법 큰 마을이었는데도 지난 2년간 아이가 태어나지 않았다고 한다. 마을의 청년부장은 60대 노인이었다. 경제학적으로, 사회학적으로, 생물학적으로 모두 한계상황에 직면한 농민들은 뭔가 '일'을 벌이려고 했다. 이대로 있다간 사라질지 모른다고 하는 절망감이 그들을 지배하고 있었다. 자본과 지방의 권력은 그 절망감을 활용했다. 농민들은 대규모 간척사업을 벌이면 공사비 중 일부가 자신들에게 오지 않을까 기대했고, 돈이 아니라면 사람들이라도 모이지 않을까 기대했다. 그러나 그 기대는 농촌공사와 대형 건설회사에 막대한 마진을 제공하는 데 이용되었을 뿐이다.

불행한 것은 이런 끔찍한 상황이 정치권에서 전혀 논의되지 않고 있다는 사실이다. '마진'의 네번째 의미가 여기에 있다. 지난 십여 년간 '정치'의 핵심 영역이 된 '주변'이 '정치권'에서는 사고되지 않는다는 것, 즉 '마진'은 정치의 '공백'을 의미한다. 우리가 행진하는 동안 전국이 '지방자치단체장 선거'로 시끄러웠다. 그러나 이 선거에서 '새만금 판결'이나 '평택 미군기지', '한미FTA' 등은 전혀 쟁점이 되지 못했다. 그 어느 때보다 여야 갈등이 극심한 선거였지만 이런 문제들에 대해서는 입장 차이가 없었다. 아니, 입장 자체가 없었다. 어느 시사 프로그램이 폭로했듯이 의원들은 정부가 그 해 1월 전격 선언한 '한미FTA 추진'과 관련된 기초적 사실들조차 모르고 있었다. 대중들의 시위가 대규모로 일어나는데도 '선거' 때문에 바빠서 내용을 알 수 없었다는 변명을 늘어놓는 의원도 있었다. 언젠가 평택 대추리에 1만 명이 넘는 전투경찰을 투입해서 주민들의 저항을 물리치고 마을의 빈집을 철거한 일이 있었다. 기자들로부터 논평을 요청받은 여당의 대변인은 "빈집을 철거했을 뿐인데 논평할 게 뭐 있느냐"고 했다. 엄청난 경찰력이 투입되고 그에 맞선 대중들의 극렬한 시위가 있었는데도 그 '사태'가 전혀 사고되지 않는 것이다. 이런 정치적 '공백'이 지속되면 정치적 갈등은 점차 정치권이 아니라, 정치권과 대중 사이에서 형성될 가능성이 있다.

'마진'이라는 외국어가 갖고 있는 이상의 네 가지 의미를 함께 고려하며 나는 이 글에서 '주변'이라는 말을 사용하고자 한다. 즉 내가 '주변'이라는 말을 사용할 때 그것은 주변, 한계, 이익, 공백을 동시에 의미한다.

3. 새로운 인클로저

지난 십여 년간 두드러진 대중들의 추방은 자본주의 초창기에 대대적으로 일어났던 '공유지의 사유화'를 떠올리게 한다. 우리가 경기도 화성에서 만난 어민에게 들은 이야기는 공공재의 사유화 메커니즘 속에서 대중들이 어떻게 추방되는지를 잘 보여 준다. 대부분의 어민들은 농민들과 달리 바다나 갯벌에 대한 소유권을 가지고 있지 않다. 바다와 갯벌은 '공유수면' 公有水面[7]이라고 해서 국가가 소유한다. 원래 '공유수면' 개념의 취지는 '소유'보다는 '관리' 쪽에 있었다. 즉 공적인 이용을 위해 국가가 바다나 하천을 '관리'하는 것이다. 그런데 공유수면을 간척하는 순간 국가는 관리자가 아닌 소유자로 나타난다.

4년 전에 경기도 화성 앞바다에서 그와 같은 간척사업이 이루어졌다. 이로 인해 화성의 어민들은 더 이상 고기잡이나 조개채취를 할 수 없게 되었다. 국가는 어민들에게 일정한 보상금을 지급했는데, 그것은 소유권에 대한 것이 아니라 이용권에 대한 것이었으므로 그 액수가 미미했다. 국가가 일정액의 보상금을 내밀며 바다로부터 떠날 것을 요구했을 때, 우리가 만난 어민은 마치 자신이 국가 바깥에 존재한다는 느낌을 받았다고 한다. "우리는 우리가 국가에 빌붙어 먹었던 거지였음을 깨달았다. '바다와 갯벌은 너희 것이 아니라 국가의 것이다. 그동안 그렇게 먹고 살게 해주었으면 된 것 아닌가.' 그러고는 시혜 차원에서 거주지 이전이나 직업전환 비용이라며 돈을 조금 던져 주었다. 그때 깨달았다. 아, 우리는 국가의 주인이라기보다는 국가에 빌붙어서 생계를 꾸

---

[7] 공유수면은 바다, 하천, 호수, 갯벌 등 공용으로 사용되는 국가 소유의 수면을 가리킨다.

렸던 거지였구나. 우리는 국민이 아니었구나."[8]

　공유公有란 사적 소유권에 대한 부정이다. 그것은 누군가의 배타적 독점을 허용치 않는다. 그러나 공유가 국유國有를 의미할 때, 즉 국가에 의한 배타적 독점을 의미할 때, 그 독점은 사적인 독점의 형태로 쉽게 전화될 수 있다. 국유에서 드러나는 국가권력의 독점성은 사적 소유권에 대한 부정이라기보다는 사적 소유권의 기반이라고 말하는 편이 사실에 가깝다. 우리가 목격한 대규모 간척사업들은 그 사실을 명백하게 보여 주었다. 새로 생겨난 막대한 토지는 개발면허를 가진 민간업자에게 돌아간다. 국가권력이 그들을 선택하고 그들에게 그러한 권리를 허용한다. 매립면허 소지자는 총사업비에 준하는 면적의 매립지를 가질 수 있다. 국가가 공유지에 대한 독점적인 처분권을 행사해서 사적 소유권을 발생시킨 것이다. 전체 행위자가 아닌 특수 행위자로서, 국가는 상인처럼 행동한다.

　신자유주의가 본격화된 이래 정부는 여러 공공재들을 그렇게 팔아넘겼다. 'IMF 사태' 이후 한국정부가 공공부문 구조조정을 하겠다고 했을 때 그 핵심 내용은 공기업을 사적 자본에게 매각하는 것이었다. 2006년도 당시 정부의 '공기업 민영화 계획'에 따라 전력산업은 발전부문 분할매각이 추진 중이었고, 가스산업은 사기업에 가스의 직도입을 허용하고 신규물량을 넘기는 방식으로 사유화가 진행되고 있었다. 상수도의 경우에는 민간위탁 방식으로, 철도의 경우 기능별·노선별 분할매각 방식으로 사유화 움직임이 감지되었다.[9]

---

8) 우리는 행진 중에 나눈 대화를 양해를 구하고 녹화하거나 녹음했다. 이 글에 직접 인용된 발언들은 여기에 근거한 것이다.

대중들의 공적 소통마저 판매하는 일도 벌어졌다. 가령 서울시는 월드컵 기간 중 시청 앞 광장 이용권을 사적 기업에 매각했다. 시청 앞 광장은 2002년 월드컵 기간 중 수십만의 대중들이 자발적으로 모여 열광적인 응원을 벌인 곳이다. 기업들은 수십만 대중들의 집단적 소통을 어떻게든 활용하고자 했다. 2006년 서울시는 월드컵 기간 중 광장에서 일어나는 대중들의 집단적 소통을 활용할 수 있도록 사적 기업에게 광장 이용권을 매각했다. 광장에는 새로운 울타리가 쳐졌고, 대중들이 공유했던 소통(소통이야말로 공유이다!)은 사유화되었다. 소통의 구성자였던 대중들은 시청 앞 광장에서 기업이 마련한 프로그램에 따라 반응하는 단순 관람자로, 소비자로 전락했다.

공공부문의 사유화는 국가에 의한 사적 소유권의 발생이자, 소유권 없는 대중들에 대한 추방이라고 할 수 있다. 그런데 소유권을 발생시킬 수 있는 힘은 소유권을 박탈할 수 있는 힘이기도 하다. 가령 평택 대추리에서 이루어진 대중들의 추방은 소유권 박탈의 형식을 띠었다. 대추리 주민들의 토지는 국가에 의해 모두 강제수용되었다. 자본주의에서 모든 상품들은 그 소유자가 판매할 때만 구매될 수 있다. 그러나 국가는 팔지 않은 것을 살 수가 있다. 미군기지 건설을 위해 한국정부는 수십 년간 살아온 농민들의 땅, 나아가 그들의 공동체를 강제로 구매했다. 가격은 중앙토지수용위원회가 정했다. 토지는 소유자의 의사와 상관없이 팔렸고, 강제매매가 이루어진 이후에도 그곳에 거주하며 저항하는 농민들은 범법자가 된다. 맑스는 인클로저의 폭력성을 외면

---

9) 송유나, 「한미FTA와 공공서비스 : 에너지를 중심으로 한 민영화 정책의 현실과 문제점」, 『한미FTA 국민보고서』, 그린비, 2006.

하는 경제학자들을 이렇게 조롱한 적이 있다. "자본주의적 생산양식의 토대를 축성하기 위해서라면 신성한 소유권에 대한 파렴치한 침해조차 태연자약하게 바라보고 있다."[10] 평택에서 이루어진 일이 바로 그랬다. 차이가 있다면 안보가 명분으로 걸렸다는 것, 대중을 추방한 땅에 양¥이 아닌 미군이 살게 되었다는 것 정도가 아닐까.

추방된 대중들은 주변화된 삶을 살아가고 있다. 간척사업 이후 화성의 매향리 어민들 중 일부는 수산시장에서 해산물을 사온 뒤, 관광객을 상대로 포장마차 영업을 하고 있었다. 또 다른 어민들은 근처의 자동차 공장에서 청소용역을 하고 있었다. 정부 보상을 받고 대추리를 떠난 농민들 중 계속 농사를 짓는 사람은 10%도 되지 않았다. 일부 취업자를 제외하고는 실업상태에 있거나 날품팔이 노동자가 되었다.[11] 공동체가 깨진 후 이들은 개인들로서 낯선 환경 속에 내던져졌다. 생존이라는 측면에서만 본다면 정부 보상금이나 청소용역의 벌이로도 가능할지 모른다. 그러나 삶이라는 측면에서는 그렇지 않다. 어민이 포장마차를 하고 농민이 날품팔이 노동을 하게 되는 것, 그들의 활동이 무가치해지는 것, 더 나아가 그들 존재 자체가 불안한 상황 속에 내던져진 것은 아주 심각한 문제이다.

4. 치외법권 지대에서의 폭력

신자유주의 이후 서구에서는 국가 영향력이 크게 줄었다는 주장이 많았다. 케인스주의적 복지국가가 후퇴하고 시장 영향력이 대폭 증대되었다는 것이다. 지난 십여 년간을 돌이켜 볼 때 한국의 국가권력은 어떻게 되었는가. 우선 한국에서 복지국가의 후퇴 같은 것은 일어나지 않았다. 복지국가라는 것이 애당초 존재하지 않았기 때문이다. 그 대신 자유주의세력에 의한 '탈권위화'가 이루어졌다. 외견상으로는 군사정부 시절에 비해 국가의 강권이 축소되고 기업과 언론, 시민운동세력이 크게 성장했다. 현재 한국의 주류 언론은 과거에는 상상할 수 없었던 정부 비판의 자유를 누리고 있고, 2004년에는 국회가 대통령에 대한 탄핵발의를 통과시키기도 했다.

그러나 국가권력은 주류 세력들, 즉 통치블록을 구성하는 세력들한테만 탈권위적으로 나타난다. 우리가 주목하고 있는 '주변' 영역에서 국가권력은 결코 나약하지가 않다. 아마 국가의 강력한 개입이 없었다면 사회의 신자유주의적 재편은 실현될 수 없었을 것이다. 국가의 '시장에 대한 개입'은 줄어들었을지 모르나 '시장을 위한 개입'은 훨씬 더 강화되었다(그리고 이 개입은 최근 초국적 명령의 형식마저 취하고 있다[12]). 따라서 '주변'은 국가권력으로부터 멀리 떨어진 공간이기보다 그것이 가장 선명하게 관철되는 공간이다. 우리는 '주권'이 '주변'에서 작동한다고도 말할 수 있을 것이다.

최근의 국책사업들은 이 점을 잘 보여 준다. 우리 '행진'의 계기가

---

10) 칼 맑스, 『자본론』 I (하), 김수행 옮김, 비봉출판사, 1994, 915~916쪽.
11) 전종휘 외, 「"배신자 낙인 찍히고, 정착은 막막"」, 『한겨레』, 2006년 6월 13일자.
12) 한국 사회의 신자유주의적 재편에 대한 주권의 결정은 초국적 수준에서도 내려졌다. 일반적으로 주권은 근대 국민국가와 그 외연을 함께했다. 주권은 대내적 차원에서는 수직적 명령권이며, 대외적 차원에서는 수평적 자주권이다. 그러나 한국 사회의 신자유주의적 재편 과정에서 우리가 목격한 것은 주권의 수직적 명령이 대외적 차원에서도 행사된다는 것이다. 이 글의 서두에서 밝힌 것처럼 신자유주의적 재편을 위한 한국정부의 시도는 처음에 실패했다. 그러나 '외환위기'라는 일종의 '비상사태'(예외상태)에 처하면서, IMF가 차관을 제공하는 조건으로 제시한 구조조정 프로그램이 하나의 명령으로 부과되었다. '비상사태'라는 규정이 신자유주의에 반대하는 목소리를 완전히 잠재웠다. 1996년 신자유주의적 재편을 저지했던 한국의 대중들은 1997년 IMF를 통해 하달된 초국적 명령을 그대로 따를 수밖에 없었다.

되었던 새만금 개발, 평택 미군기지 건설, 한미FTA 추진 등은 모두 '국책사업'들이다. 국책사업이란 국가가 전체 이익을 위해 반드시 필요하다고 판단하는 사업을 대규모 사업비를 들여 추진하는 것이다. 판단은 국가가 한다. 니체는 '국가의 설립자'들을 어느 날 갑자기 들이닥친 야수들이라고 말했다.[13] 그들이 언제 오는지, 왜 오는지는 알 수 없다. 그들은 어떤 면에서 아주 예외적인 존재이다. 내 생각에는 이런 국가창설 시기의 폭력들이, 내가 앞서 '주변'이라 명명한 곳에서 끊임없이 반복되고 있다. 대중들이 추방된 '주변'에서 국가는 그 창설적 행위를 반복함으로써 자기 자신을 재생산한다.

잘 알려진 것처럼 칼 슈미트는 '주권'을 '예외상태(비상사태)에 대한 결정권'으로 이해했다. 그에 따르면 주권자란 합법적으로 법을 중지시킬 수 있는 권리를 가진 자이다. 그는 합법과 불법의 기준을 정할 수 있는 유일한 합법적 존재이다. 그렇기 때문에 그는 법 안에 있으면서 동시에 법 바깥에 있다. "주권자인 나, 법의 바깥에 있는 나는 법의 바깥에 아무것도 없음을 선포한다."[14] 주권자로서의 국가권력은 이 점에서 합법적으로 치외법권 지대에 존재한다고 할 수 있다. 주권의 이름 아래서는 어떤 끔찍한 폭력도 적법하게 행사될 수 있다.[15]

그러나 주권자만이 치외법권 지대에 서 있는 것은 아니다. 주변으로 추방된 대중들도 이런 치외법권 지대에 서는 경우가 있다. 물론 그

---

13) 프리드리히 니체, 『선악의 저편/도덕의 계보』, 김정현 옮김, 책세상, 2002, 434쪽.
14) Agamben, *Homo Sacer*, p.15 ; 칼 슈미트, 『정치신학』, 김효전 옮김, 법문사, 1988, 17~18쪽.
15) 지난 2006년 5월 4일, 평택 대추리에서 목격된 국가의 폭력은 끔찍했다. 1만 명이 넘는 경찰과 군이 투입된 유혈 강경 진압이었다. 주민들이 농성하던 초등학교는 파괴되어 아예 흔적도 없이 사라졌다.

성격은 아주 다르다. 주권자는 합법적 신분으로 거기에 서 있는 것이고, 대중은 불법적 신분으로서 거기에 서 있는 것이다. 전자가 법의 지배를 받지 않는다는 점에서 치외법권 지대에 있다면, 후자는 법의 보호를 받을 수 없다는 점에서 거기에 있다고 할 수 있다.

우리가 행진 중 만난 이들 중에 미등록 이주노동자들이 대표적인 예이다. 체류기간이 3년이 넘어 자동으로 불법적 신분이 된 이주노동자들은 현재 20만 명 가까이 되는 것으로 추정되고 있다. 정부는 산업적 필요성 때문에 이들의 취업을 사실상 용인하고 있고, 강제추방도 간헐적으로 실시하고 있다. 그러나 이들이 산업적 필요성을 인정받는다고 해서 법적 보호까지 받고 있는 것은 아니다. 이들은 언제든 법의 이름으로 추방될 수 있다. 이들은 한편으로 존재의 필요성을 인정받지만, 다른 한편으로는 존재 파괴의 위협에 시달린다. 이들에게 폭력을 사용하는 것은 금지되지만, 폭력을 사용해도 합당한 처벌이 이루어지는 경우는 드물다.[16]

치외법권 지대에서 이루어지는 행위를 두고 합법과 불법을 논하는 것은 별 의미가 없다. 한쪽은 법을 넘어설 수 있는 존재이고, 다른 한쪽은 법의 보호를 받을 수 없는 존재이다. 전자에게는 폭력이 합법적이고, 후자에게는 법 자체가 폭력적이다. 정부의 단속반이 뜨면 이주노동자들은 사냥꾼에게 쫓기는 동물들처럼 도망다녀야 한다. 실제로 불법체류자 체포를 위해 단속반들은 그물총을 사용하기도 했다. 인권단체

---

16) 우리가 만난 한 이주노동자는 이런 사례를 들려주었다. 사장의 폭력을 견딜 수 없었던 어느 이주노동자가 경찰서에 뛰어들었다고 한다. 경찰서를 피난처로 생각했던 것이다. 경찰은 그 이주노동자와 함께 사장을 찾아갔으나, 사장이 그 이주노동자가 불법체류자임을 밝히자, 곧바로 이주노동자를 체포해서 출입국관리사무소에 넘겼고, 사장은 어떤 처벌도 받지 않았다. 이들은 아감벤이 말한 '호모 사케르'(Homo Sacer)와 같은 존재다.

와 이주노동자 지원단체의 항의가 있은 후 방법이 일부 개선되었지만, 정부의 단속추방을 피하는 과정에서 추락사 하는 이주노동자들은 여전히 생겨나고 있고,[17] 우리와 대화를 나눈 어느 이주노동자에 따르면, 단속추방 공무원이 왔다는 말에 심장마비를 일으켜 죽은 경우도 있다고 한다.

5. 대중의 탈주

한편으로 '주변'은 예외적 공간, 치외법권 지대 같은 성격을 갖고 있다. 국가는 그곳에서 예외적 존재로서의 자기 자신을 드러내며, 대중들은 '전체'를 위해 희생될 수밖에 없는 '일부', '전체'에 포함되지 못하는 예외적 존재들로서 나타난다. 그러나 다른 한편으로 '주변'은 지극히 정상적인 상례적 공간이다. 국가의 주권이 가장 선명하게 자신의 메시지를 전달하는 공간이며 우리가 '정상성'에 대한 정의를 발견할 수 있는 공간이기 때문이다. 나는 신자유주의 이후 십여 년간 한국 사회의 대중들 중 많은 수가 '전체에 포함되지 않는 일부'의 형상을 취하고 있다고 말했다. 그리고 '주변'이라는 예외적이고 부차적인 공간이 정상적이고 핵심적인 공간으로 떠올랐다고 말했다. 그러나 상례가 된 예외가 더 이상 예외일 수 있을까.

발터 벤야민은 칼 슈미트의 '예외상태'에 대한 논의에 화답하며 이렇게 말했다. "억눌린 자들의 전통이 우리들에게 가르치는 교훈은, 우리들이 오늘날 그 속에서 살고 있는 예외상태(비상사태)라는 것이 예

---

17) 2006년에도 두 명의 이주노동자가 단속추방 과정에서 숨졌다.

외가 아니라 상례라는 점이다. 우리는 이러한 인식에 상응하는 역사의 개념에 도달하지 않으면 안 된다." 그리고는 다음과 같은 흥미로운 말을 덧붙였다. "그렇게 되면 진정한실질적, wirklich 예외상태를 도래시키는 것이 우리의 임무라는 사실이 명약관화해질 것이고, 이를 통해 파시즘에 대한 투쟁에서 우리가 갖는 입장도 나아질 것이다."[18]

상례가 된 예외상태와 진정한 예외상태의 구별. 우리가 임무로 삼아야 할 '진정한' 예외상태란 도대체 무엇인가. 벤야민이 「폭력의 비판을 위하여」에서 행한 '법적 폭력'과 '혁명적 폭력', '신화적 폭력'과 '신적 폭력'에 대한 구별을 참조할 수 있을 것 같다.[19] 벤야민에 따르면 예외적 존재인 주권자가 새로운 법을 정립하기 위해 행사하는 폭력(법정립적 폭력), 그리고 법을 지키기 위해 행사하는 폭력(법보존적 폭력)은 모두 수단적 폭력이다. 권력은 수단으로서의 폭력을 정당화해 줄 목적, 법을 통해 지키고자 하는 목적을 정립할 수 있지만, 오히려 그때 드러나는 것은 목적 자체의 폭력성이다. 법을 위한 폭력과 법 자체의 폭력은 내밀하게 서로 연결되어 있다. 폭력에 정당성을 부여해 줄 수 있는 목적은 권력에 의해 신화적으로 정립된다. 왜 그 목적들이 그렇게 결정되어야 하는지를 묻는 것은 우매한 일이다. 그것을 결정하는 것은 이성이 아니기 때문이다. '왜'라는 의문부호 이전에 '권력'이 있다.

초월적 목적을 떠벌리는 신화적 폭력과 달리 신적 폭력은 존재를 위한 목적론을 필요로 하지 않는다. 스피노자의 말처럼 나약한 인간에

---

18) 발터 벤야민, 「역사철학테제」, 『발터 벤야민의 문예이론』, 반성환 옮김, 문예출판사, 2005, 347쪽.
19) 발터 벤야민, 「폭력의 비판을 위하여」, 자크 데리다, 『법의 힘』, 진태원 옮김, 문학과 지성사, 2004.

게 '신의 의지'란 '무지의 피난처'에 다름 아니다.[20] 신은 존재하는 것 이외의 별도 의지를 갖지 않는다. 신의 폭력이란 신의 존재에 다름 아니고, 세계의 존재에 다름 아니다. 감당할 수 없는 사건을 만나면 나약한 인간은 '신의 뜻'을 떠올리고 '인간의 죄'를 상상해 낸다. 그는 그런 사건(폭력)을 통해 신이 자기 의지를 드러내고 싶어한다고 믿기 때문이다. 그러나 그 폭력은 어떤 것을 드러내기 위한 수단도 기능도 아니다. 세계가, 신이 그렇게 존재할 따름이다. 신적 폭력이란 예측할 수 없는 특이적 사건의 출현에 다름 아니다. 혁명이 바로 그렇다. 그것은 예기치 않는 사건으로 나타나고, 그런 의미에서 폭력적이라고 할 수 있다. 하지만 그것은 법적 폭력과는 아주 다른 것이다. 신은 신화의 '외부'이고, 혁명은 법의 '외부'이다.[21] 나는 벤야민이 '진정한' 예외상태를 도래케 하는 것을 혁명가의 임무로 삼았을 때, 그가 국가와 법의 외부를 생각했다고 믿는다.[22]

주권자는 예외적 존재이고, 법을 정립하는 그의 명령은 예외상태에서 기능하지만, 엄밀히 말해 그것은 진정한 예외상태가 아니다. 예외

---

20) 스피노자, 『에티카』, 강영계 옮김, 서광사, 1990. 특히 제1부의 부록을 참조하라.
21) 맑스 역시 혁명적 지반과 법적 지반(반혁명적 지반)의 차이를 선명하게 대비시킨 바 있다. 칼 맑스, 최인호 옮김, 「부르주아지와 반혁명」, 『칼 맑스/프리드리히 엥겔스 저작 선집』 1권, 박종철출판사, 1998.
22) 나는 벤야민의 '진정한' 예외상태에 대한 아감벤의 해석에 동의하지 않는다. 나는 진정한 예외상태에 대한 두 사람의 입장이 아주 다르다고 생각한다. 아감벤에게 잠재적 예외상태란, 순수형식으로서의 법과 그 법 앞에 선 '헐벗은 삶'이 대면하는 상태이고, 진정한 예외상태란 이 구분이 소멸되어 삶이 완전히 법적인 것으로 변형된 것을 나타낸다(Agamben, Homo Sacer, p.55). 그러나 벤야민에게 진정한 예외상태는 무엇보다 '법의 외부'로 받아들여진다. 그는 법의 외부, 법의 바깥에 자신이 긍정적으로 개념화한 '혁명적 폭력'을 두었고, 법 자체가 갖고 있는 예외성과는 다른 진정한 예외상태를 그것과 관련시켰다. 아감벤의 '진정한 예외상태'가 허무주의의 냄새를 풍기는 것과 달리, 벤야민의 '진정한 예외상태'는 하나의 적극적 지향, 그의 표현을 빌리면 파시즘에 맞서기 위한 '임무'의 성격을 갖는다.

상태에서도, 아니 예외상태에서야말로 그것은 정상적으로 작동하기 때문이다. 따라서 그런 예외상태는 정상상태인 셈이다. 푸코는 '홉스의 전쟁상태'를 '실질적인 전쟁이 아니라', '표상들의 게임'이라고 했는데[23], 주권자로서 국가권력이 갖는 예외상태도 실질적이라기보다는 표상적(재현적)인 게 아닐까.

진정한 예외상태, 실질적인 예외상태는 어디서 발견되는가. 권력도, 권력에 의해 방치되는 삶도 진정한 예외상태를 구축하지 못한다. 진정한 예외는 권력으로부터, 법으로부터 탈주하는 운동에서 나온다. 법에 의해 방치된 삶만 있는 게 아니라, 법 바깥으로 탈주하는 삶도 존재한다. 실제로 우리는 행진 중에 국가의 추방이 야기한 대중의 탈주를 여러 번 목격했다. 내가 만난 대중은 아감벤이 말한 것처럼 그렇게 '헐벗지' 않았다. 그들은 혼자 내던져져 있지도 않았다. 그들은 항상 무리를 구성하고 있었으며 국가로부터 추방당하는 만큼이나 적극적으로 탈주하고 있었다.

나는 대중들의 탈주 현상을 '주변화' marginalization와 대비해서 '소수화' minoritization라고 부르고자 한다. 주변화가 척도에 의한 부차화를 가리킨다면, 소수화는 척도로부터의 탈주를 가리킨다. 주변인으로서의 대중이 지배적 척도에 의해 인정받기를 꿈꾼다면, 소수자로서의 대중은 척도로부터 탈주한다.[24] 그런데 최근 국가의 추방이 역설적이게도 이러한 소수자 대중을 양산하고 있다.

최근 한국정부에 의해 방치된 '주변'지대는 점차 지각불가능한

---

23) 미셸 푸코, 『"사회를 보호해야 한다"』, 박정자 옮김, 동문선, 1998, 115~116쪽.
24) '주변화'와 '소수화'의 차이를 명확히 한 것은 들뢰즈와 가타리였다. 질 들뢰즈·펠릭스 가타리, 『천의 고원』 II, 이진경·권혜원 옮김, 연구공간 수유+너머, 2000, 259~263쪽.

'소수'지대가 되어 가고 있다. 권력에게 통제의 편익을 제공했던 '주변'으로의 추방은 새로운 통제불가능성을 낳고 있다. 가령 비정규직에게는 노동조합이 없기 때문에 그들의 임금과 권익을 빼앗기는 쉽지만, 동시에 그들의 저항에 대한 통제수단도 사라졌다. 미등록 이주노동자들은 보장된 직장생활을 하지 못하지만, 거꾸로 합법적인 이주노동자들처럼 작업장 이동의 제한을 받지 않는다. 따라서 그들의 이동성에 대한 권력의 통제는 제한적일 수밖에 없다. 권력은 대중의 삶을 불안정하게 만듦으로써 공포와 불안을 통한 지배를 할 수 있었다. 그러나 역설적이게도 지각불가능한 지대로 탈주하고 있는 대중들에 대한 통제불가능성의 문제가 새롭게 생겨났다. 스피노자가 말했던 것처럼, 공포를 통한 통치가 실패한 곳에서 공포를 잃은 대중에 대한 공포가 시작되는 것이다.[25]

우리가 행진 중에 만난 대중들은 국가의 추방에 대해 자기 삶의 평면에 악착같이 머무르는 것을 투쟁 전략으로 삼고 있었다. '계속 살아가겠다'는 것이야말로 그들의 최대 투쟁 목표이다. 그들은 강제이주를 거부했다. 우리가 만난 새만금 지역 계화도의 어부는 정부 보상금을 받은 후에도 이주를 거부하고 거기서 삶을 꾸리며 바다와 함께 투쟁하겠다고 밝혔다. 평택 대추리 주민들의 최고의 투쟁은 논에 볍씨를 뿌리고 수확을 시도하는 것이었다. "올해도 농사짓자"가 그들의 대표적인 투쟁 구호였다. 국가는 그들을 몰아내기 위해 중장비를 동원해 논을 파내고 농수로에 콘크리트를 부었다. 그에 맞서 그들은 콘크리트를 들어내

---

[25] "대중이 두려움을 갖지 않을 경우 대중은 두려운 존재가 된다." 스피노자, 『에티카』, 제4부 정리54의 주석.

고 다시 물을 끌어들였다.

    법에 의해 보호된 삶, 법에 의해 추방된 삶만 있는 것이 아니다. 법으로부터 떨어져 있는 삶도 존재한다. 그러나 법으로부터 멀리 떨어진 삶은 따로 어딘가에 고고하게 서 있는 게 아니다. 어쩌면 그것은 바이러스처럼 법의 가장 내밀한 곳까지 파고들 수도 있다. 그것은 법을 자주 어기므로 법에 의해 자주 처벌받는다. 법에 저항해서가 아니라 법과 관계하지 않기 때문에, 그들은 자주 법을 어긴다. 평택 대추리의 주민들도, 미등록 이주노동자들도 '앉은 채'로 범법자가 되었다. 그들이 법적 명령에도 불구하고 계속 살아가려고 하기 때문이다. '멀리 떨어져 있다'는 것, '탈주한다는 것'은 이처럼 악착같이 달라붙는 것이기도 하다.[26] 그럼으로써 그들은 권력의 가장 바깥에 위치한다. 그들은 떠나지 않고 머무른다. 그들은 앉은 채로 유목하고 있다.

    악착같이 머물러 있는 그들이야말로 국가의 추방에 대해 가장 멀리 탈주하는 자들이다. 경기도 화성의 한 어민은 우리에게 이렇게 말했다. "우리는 대한민국 국민이 아니다. …… 우리에게 법을 들이대는 것을 보고 육법전서를 불태워야겠다는 생각을 했다." 평택의 대추리에서는 주민들이 주민등록증을 반납했다. 파올로 비르노의 표현을 빌리자

---

[26] 단순히 '떠난다'는 사실로는 노마드를 정의할 수 없다. 오히려 노마드는 이주민과는 다르다. 들뢰즈와 가타리는 이 둘을 다음과 같이 구분했다. "이주민이 무정형 혹은 적대적으로 된 환경을 놔두고 떠나는 반면, 노마드는 떠나지 않고, 떠나지 않으려 하며, 숲이 후퇴하면서 남겨놓은 매끄러운 공간에 달라붙는다. …… 노마드는 움직이지만, 앉아 있으면서 움직이고, 움직일 때만 앉아 있는다"(들뢰즈·가타리, 『천의 고원』 II, 165쪽). 이진경은 '앉아서 하는 유목'을 '떠돌며 하는 정착'과 대비시키며, 노마디즘에 대해 이렇게 설명했다. "정말로 중요한 것은 어디서든 새로 시작할 수 있고, 어디서든 변이할 수 있는 것이며, 새로운 삶을 생성할 수 있는 능력이다"(이진경, 「유목주의란 무엇이며, 무엇이 아닌가」, 『철학의 외부』, 그린비, 2002, 268쪽).

면 이것은 일종의 '탈퇴' defection다.[27] 대중들이 국민으로부터 탈퇴를 선언한 것이다.

최근 한국 사회의 운동은 아주 흥미로운 양상을 띠고 있다. 가령 한미FTA 체결저지 시위의 경우 모든 문제들이 모든 문제들과 연결되고, 모든 운동들이 모든 운동들과 결합되는 느낌을 주었다. 농민과 노동자, 학생, 예술인 등이 자연스럽게 묶였다. 거기에는 물론 우리가 만난 비정규직 노동자도 있었고, 이주노동자도 있었으며, 대추리의 농민도 있었고, 중증장애인도 있었다. 이들을 연결하기 위해 어떤 선험적인 보편 토대가 발견되어야 하는 것은 아니다. 모두가 자기 자신이 부딪힌 문제를 드러내는 것만으로도 동맹의 충분조건이 확보된다. 인식은 심층으로 내려가는 게 아니라 표면에서 번식한다. 마치 고구마 줄기가 엮이듯 한 문제는 곧바로 다음 문제와 연결되어 있음이 드러난다. 우리가 행진 중에 만난 대중들 역시 서로에 대해 잘 알고 있었으며, 서로의 투쟁에 결합 의사를 피력하고 있었다.

한국정부나 주류 언론은 오랫동안 대중들의 운동을 고의적으로 외면해 왔다. 그것은 운동이 전파되지 않게 만드는 중요한 방법이었다. 그들은 운동을 추방했고 방치했다. 그러나 그 과정에서 그들은 대중을 점차 이해할 수 없게 되었다. 내가 행진 후 만난 여당[열린우리당]의 한 국회의원 보좌관은 지방자치단체장 선거에서 여당이 참패한 것을 대중들의 보수화로 해석했다. 열린우리당과 민주노동당이 패배한 것은 대

---

[27] "우리가 '탈퇴'라고 부르는 집단적 상상행위는 이러한 (일반지성의 공공성에 내포된 지식, 소통, 협력적 행위의) 풍부함에 독립적이고 긍정적이며 고결한 표현을 제공하며, 따라서 이러한 행위가 국가의 행정권력에게 양도되는 것을 멈추게 한다" (파올로 비르노, 『다중』, 김상운 옮김, 갈무리, 2004, 219~220쪽).

중들이 보수화되었다는 것이고, 따라서 대중적 지지를 받기 위해 당의 정체성을 지금보다 더 보수 쪽으로 이동시켜야 한다고 말했다. 그는 주변에 몰려 삶의 위기에 처한 대중들의 움직임을 전혀 읽어 내지 못했다. 아마도 위기는 더욱 가속화될 것이고 대중들은 더욱 주변화될 것같다. 그러나 또 하나 알아야 할 것이 있다. 지금 대중들은 다수자의 척도에 의해 차별받고 착취되는 지대로부터, 점차 그 척도로는 도저히 이해할 수 없는 지대로 이행하고 있다. 그들은 주변화되지 않고 점차 소수화되고 있다. 그들은 '진정한' 예외상태로 이동하고 있다.

2_불안시대의 삶과 정치

1. 세계-주변-존재

지난 대선을 하루 전후해서 뉴코아와 홈에버 노조 간부들 33명이 해고를 알리는 문자 메시지를 받았다. 12월 초만 해도 해빙무드가 조성되는 듯했으나 사측이 갑자기 강경 자세로 돌아선 것이다. 노조는 "당시 이명박 후보가 '이랜드 사태의 원인이 노조에 있다'는 취지로 발언한 것이 그 원인일 것"이라며 분개했다.[1] 이명박 후보의 당선이 기정사실화되고, '이랜드 사태'에 대한 그의 인식이 어떤 것인지 분명해진 이상 이랜드 자본으로서는 강경 대처를 마다할 이유가 없었다는 것이다. 물론 상황 변화에 대한 노조의 추측은 말 그대로 추측이며 사측 태도 돌변의 실제적 이유는 확인된 바 없다.

사실 이랜드 노조의 지난 수백 일의 투쟁을 생각한다면 이 일이 그렇게 큰 의미를 갖는 건 아니다. 투쟁 중인 노동자들은 이미 실질적 해고 상태에 있고 이들의 복직 여부는 결국 투쟁의 결과에 달려 있었기

---

1) 『경향신문』, 2007년 12월 21일자.

때문이다.[2] 그럼에도 내가 이 사건을 언급한 것은 주권이 어디서 어떻게 작동하는가를 상징적으로 보여 주기 때문이다. 파업 중인 이랜드 노동자들은 당선자의 확정 소식과 자신들의 해고통지를 동시에 전달받았다. 그리고 그들은 자본이 보낸 해고통지에 국가의 목소리가 실려 있음을 직감했다.[3]

한마디로 주권은 한 사회의 주변에서 가장 빨리, 가장 강하게 작동한다. 최고 권력이 어떤 명령을 내리기도 전에 주변에 있는 이들은 이미 그 명령의 내용을 예감한다. 그 예감은 결코 피해망상이 아니다. 설령 어떤 망상처럼 보일 때조차 그것은 한 사회의 주권이 주변에서 얼마나 강하게 작동하는지를 보여 주는 참된 망상이다. 그 예감은 주권의 명령에 대한 그들의 실재적 경험에서 나온 것이다.

안전이 보장된, 사회의 내부에 있는 이들은 주권이 어떤 것인지, 더 나아가 한 사회의 정상을 규정하는 척도가 어떤 것인지를 일상에서 경험하기 힘들다. 주권이란 가령 구조조정 관련 법안이 입법화됐을 때 어느 날 해고통지를 받은 노동자, 미군기지를 건설할 테니 고향을 당장 떠나라는 이주통지를 받은 대추리의 주민, 지정된 장소와 시간의 제한을 넘겼으니 당장 떠나라는 출국통지를 받은 이주노동자 같은 사람들이 실감하는 것이다. 자기 삶이 송두리째 국가 권력에 맡겨져 있었음을 뼈저리게 느끼는 이들이야말로 주권을 실감하는 사람들이다.

---

2) 510일간 이어진 '이랜드 투쟁'은 홈에버를 인수한 홈플러스 측과 이랜드 일반노조의 교섭 타결로 일단락되었다(2008. 11. 13). 노조간부 9명이 퇴사하는 조건이었지만 16개월 이상 일한 계약직 노동자의 무기계약직 전환, 임금 외 정규직·비정규직 차별 금지, 홈플러스 내 부서와 직원의 외주화 금지 등을 얻어냈다.
3) 이명박 정부가 들어서자마자 이랜드, 기륭전자와 함께 '비정규직 농성 3대 사업장'으로 꼽히던 코스콤의 농성장이 바로 철거된 것도 이런 맥락에서 생각해 볼 수 있을 것이다.

한 사회의 최고 권리로서 주권은 '합법과 불법의 기준을 정할 수 있는 합법적 권력'이다. 주권은 한편으로는 법 안에, 다른 한편으로는 법 바깥에 존재한다. 어떤 부당하고 근거없는 행동도 주권자가 행하는 한에서는 정당하고 근거 있는 것이 된다. 주권 자체가 법과 근거를 창출하는 척도적 권력이기 때문이다.

법의 안과 바깥을 넘나드는 주권의 이러한 예외성을 증언하는 이들은 마찬가지로 사회의 안과 바깥을 넘나들며 살 수밖에 없는 사람들, 사회 안에 있지만 사실상 사회의 바깥을 체험하고 있는 사람들이다. 그들은 세계의 주변에서 살아가는 사람들이다. 그들에게 주권은 어느 날 갑자기 날아온 해고통지이며 이주와 출국의 명령이다. 주권이 관장하는 세계의 주변에서는 주권의 단속추방이 끊이질 않는다. 미등록 이주노동자들의 증언처럼 단속추방은 시간을 가리지 않고(한밤에도 그들은 들이닥친다) 장소를 가리지도 않는다(공원에서 길거리에서 심지어 기숙사 창문을 뚫고도 그들은 들이닥친다). 세계의 주변에서는 시간도 공간도 불안정하다.

주변은 주권이 강하게 작동하는 영역, 주권이 그 한계를 정하는 영역이다. 우리는 척도적 권력이 중심에 있다는 생각을 해왔다. 권력의 동심원적 공간, 즉 중심에는 핵이 있고 주변으로 갈수록 권력이 옅어지는 그런 공간을 상상해 온 것이다. 하지만 정작 핵심은 중심에 있지 않고 내부에 있지도 않다. 그것은 내부를 규정하는 주변에 있다. 주변이야말로 어디까지 내부인지를 규정하는 척도가 가장 선명한 곳이다. 주변은 내부가 확장하다가 멈춘 곳이 아니다. 오히려 내부야말로 주변으로부터 안쪽 방향으로 자라난 상상의 공간일 뿐이다.

그런데 주변은 또한 역설의 지대이다. 이곳은 분명 주권의 명령이 가장 선명한 곳, 주권의 정체가 가장 잘 드러난 곳이지만 또한 주권의 한계가 드러나는 곳이기도 하다. 주권의 명령이 가장 선명한 곳은 주권의 명령이 더 이상 작동할 수 없는 영역, 즉 외부를 이웃하고 있다. 그래서 우리는, 아리스토텔레스가 암시하듯, 주변은 항상 척도보다 많은 것을 담고 있다고 말할 수 있다.[4] 한편으로는 살기 위해 주권에 매달리면서도 다른 한편으로는 거기서 탈주할 가능성이 공존하는 곳이 세계의 주변이다.[5]

이 글은 이 '주변'으로부터 대중들의 삶과 정치적 현실을 파악해 보려는 시도이다. 공동체 안에 있지만 사실상 바깥의 삶을 살고 있고 (보호를 전혀 받을 수 없고), 바깥에 있지만 내부의 어느 곳보다 척도의 명령이 강한 곳, 내부와 외부가 섞여 있는 '주변'으로부터 한국 사회의 성격을 이해해 보고자 한다. 이는 우리 사회의 부차적인 부분을 다루겠다는 말이 아니다. 세계의 주변을 다루는 일은 세계를 다루는 일이다.

2. 신자유주의 시대의 국민주의

1) 국민국가의 배신

노무현 정부의 몰락을 지켜보며 많은 이들이 '지지층에 대한 배신'을 거론했다.[6] 그리고 이라크 파병과 한미FTA 추진 등을 그 예로 들었다.

---

[4] 아리스토텔레스의 말을 빌리자면 "아르케(arch-ē)는 페라스(peras)의 일종이지만, 모든 페라스가 아르케인 것은 아니다." Aristoteles, *Metaphysica*, Δ, 1022a. 〔『형이상학』, 김진성 역주, 이제이북스, 2007, 5권, 247쪽.〕
[5] 고병권, 「주변화 대 소수화」, 『소수성의 정치학』(R, 1호), 그린비, 2007.(이 책 1부 1장)
[6] 「진보 외치며 정책은 보수 '정체성 혼란'」(연중기획 '다시 그리고 함께', 제2부 성찰—다시 보는 참여정부 5년 (5) 방향 잃은 정체성), 『한겨레』, 2008년 2월 4일자.

실제로 이 두 사안은 그의 지지자들에게는 엄청난 실망을, 그리고 그를 조롱하고 비방하던 이들에게는 엄청난 찬사를 불러일으켰다. 노무현을 극력 비판해 왔던 한 우파 칼럼니스트는 그의 한미FTA 추진을 "역설이며 기적"이라 불렀다. 그리고 노무현을 사실상 "자기 정파를 떠나" "나라 전체를 생각하는 사람"으로, "국가적 지도자" Statesman로 추켜세웠다.[7] 그는 스스로의 이념을 떠나 국익의 관점에 선 노무현을 "보수진영이 밀어주어야 한다"고 주장하기도 했다.[8] 그러나 지금 여기서 다루려는 것은 특정 정부의 특정 사안에서의 극적인 배신이 아니다. 그것은 짧게는 진보세력을 자임하는 정부의 지지층 배신, 길게는 점차 일상적으로 구조화되고 있는 대중에 대한 국민국가의 배신에 있다. 이라크 파병이나 한미FTA가 노무현 정부의 '배신'을 드러내는 상징적 사건임에는 분명하지만, 드라마보다는 일상에서 지난 정부를 평가해 볼 필요가 있다.

가령 작년 2월 통계청은 '2007년 가계수지 동향'을 발표했는데, 흥미롭게도 소득분배정책에 관심이 많은 것으로 알려진 노무현 정부 5년 동안 소득불평등이 꾸준히 확대되었음이 드러났다.[9] 노무현 정부

---

7) 「복받은 나라」(문창극 칼럼), 『중앙일보』, 2007년 4월 3일자.
8) 「이승만과 노무현」(문창극 칼럼), 『중앙일보』, 2006년 4월 18일자.
9) 이는 실제로 정부가 표방한 것과 달리 소득재분배 정책이 강력하지 않았음을 보여 준다. 그런데 많은 언론들이 노무현 정부의 '재분배 우선 정책'이 '재분배의 실패'를 가져왔다고 공격했다(「'복지' 내세워 온 노정부 5년의 분배 역주행」, 『문화일보』, 2008년 2월 16일자; 「분배 강조한 참여정부에서 심화된 양극화」, 『서울경제』, 2008년 2월 15일자; 「소득분배악화, '복지철학' 재검토를」, 『파이낸셜뉴스』, 2008년 2월 15일자; 「분배에 집착하다 불균형 더 키운 5년」, 『매일경제』, 2008년 2월 15일자). 인위적인 분배정책이 기업가들의 의욕을 꺾었기 때문에 소득격차가 커졌다는 둥, 노무현 정부에서 부유층에 대한 세금 약탈이 심했다는 둥 소득불균형과는 상관도 없거나 오히려 반대되는 황당한 주장까지 덧붙이며, 그들은 재분배정책을 포기하고 시장친화적인 강력한 성장정책을 펼 것을 요구했다.

집권 첫해에는 상위 20%의 소득과 하위 20%의 소득이 7.23배였는데, 그것이 지속적으로 확대되어 2007년에 7.66배에 이르렀다. 지니계수도 0.341에서 계속 확대되어 0.352에 이르렀다. 그리고 이 경향은 김대중 정부로까지 거슬러 올라간다.

역설적이게도 1990년대 중반 한국 사회의 신자유주의적 재편을 밀어붙이려 했던 집권세력이 대중적 반발에 부딪혀서 몰락했던 반면, 그들을 대체한 소위 '민주정부'들은 'IMF 구조조정 프로그램'의 성실한 이행자 노릇을 하면서, 과거 몰락한 반대자들의 꿈을 대신 이루어 주고 말았다. 노동시장의 구조조정, 공기업 민영화, 시장 전면 개방과 규제 완화 등의 신자유주의 노선은 김대중 정부에서 시작되어, 한미 FTA를 추진하는 노무현 정부에서 계속 발전되었다. 노무현 정부 스스로는 "진보의 핵심가치는 복지이며, 이 복지를 위해 노력한 5년"이라고 평가했지만, 사실 자기 스스로에 대해 역부족인 정부였다. 즉 노무현 정부의 복지정책으로는 자신의 신자유주의 경제정책이 양산해 낸 빈곤층을 감당해 낼 수가 없었던 것이다.[10]

그러고는 이제 신자유주의 노선을 더욱 노골화한 이명박 정부로 정권이 교체되었다. 새 정부는 그 반대 당파가 닦아 놓은 노선 위에서 마음껏 질주할 준비를 하고 있다. 지난 대선에서의 정권 교체는 노선의

---

10) 노무현 정부가 과거 정부에 비해 복지예산 비중을 늘린 것은 어느 정도 사실이다. 특히 기초생활보장이나 사회서비스, 여성 및 보육 관련 예산은 상당히 늘었다. 하지만 노무현 정부의 복지정책은 자신의 신자유주의적 경제 및 사회정책을 통해 양산되는 빈곤층의 증가를 막기에는 역부족이었다. 김연명은 노무현 정부의 복지정책을 다음과 같이 정리하고 있다. "노 대통령의 복지담론은 진보적 언어의 성찬이었다. 실제 정책의 내용은 진보적 언어의 성찬만큼 화려하지 않았다. 참여정부를 지지한 상당수 국민은 노 대통령에게 확실한 진보적 복지정책을 기대했다. 그러나 노무현 정부의 사회복지정책이 그런 지지자들의 욕구를 채워 줬다고 하기에는 여기저기 드러난 상처가 너무 깊어 보인다."(김연명, 「말의 성찬' 노무현 복지담론, 상처 얼룩진 '진보적 복지'」, 『신동아』, 2008년 2월호.)

교체보다는 속도의 교체라는 표현이 옳을 것이다. 정권 교체 세력들은 소위 '민주 정부' 십 년을 '잃어버린 십 년'이라고 불렀다. 그러나 새로운 각료들에 대한 인사청문회에서 드러났듯 그들은 잃어버린 게 별로 없는 사람들이었다. 어찌 보면 지난 대선은 지난 십 년간 아무것도 잃어버린 것이 없는 자들이 많은 것을 잃어버린 자들을 '상실의 동료'로서 호명한 독특한 사건이었다. '상실'이란 말이 새로운 집권자들과 대중들에게 얼마나 다른 의미를 갖는지는 벌써 폭로되기 시작했다. 대중과의 '상실감의 유대'가 완전히 끊어졌을 때 새로운 집권자들이 어떤 대응을 보일지 궁금하다. 게다가 그들이 변속된 기어를 감당할 정치적 주행 역량을 갖추지 못했음을 시사하는 일이 점차 많아지고 있다.

하지만 우리가 '정권 교체'라는 시끄러운 사건에 정신이 팔려 '교체되지 않는 노선'이라는 중대한 사실을 망각해서는 안 될 것이다. 희망에서든 절망에서든 지난 정권과 현 정권을 지나치게 대비하는 것은 속도의 차이와 노선의 차이, 스타일의 차이와 방향의 차이를 혼동하는 것이다. 사실 이명박 정부의 최근 실정들, 가령 각료 인선과 교육정책, 쇠고기 시장 개방 협상 등에서 드러난 문제들로 인해 지난 정부와의 연속성을 사고하는 것은 더욱 어려워지고 있다. 그러나 이명박과 노무현의 개인적 차이는 클지언정 두 정부의 차이는 생각보다 크지 않다.

모두가 잘 알고 있듯이 1990년대 중반 이후 한국 사회에서는 두 번의 정권 교체가 있었다. 그런데 여러 극적인 사건들에도 불구하고 여당과 야당은 릴레이 선수들처럼 바통을 참으로 잘 이어받았다. 김영삼 정부가 추진한 금융시장 개방과 노동시장 구조조정을 완수한 것은 정권을 교체한 김대중 정부였고, 노무현 정부가 완수하지 못한 한미FTA 최종 비준을 강하게 밀어붙이는 것도 역시 정권을 교체한 이명박 정부의 몫이다. 서로의 당파가 달랐지만 흥미롭게도 그들은 신자유주의라는 하나의 트랙 위에서 바통을 후임자에게 성공적으로 건네주었다. 어찌 보면 1990년대 중반 이래 우리에게는 두 번의 정권 교체, 네 개의 정부가 있었던 게 아니라, 교체 되지 않는 하나의 정권, 동일한 노선을 지닌 하나의 정부가 있었던 셈이다. 따라서 문제는 현 이명박 정부의 성격이 아니라, 십여 년 전부터 계속 성장하고 강화되고 있는 하나의 정권, 하나의 정부가 가진 성격을 해명하는 것이다.

국민국가의 배신을 이야기할 수 있는 것도 이 수준에서다. 한국에 신자유주의 정권이 들어선 이래 국민국가의 성격에 큰 변화가 생기고 있는 것 같다. 여전히 국민국가이지만 이때의 국가와 국민의 성격은 아주 달라지고 있다. 신자유주의 하에서 국민주의는 매우 역설적인 상황에 처해 있다. 하비의 표현을 빌리자면, 한편으로 "신자유주의는 강한 국가를 지지할지라도 원칙적으로 국민을 선호하는 것처럼 보이지 않는다". 그것은 일종의 "경제 엘리트의 권력을 회복시키기 위한 정치적 프로젝트"이기 때문이다. 하지만 다른 한편으로 "신자유주의 국가는 존립하기 위해 특정한 종류의 국민주의를 필요로 한다". 국민을 "세계시장에서의 경쟁적 행위자로 상상하게 해서 자본 활동에 우호적인 분위기를 형성하는 데 국민주의가 효과적이기 때문"이다.[11]

한국 사회에서도 지난 십여 년 동안 이런 역설이 지속되고 있다. 한편에서는 박정희 시대 못지않은 국민 통합 이데올로기, 국민 형성 프로젝트가 수행된다. 97년의 외환위기는 위기에 처해 있는 단일한 주체로서 국민을 상상하게 했다. 외환위기는 국가 부도 사태에 대한 궁극적

---

11) 데이비드 하비, 『신자유주의』, 최병두 옮김, 한울, 2007, 36, 110~111쪽.

책임 주체로서 국민을 호명했다. 당시의 범국민적 '금 모으기' 운동은 식민화에 저항했던 민족운동의 하나인 '국채보상운동'을 연상시키기에 충분했다. 최근 자유무역협정에서도 강력한 국민주의가 작동하고 있다. 글로벌 시대의 생존 경쟁에서 위기에 처한 주체로서의 '국가=국민'을 호명하는 것이다. 국민은 세계시장에서의 승리와 패배, 긍지와 굴욕의 운명 공동체이다. 그리고 신자유주의 정부는 이런 운명 공동체를 상상하게 함으로써, 기업들이 세계시장에서 성공할 수 있는 최적의 환경을 제공할 수 있도록 사회를 재편한다.

그러나 국민 통합 이데올로기의 이면에는 국민 분할 지표로서 양극화가 자리하고 있다. 지난 십여 년의 통계는 삶의 위기에 처한 국민 혹은 무한 책임 주체로서 국민이라는 것이 현실적으로 존재하지 않음을 보여 준다. 사람들의 운명은 동일하지 않았다. 일부가 삶의 불안정에 시달릴 때 다른 일부는 막대한 부를 축적했다.[12] 그런데 이 둘의 상반된 운명이 우연한 불행이나 축복이 아니라 상호 깊이 연관된 이유 때문이라는 것, 즉 전자에게 일어난 일과 후자에게 일어난 일이 동일한 이유 때문이라는 것이 이제 분명해지고 있다.

국민 통합과 국민 해체의 동시적 진행이라는 역설. 과연 이 역설은 어떻게 해소될 것인가. 신자유주의 시대의 국민주의가 붕괴될 것인가,

---

12) 한국은 부자 생성 속도와 빈곤층 생성 속도가 세계적 수준인 나라가 되었다. 2006년과 2007년에 메릴린치 증권이 발표한 「아시아·태평양 부자 보고서」에 따르면, 한국은 금융지산 백만 불 이상을 소유한 백만장자의 전년 대비 증가율이 세계적 수준을 기록했고(2005년에는 세계 1위, 2006년에는 세계 6위), 그 수도 십만 명에 육박한다(Merrill Lynch & Co. and Capgemini, 「아시아·태평양 부자 보고서」(2007년판http://www.merrill-lynch.nl/media/ 84560.pdf, 2006년판http://www.mlbs.ch/en2/aboutus/files/EN-AsiapacWR2006.pdf 참조)]. 그런데 절대빈곤가구(1인가구 포함)의 비율 역시 2000년 8.2%에서 2006년 11.6%로 크게 늘었다(김연명, 앞의 글).

아니면 국민주의 때문에 양극화가 시정될 것인가. 아마 어떤 길로도 쉽게 가진 않을 것이다. 먼저 우리는 신자유주의 하에서 만들어지고 있는 독특한 국민주의를 이해할 필요가 있다. 신자유주의 하에서 상상된 국민은 양극화의 진실을 아는 순간 깨져 버릴 그런 단순한 것이 아니다. 우리는 무엇보다 세계의 주변으로 추방된 대중들, 양극화의 고통을 가장 극명하게 체험하고 있는 대중들에게 국민주의가 어떤 것인지, 어떤 면에서 그들이 국민주의를 강화하게 되는지를 이해해야 한다.

2) 비국민 혹은 내부 난민

신자유주의 정부 하에서 국민이 자주 호명된다는 것은 주변의 대중들에게 무엇을 의미하는가. 이들은 무엇보다 국민 전체의 생존이 위기에 처해 있다고 간주될 때 가장 먼저 희생을 요구받는 이들이다. 국가 부도의 위험을 이유로 구조조정의 불가피한 희생자로 지목된 노동자들, 글로벌 시장에서 국가 경쟁력 강화를 위한 산업 구조조정의 불가피한 희생자인 농민들. 국민 전체의 생존, 국민 전체의 경쟁력을 이야기할 때마다 자기 생존을 희생해야 하는 사람들이 있다.

이들은 정부가 당파적 이해를 떠나 국민 전체의 이해에 다가갈수록 거기서 배제되고, 국민 전체를 호명할 때마다 그 국민으로부터 배제되는 사람들이다. 정부가 국가 경쟁력을 이야기할 때 그 자원으로 고려하지 않는 인구 집단, 기껏해야 사회적 안전망을 통해서 생존만이 보장되는 사람들이라고 할 수 있다. 형식적 시민권 소유 여부와 상관없이 (이주노동자들의 경우는 이마저도 갖고 있지 않지만) 사실상 제 나라에서 '비국민'으로 살아가는 이들. 영토적으로는 국민국가 안에 존재하지만 실제로는 어떤 방어막도 없이 시장의 전지구적 폭력에 적나라하게 노출된 이들. 이들은 아렌트가 1930년대 나치 하의 유태계 독일 시민들을 가리키며 사용했던 말을 떠올리게 한다. "이들은 국가의 일원 Staatsangehörige이지만 국민Reichsbürger은 아닌 자들이다."[13]

이러한 '비국민'의 양산이 과연 신자유주의 시대 국민주의를 불가능하게 만들 것인가. 그럴 것 같지는 않다. 그보다는 새로운 형태의 국민주의가 탄생할 가능성이 높다. 과거 국민주의가 다른 국민을 경쟁적이거나 적대적인 타자로 설정하고, 자기 국민을 동일성 속에서 표상했다면, 새로운 국민주의는 타자를 이중화할 수 있다. 즉 그것은 '다른 나라 국민'에 대해서만이 아니라 '같은 나라의 비국민'에 대해서도 작동할 수 있다.

게다가 지구적 규모로 진행되는 시장 개방과 경제 통합 문제를 생각한다면, 국민주의는 국민국가들 사이에서보다 국민국가 내부에서 더 큰 영향력을 발휘할 가능성이 높다. 지구화는 세계시장의 차원에서는 동일성을 표상하지만, 지역의 공동체에는 막대한 이질성의 유입을 의미하기 때문이다. 즉 타자는 세계가 아니라 국내 차원에서, 지역 차원에서 발견될 가능성이 높다. 기묘한 역설이지만 몰적인molar 차원에서 거대한 하나의 동일성이 태어나는 순간에 분자적molecular 차원에서는 수많은 이질성들이 곳곳에서 조우하게 된다.

문제는 국민국가 내부에서 '비국민들'(그들이 외부에서 밀려왔든 내부에서 양산되었든 간에)이 '국민'의 타자가 되었을 때 생겨나는 국민주의의 변증법이다. 이 변증법은 전체 인구를 하나의 국민으로 동원하려 했던 과거 국민주의와는 다른 새로운 국민주의, 즉 '비국민'을 양산

---

[13] 한나 아렌트, 『예루살렘의 아이히만』, 김선욱 옮김, 한길사, 2006. 94쪽.

하면서도 여전히 '국민'이라는 강력한 표상을 통해 지배하는 국민주의의 가능성을 보여 준다. 이 변증법의 한쪽에는 '내부-국민들'의 '주변-비국민들'에 대한 혐오와 반감, 거리두기, 비국민으로 전락할지 모른다는 두려움이 있다. 그리고 다른 한쪽에는 '주변-비국민들'의 자기 부정과 혐오, '내부-국민'에 대한 선망과 동일시가 있다.

우리가 이 변증법의 비밀을 이해하기 위해서는 무엇보다 '세계-주변-존재'로서 대중들이 느끼는 불안의 정서를 이해해야 한다. 지난 십여 년간의 추방과 배제에도 불구하고 어떻게 사회통합이 가능한지, '주변으로의 추방'에 어떤 통합 기제가 들어 있는 것은 아닌지 따져 볼 필요가 있다. 그때 우리는 '배제적 통합', 더 나아가 '비국민을 양산하는 국민주의'라는 역설에 대한 이해에 한 발 더 다가설 수 있을 것이다.

푸코의 근대 생명권력biopower에 대한 설명은 이와 관련된 하나의 유용한 시각을 제공한다.[14] 국가 권력은 사실 오래전부터 자기 인구의 생사여탈을 결정해 왔다. 그런데 푸코에 따르면 고전주의 시기(17~18세기) 국가와 근대(19세기 이후) 국가가 생사여탈권을 행사하는 방식은 아주 다르다. 고전주의 시기에 국가가 가진 생사여탈권은 기본적으로 '살리는' 권리가 아니라 '죽이는' 권리였다. 푸코는 그것을 "죽게 만들고 살게 내버려 두는 권리"라고 불렀다. 군주가 누군가를 죽이기로 결심했을 때 그 권리가 행사된다.

하지만 근대 권력은 기본적으로 인구를 살게 하는 데 관심을 갖는다. 인구의 건강과 복리를 증진시키는 것이 권력의 관심사다. 20세기 초 복지국가의 권력은 확실히 그 쪽에 어떤 관심을 갖고 있다. 하지만

---

14) 미셸 푸코, 『사회를 보호해야 한다』, 박정자 옮김, 동문선, 1998, 278~279쪽, 293쪽.

왜 인구를 잘 살게 하는 것에 관심을 가진 생명권력 시대에 잔혹한 인종학살이 그토록 빈번히 일어났을까. 푸코는 그것이 가능하다고 말한다. 전체 인구의 건강과 안전을 위해, 즉 개개의 인간이 아니라 하나의 종(가령 국민)의 생명력을 증진시키기 위해 "살아야 하는 것과 죽어야 하는 것"을 가른다는 것이다. 나쁜 인종, 열등한 인종을 정리하는 것이 전체 건강을 위한 일이라는 것이다. 고전주의 시기와 달리 근대의 생사여탈권은 "살게 하고 죽게 내버려 두는 권리"이다. 근대 생명권력은 전체의 건강을 위해 "살아야 하는 자"와 "죽어야 하는 자"를 구별한다. 전체를 살게 하기 위해 누군가를 죽이거나, 최소한 죽도록 방치한다.

한미FTA를 추진한 노무현 정부의 '이것이 국민 모두가 살 길'이라는 식의 수사는 소위 비국민의 삶을 사는 이들의 '제발 우리를 살려달라'는 외침과 대칭을 이룬다. 국가 권력이 적극적 육성 대상으로 삼은 인구에서 탈락한 이들은 장기적으로 국가의 경쟁력을 저해하는 요소이고 국가가 떠안아야 할 비용으로 인식될 것이다. 바로 자기 나라 안에 있으면서 사실상 자신을 보호해 줄 정부를 갖지 못하는 이들을 나는 '내부 난민'이라고 부르고자 한다. 국민주의는 바로 이러한 이 내부 난민들을 타자화하는 이념으로 작동할 가능성이 크다.

그런데 아렌트의 말처럼 나라를 잃은 난민들은 어느 나라에서든 충성심 높은 시민을 연기한다. 나치의 탄압을 피해 독일에서 프랑스로 넘어온 한 유대인이 프랑스인들에게 이렇게 말했듯이. "우리는 독일에서 이제껏 훌륭한 독일인이었습니다. 이제 프랑스에 왔으니 훌륭한 프랑스인이 될 수 있을 것입니다." 난민들은 "원리상 무엇에도, 그리고 누구에게도 적응한다."[15] 난민들이 어느 나라에서든 그 나라 시민보다 애국적인 모습을 보이는 이유는 간단하다. 바로 그들이 그 나라에서 커다란 존재 불안을 느끼고 있기 때문이다. 존재의 불안을 느끼는 대중은 기본적으로 정치적 보수주의를 견지한다. 그들은 자기 삶의 불확실성을 키우는 사태를 견딜 수 없어 한다. 내부 난민의 경우에도 이런 태도는 크게 다르지 않다. 주변으로 추방된 대중은 대개의 경우 살기 위해서라도, 자신을 내치는 국가와 자본에 필사적으로 매달린다. 대중은 '내치는데도' 매달리며, '내치기 때문에도' 매달린다.

3. 공포체제에서 불안체제로

1) 대중의 불안―영속화된 위기

신자유주의 시대 불안정한 대중의 삶을 이해하기 위해서는 주변의 삶에 대해 좀더 음미해 볼 필요가 있다. 주변의 삶이란 한마디로 '안'에서 '바깥'을 체험하는 삶이다. 비르노는 칸트의 숭고에 대한 설명에서 이 의미를 잘 포착했다.[16] 숭고의 감정이란 산중 대피소에서 창 밖에서 일어나는 끔찍한 눈사태를 볼 때 드는 감정이다. 즉 저 엄청난 힘 앞에 '나는 정말 무력하다'고 느끼는 동시에 '나는 안전하다'고 느끼는 감정의 뒤섞임이 숭고다. 눈사태라는 특수한 위험과 대피소의 우연한 발견은 세계 자체에 내재한 일반적인 위험으로부터 나 자신을 절대적으로 지켜 줄 대피소를 발견할 수 있는가의 질문으로 이어진다. 칸트는 도덕적 자아에서 그 피난처를 발견하지만 그의 대답과는 별도로, 그의 모델은 비르노의 말처럼 "공포/방어의 변증법이 인식되어 왔던 세계에

---

15) H. Arendt, "We Refugees", *The Menorah Journal*, January, 1943, pp. 63, 64.
16) 파올로 비르노, 『다중』, 김상운 옮김, 갈무리, 2004, 49~51쪽.

관한 아주 분명한 모델을 제공한다."[17]

한편에는 우리가 그 대상을 지목할 수 있는 구체적인 위험들이 존재한다. 그것은 어떤 짐승에 대한 두려움일 수도 있고, 일자리 상실과 같은 것에 대한 두려움일 수도 있다. 그러나 다른 한편으로는 대상을 특정화할 수 없는 세계 자체에 대한 불안이 있다. 온갖 짐승들이 득실대는, 온갖 위험들이 득실대는 광야로 버려졌다는 두려움, 우리가 예측할 수도 없고, 우리 능력을 능가하는 온갖 존재들로 가득 찬 곳에 우리가 내던져져 있다는 느낌을 가질 때, 우리는 세계 자체에 대해 두려움을 갖는다.

우리는 하이데거로부터도 비슷한 영감을 얻을 수 있다. 하이데거는 우리를 위협하는 것이 성격 규정되어 있을 때, 그래서 우리가 그 유해함을 알고 그 방향을 알고 있는 어떤 것이 다가올 때 느끼는 두려움을 '공포'라고 불렀다. 반면 규정되지 않은 두려움, 그 대상이나 장소나 방향을 알 수 없는 가운데 엄습하는 두려움을 그는 '불안'이라고 했다.[18] 즉 공포는 정돈된 세계, 위협하는 존재가 이미 규정되어 있는 세계 안에서 그 위협하는 존재에 대해 느끼는 감정이다. 마치 냉전시대 공산주의 진영과 자본주의 진영처럼, 그리고 남북관계에서처럼. 반면 불안은 위협하는 존재의 미규정성에 오는 감정으로, 마치 '테러와의 전쟁'에서처럼, 어디서 오는지(테러리스트는 특정한 나라에 있지 않다. 미국 안에도 미국 바깥에도 있다), 누구인지(누구든 폭탄을 터뜨릴 수 있다)를 알 수 없는 적에 대한 두려움의 감정이다. 버틀러는 테러와의 전쟁

---

17) 비르노, 『다중』, 50쪽.
18) 마르틴 하이데거, 『존재와 시간』, 이기상 옮김, 까치, 1999, 195쪽, 255~256쪽.

과 관련해서 미국인들의 불안한precarious 삶의 한 단면을 이렇게 묘사한 적이 있다. "저기 어딘가에 내 생명을 좌우하는 타자들이 있다는 것, 내가 알지도 못하고 알 수도 없는 사람들이 있다는 생각, 이 익명의 타자들에 대한 근본적 의존성을 나는 떨쳐 버릴 수 없다. 어떤 안전보장security 조치도 이 의존성을 끝낼 수 없다."[19]

물론 오늘날 대중이 역사적으로 경험하고 있는 '불안'과 하이데거가 말한 '불안'에는 큰 차이가 있다. 대중들이 겪는 '생계'나 '테러'에 대한 불안은 그 두려움을 주는 대상(해고나 테러리스트)의 시간과 장소가 불확정적이라고 할지라도 그 내용이 전적으로 미규정적이지는 않기 때문이다. 하이데거가 말하는 '불안'은 자신을 위협하는 세계내부적인 존재자가 규정되어 있지 않을 뿐만 아니라, 세계내부적인 존재자들 전체가 무의미해지는 체험이다.[20] 하이데거가 '불안'을 말할 때 문제가 되는 것은 '세계-내-존재' 자체이다. 하지만 '세계-주변-존재'로서 오늘날 대중이 겪는 '불안'은 하이데거가 말한 의미와 무의미, 규정과 미규정, 공포와 불안이 매우 복합적으로 혼재되어 있다. 이는 '내부'와 '외부'가 혼재된 '주변' 지대의 독특한 성격에서 기인한다.

가령 국가가 더 이상 자신들을 보호해 주지 않고, 자신의 생존이 전지구적 시장의 폭력 앞에 적나라하게 노출된 신자유주의 시대 대중들의 불안에 대해 생각해 보자. 비르노에 따르면 공포는 그 위협적 존재가 공동체에 의해 규정되어 있다는 점에서 공적인 감정이자 공동체 내부에 위치한 감정인 반면, 불안은 그런 공동체의 규정성이 상실된다

---

19) J. Butler, *Precarious Life*, Verso, 2004, p. xii.
20) 하이데거, 『존재와 시간』, 254쪽.

는 점에서 지극히 내밀한 개인적 감정이자 공동체를 벗어나 세계로 나아갔을 때의 감정이다.[21] 하지만 우리는 '세계-주변-존재'로서 오늘날 대중이 겪는 불안을 공동체의 안과 밖으로 단순히 구별할 수 없다. 그것은 대중의 불안이 공동체 바깥에서 느끼는 감정이라기보다는 자기 공동체 안에서, 자기 나라 안에서 느끼는 감정이기 때문이다. 대중들은 공동체 안에서 공동체 바깥의 삶을 체험한다. 즉 그들은 자기 집 안에서, 자기 고향 안에서, 자기 나라 안에서 온갖 위험이 득실거리는 광야를 체험한다.

정돈되고 구조화된 '공동체'와 미규정적이고 구조를 갖지 않은 광야로서의 '세계'라는 이분법은 더 이상 적절치 않다. 무엇보다 지난 십여 년간 한국 사회는 구조화와 탈구조화가 동시에 진행되는 영속적 구조조정(재구조화, restructuring)을 하나의 구조로 갖게 되었기 때문이다. 외환위기가 닥치고 전 사회적으로 구조조정의 광풍이 몰아칠 당시만 하더라도, 사람들은 그것이 매우 예외적인 사태이기 때문에 감내해야 한다고 생각했을 것이다. 위기는 매우 예외적인 시간을 의미했고, 이때 이루어지는 구조조정은 다른 구조로의 이행을 위한 과도적인 것이었다. 그러나 이는 착각이었다. 예외적 시간은 아주 길어졌고 결국 우리가 일상으로 살아가야 하는 시간이 되었다. 즉 예외성이 일상성이 되었고, 구조 전환기에 단 한 번 겪는 줄 알았던 구조조정(리스트럭처링)은 하나의 상시적 구조(스트럭처)가 되고 말았다.

이제 대중들은 영속적인 위기 속에서 살아가는 법을 배워야 한다. 시간과 장소도 전혀 보장되어 있지 않다. 소위 '0개월 계약서'가 상징

---

21) 비르노, 『다중』, 52쪽.

하듯 사람들은 언제든 해고될 수 있다는 조건 하에서 고용된다.[22] 게다가 해고 사유에 대한 규정 역시 광범위하고 모호해서 자의적 해석의 여지가 있다.[23] 최근에는 불확정의 시간에 날아오는 문자 메시지를 통해 일자리가 생기기도 하고,[24] 일자리가 사라지기도 한다.[25] 언제, 어디서, 왜 그런 명령이 날아오는지를 이해하는 것은 불가능하다.

2) 대중에 대한 불안—신자유주의적 안전보장(security)

신자유주의 정부의 통치상의 중요한 특징 중의 하나는 탈규제에 대한 요구와 강력한 법질서의 강조가 동시에 이루어진다는 점이다. 가령 지난 대선 기간 중 '선진화국민회의', '뉴라이트전국연합' 등 한국 우파 운동 단체들에 속한 연구자들은 한나라당 여의도연구소가 주최한 정책토론회에서 탈규제와 함께 강력한 법치주의 확립을 요청했다.[26] 이들은 법치주의의 이름 아래 공권력에 대한 도전에 엄정 대처함과 동시

---

22) 가령 '뉴코아-이랜드 사태'의 경우, 뉴코아의 사측은 2007년 5월, 노동자들에게 '0개월', '1일', '1주일' 등 초단기 계약체결을 강요했다(『뉴스메이커』 736호, 2007년).
23) 기업의 비정규직 확대를 막고 비정규직의 권익을 보호하기 위해 감시 감독 업무를 수행하는 노동부 자신이 공공부문의 비정규직 노동자들의 해고 사유를 아주 포괄적으로 규정하고 있다. 노동부가 작성한 「무기계약 및 기간제 근로자 등 인사관리 표준안」에 따르면, "업무 수행 능력 부족이나 태만, 고의·중과실로 인한 손해 초래" 등의 요인 외에도, "업무량 변화나 예산감축" 등에 따라 재계약을 하지 않는 것은 물론 "근로계약기간 중이라도 해고할 수 있다"고 규정하고 있다(노동부, 「무기계약 및 기간제 근로자 등 인사관리 표준안」, 2007년 4월 참조).
24) 일거리가 있을 때만 가서 일하는 '호출근로'에 종사하는 비정규직 노동자가 급속히 증가하고 있다. 2007년 3월 현재 '호출근로 종사자' 수는 90만 명 정도에 이르는 것으로 나타났다. 이는 전체 비정규직 879만 명 가운데 5.8%에 해당한다(김유선, 「비정규직 규모와 실태」, 『노동과 사회』 127권, 한국노동사회연구소, 2007).
25) 지난 2004년 외환은행은 160여 명의 노동자에게 휴대폰 문자를 보내 해고를 예고했고, 2005년엔 일간스포츠와 기륭전자 노동자들이, 지난해엔 케이티엑스(KTX) 여승무원들이 '문자 해고'를 당해 논란이 일었다. 사회적 문제가 되자 노동부는 작년 7월부터 서면 해고 통보만 그 효력을 인정하겠다고 밝혔다(『한겨레』, 2007년 4월 8일자).
26) 『한나라당 여의도연구소 정책토론회 자료』, 2007년 11월 22일.

에 정부에 대해서 '세금폭탄'과 같은 사유재산침해를 없애야 한다고 말하고 있다.

또 한국개발연구원(KDI)의 한 보고서는 "최근 법 질서를 준수하지 않는 행위가 경제의 효율성을 저해하고 성장 잠재력을 훼손"한다며 법 질서와 경제성장 관계를 분석한 결과 "우리나라가 OECD 평균 법 질서 수준을 유지했을 경우 1991~2000년의 기간 동안 연평균 0.99%의 경제성장을 추가로 이룰 수 있었을 것"으로 추정한다고 말했다.[27]

이명박 역시 취임 순간부터 법 질서에 대한 강조를 멈추지 않고 있다. 그는 2008년 3월 19일 법무부 업무 보고 자리에서, 한국개발연구원의 위 보고서를 보기라도 한 것처럼, "법과 질서를 제대로 지키면 국민총생산이 1% 올라갈 수 있다"고 지적했다. 이에 화답하여 법무부 장관은 "경찰의 시위대 검거 등 정당한 업무집행에 과감한 면책을 보장해서 적극적으로 공권력 행사를 독려하고 불법파업 형사재판 때 민사상 손해배상 책임도 함께 판결하도록 법을 개정하겠다"고 밝혔다.[28] 이에 앞서 경찰청도 3월 15일 청와대 업무 보고에서 "시위 현장에 경찰관으로 구성된 체포전담반을 신설 운용하고, 가벼운 공무집행 방해 사범에 대해서도 무관용 원칙을 적용하는 한편, 불법시위에 대한 민사상 손해배상 청구와 즉결심판 회부, 불법 시위 단체에 대한 정부보조금 지원 제한 확대 방침도 밝혔다."[29]

군사정부 시절의 백골단을 연상시키는 체포전담반, 게다가 시위

---

27) 차문중, 「법 질서의 준수가 경제성장에 미치는 영향」, 『KDI 정책포럼』 제173호, 2007년 1월 5일자.
28) 『한겨레』, 2008년 3월 20일자.
29) 『한겨레』, 2008년 3월 16일자.

진압 경찰은 면책하고 시위대는 법을 개정해서라도 사법처리하겠다는 발상 등을 어떻게 이해해야 할까. 치안에 관한 한 새 정부는 아련한 과거로 퇴행하는 것일까. 왜 규제 철폐와 정부 축소를 외치는 정부가 강력한 법치주의와 치안강화를 이야기하는가. 물론 자본주의 사회에서 자본에게 자유를 주고, 노동자계급에게는 재갈을 물리는 게 당연하지 않느냐고, 그리고 이명박 정부에서는 그런 성향이 더 분명해진 것뿐이라고 말할 수도 있겠다. 하지만 어느 시대, 어느 곳에서나 맞는 이야기는 어느 시대, 어느 곳에서도 잘 맞지 않는 이야기이기도 하다. 지배계급이 자의적으로 권력을 사용한다는 초역사적 단언보다는 현 시점에서 '치안' 내지 '안전보장' security이 부각될 수밖에 없는 이유를 생각해 보는 것이 더 유익할 것이다.

내 생각에 신자유주의 시대의 '안전보장'은 이 시대에 고유한 '불안'과 상응하는 것처럼 보인다. '안전'에 대한 욕구는 '불안' 상황에 대한 증언이라고 할 수 있다. 안전보장 담론의 강화는 신자유주의 정부 역시 주변화된 대중들만큼이나 어떤 불안을 겪고 있음을 보여 준다. 그것은 '대중의 불안'에 상응하는 '대중에 대한 불안'이 아닐까 싶다. 그리고 '불안을 야기하는 대중'은 우리가 앞서 살펴보았던 바로 그 '불안한 대중'이다. 신자유주의 정부의 자본에 대한 탈규제와 구조조정은 대중들을 무차별한 시장의 폭력 속에 방치하는 결과를 낳았다. 그렇게 양산된 것이 '불안한 대중'이고 또 '불안을 야기하는 대중'이다.

우리는 신자유주의 시대 국민주의가 '비국민'의 양산을 특징으로 한다고 했다. 안전보장은 신자유주의 시대 국민주의의 특징을 잘 보여 준다. 도시 하층에 대한 일본 정부의 태도 변화를 연구한 니시자와 아키히코西澤晃彦는 '국민'과 관련해서 중요한 패러다임의 변화가 있는 것

같다고 말한다. "근대의 빈곤층은 사회적으로 멸시를 받으면서도 '좋은 국민'으로 가는 과도기 상태로 그 존재가 긍정되었다. …… 하지만 탈산업화 시대 들어 비효율적인 훈육(=치료)의 비중이 낮아지면서 치료할 필요도 없어진 빈곤층은 치안 관리의 대상이 되었다. 이제는 …… '문명', '풍요', '중류' 같은 대중적 준거점은 존재하지 않으며, 빈자가 찾아가야 할 장소도 준비되어 있지 않다."[30] 주변화된 대중들, 소위 '비국민들'은 국가가 그 건강과 복리에 관심을 갖고 있는 대상이 아니며 오히려 치안 관리의 대상이 되었다고 할 수 있다. 들뢰즈의 표현을 빌리자면 '훈육사회'는 '통제사회'로 변화했다.[31]

마이크 데이비스는 최근 빈민들이 몰려들고 있는 도시의 외곽에 대해 이렇게 말한 바 있다. "도시 변경은 추방된 자의 세계이자 새로운 바빌론이다."[32] 한편으로는 이주노동자들처럼 쫓기듯 경계를 넘어온 자들이 있고 다른 한편으로는 비정규노동자나 농민들, 도시 빈민들처럼 경계로 밀려난 자들이 있다. 여기에는 실제로 시민권을 갖고 있지 않은 비국민도 있고, 사실상 시민권이 의미가 없는 비국민도 있다. 비정규노동자, 농촌이주자, 실업자, 이주노동자 등 온갖 사람들이 몰려 있는 이 비국민의 지대, 내부 난민의 지대가 우리 사회 곳곳에서도 생겨나기 시작하고 있다.

자본이 그 생산과 소비 능력을 평가절하하고 정부가 적극적 육성을 포기한 인구들이 이제는 치안 관리 대상이 되는 사람들이다. 정치

---

30) 니시자와 아키히코, 「빈자의 영역」, 『목소리 없는 자들의 목소리』(부커진 R, 1.5호), 남효진 옮김, 그린비, 2008. 129~130쪽.
31) 질 들뢰즈, 「추신: 통제사회에 대하여」, 『대담』, 김종호 옮김, 솔, 1993.
32) 마이크 데이비스, 『슬럼, 지구를 덮다』, 김정아 옮김, 돌베개, 2007, 256쪽.

적·경제적 영역에서의 대중들의 이러한 추방과 방치는 인식적 영역에서의 추방과 방치에 연결되어 있다. 주변화된 대중들의 목소리는 사실상 '목소리 없는 자들의 목소리'가 되고, 이들의 행동은 이해할 수 없는 난동처럼 간주된다. 미국 시사잡지『타임』은 1977년에 커버스토리로 '미국의 하층underclass : 풍요로운 나라의 빈곤과 절망'을 다룬 적이 있는데, 하층민들을 다음과 같이 묘사했다고 한다. "일반인들의 상상보다 더 다루기 어렵고 이질적이며 적대적인 사람들의 커다란 집단. 그들을 아우르는 것은 불가능하다."[33] 사실 이런 시각은 폭동이나 테러의 온상으로 주변 지대를 바라보는 오늘날 지배층의 생각과 통하는 면이 있다. 이들은 주변화된 대중들을 통제 불가능한 위험 집단으로 간주한다. 그래서 이들은 비효율적인 '퍼주기식' 복지보다는 치안 대책을 강화하는 것이 더 중요하다고 말한다.

'테러와의 전쟁'을 치르면서 미국은 테러리스트들을 '악마'로서 묘사했다. 데이비스의 말처럼 '악마화의 수사'는 일종의 '인식론적 장벽 세우기'라고 할 수 있다.[34] 그것은 적에 대한 이해의 포기, 더 나아가 이해의 거부를 의미한다. 강도와 방식은 다를지 모르지만 대중들의 저항을 대하는 한국정부의 태도 역시 점차 그쪽으로 나아가는 것처럼 보인다. 한미자유무역협정에 대한 반대에서부터 최근의 쇠고기 파동에 이르기까지, 대중들의 주장은 '괴담'으로 치부되고 대중들의 행동은 '난동'으로 묘사된다.

어찌 보면 '대중을 이해하기를 거부하는 자'가 '이해할 수 없는 대

---

33) 酒井隆史,『自由論』, 靑土社, 2001, p.13에서 재인용.
34) 데이비스, 앞의 책, 257쪽.

중' 과 마주치는 것은 당연한지도 모른다. 그리고 그것이 초래하는 위험은 고스란히 지배자들의 몫이다. 대중에 대한 이해를 거부하는 것은 대중에 대한 이해를 상실하는 것이다. 위협의 방향과 내용이 분명한 외적 外敵에 대한 국방defense보다, 어디서 왜, 어떤 방식으로 생겨날지 모르는 위험에 대처하기 위한 안전보장security 개념이 중요해진 것은 이런 맥락에서일 것이다. 내부 범죄자를 제압하기 위한 과거의 '치안' 개념을 넘어, 이제는 내부와 외부의 구별이 불분명한 주변지대, 내부에 있지만 또한 외부를 형성하고 있는, 이해할 수 없는 적에 대한 체제 안전보장이 중요하게 떠오른 것이다.[35]

4. 합의정치의 폭력, 그리고 대중의 난입과 탈퇴

한국에서 지난 십여 년간 지속적으로 강화되고 있는 신자유주의 통치 양식의 두드러진 특징 중 하나는 '배제의 정치' politics of exclusion이다. 보통 한국 사회에서 배제의 정치의 전형으로 언급되는 것은 사실 박정희 정부이다. 국가가 대중들의 의견에 상관없이, "위로부터 사회정책을 설계하고 관철시키는 정책결정 유형"을 보통 '배제의 정치'라고 부른다.[36] 이를 대체하는 흐름이 지난 김대중 정부와 노무현 정부에서 중요한 기능을 수행한 '노사정위원회'와 같은 코포라티즘 모델이다. 이

---

35) 흥미롭게도 이명박 정부는 '행정자치부'의 이름을 '행정안전부'로 바꾸었다.
36) 박정희 정부의 유형은 "국가(관료)가 정치집단(정당)과 노동자, 농민, 그리고 사회정책의 대상집단(예, 연금수급 노인)·이해집단을 복지정책의 결정 과정과 제도 운영 과정에서 철저히 차단시키고, 제도의 구상·수립·집행 등 복지제도의 모든 과정과 절차를 관료집단이 통제하는 배제의 정치로 규정할 수 있다". 한국노동연구원, 『미래 한국의 경제사회정책 패러다임 연구』, 2007, 106쪽.

해관계자의 대표들이 하나의 위원회에서 상호 타협과 이해에 기초한 합의를 이루어 가는 것이라고 할 수 있다. 이것을 우리는 '배제의 정치'와 비교해서 '합의 정치' consensus politics라고 부를 수 있을 것이다.

그런데 우리가 신자유주의 시대의 정치 갈등을 통해 목격하는 것은 이 '합의 정치'가 과거의 '배제의 정치'와 꼭 대립하는 것만은 아니라는 점이다. 오히려 '합의'는 '배제'와 긴밀히 맞물려 있다. 신자유주의의 상징인 '워싱턴 컨센서스' Washington Consensus로부터 노사정위원회에서 추인된 '비정규보호법'에 이르기까지 합의는 자주 신자유주의적 명령이 형성되는 절차가 되고 있다. 나는 신자유주의 시대 정치의 중요한 특징 중의 하나가 '합의를 통한 배제', '합의로부터의 배제' 같은 말로 표현될 수 있다고 생각한다. 앞서 말한 바 있는 '비국민' 내지 '내부 난민' 등은 자신들이 참여할 수 없는 자리('합의로부터의 배제')에서 내려진 결정에 의해 '추방된 삶', '배제된 삶'을 살아가게 된다('합의를 통한 배제').

이러한 합의 정치의 폭력성을 드러내는 중요한 사례가 재작년 가을에 있었다. 비정규보호법에 대한 재논의를 위해 소집된 노사정위원회 회의석상에 코스콤과 이랜드, 기륭전자의 노동자들이, 언론 표현을 빌리자면, '난입'한 사건이 일어났다. 당시 회의장에 뛰어든 비정규직 노동자들은 "왜 비정규 노동자들의 보호 문제를 다루면서, 비정규 노동자들의 목소리를 들으려 하지 않느냐"고 물었다.[37] 이들은 비정규직 노

---

37) 현장에서 한 노동자는 이렇게 말했다. "불법파견 판정만 나면 정규직으로 해준다더니 유일하게 노동부, 검찰에서 모두 불법파견 판정 받았지만 그후에도 2년 동안 우리는 길 위에 있습니다. 교수 같은 고상한 분들 말고 당사자인 우리랑 직접 이야기합시다."(『프레시안』, 2007년 10월 11일)

동자 없이 비정규직 법에 대해 합의를 형성하는 것에 문제를 제기한 것이다. 이들의 외침은 '목소리 없는 자들의 목소리',[38] '권리 없는 자들의 권리 요구',[39] '말할 권리를 갖지 않은 자들의 말'[40]의 성격을 갖고 있다. '난입'이란 매개를 거치지 않고 자격이나 근거도 갖추지 않은 채 장(場)에 뛰어드는 정치적 행동이라고 할 수 있다. 이 행동으로 인해 '노동계'와 '재계', '정부'의 대표들이 모여 함께 문제를 논의한다고 하는 합의 정치의 민주주의적 외관은 큰 손상을 입고 말았다. 그들의 난입은 합의의 장이 그 자체로 또한 배제의 장이기도 하다는 것을 드러냈기 때문이다.[41]

합의 정치의 배제적 성격은 민주주의에 대해 회의적인 태도를 가진 신자유주의자들이[42] 어떻게 민주주의 외관을 갖출 수 있는지를 해명해 준다. 통치자들은 공청회와 같은 비효율적이고 대중의 난입이 쉬운 민주적 절차보다, 대의제 민주주의 성격도 갖고 있고 합의에 도달하기도 쉬운 의사결정기구, 가령 '노사정위원회'나 '국민연석회의', 또는 국회 안에서의 비공개적인 '심의' 등을 선호할 것이다. 옷장 속에는 골

---

38) 고병권, 「목소리 없는 자들의 목소리」, 『목소리 없는 자들의 목소리』(부커진 R, 1.5호), 그린비, 2008.
39) J. Rancière, *La haine de la démocratie*, La fabrique, 2005, p.68.
40) 니콜래스 쏘번, 『들뢰즈 맑스주의』, 조정환 옮김, 갈무리, 2005, 87쪽.
41) 일부 논자들은 이처럼 정당이나 조합, 이익단체의 매개를 거치지 않는 '난입' 행동을 정치적 미성숙의 문제로 치부하고, 정치적 공론장에 대중적 에너지가 곧바로 투입되는 것을 민주주의에 반(反)하는 포퓰리즘으로 간주한다(최장집·박찬표·박상훈, 『어떤 민주주의인가』, 후마니타스, 2007, 38쪽). 이들의 대의제에 대한 귀족주의적 관념과 엘리트주의에 대해서는 다음 지적을 참고. "이들은 …… 집단적 힘을 배제하고 보수와 진보, 그리고 지혜로운 엘리트들 간의 이성적 합의를 열망한다."(안병진, 「민주화 이후 민주주의 역설에 대한 공화주의자의 시각」, 『아세아 연구』, 통권 131호, 고려대학교 아세아문제연구소, 2008, 177쪽.)
42) 가령 하비는 이렇게 말한다. "신자유주의자들은 민주주의에 대해서 회의적이다. 그들은 전문가와 엘리트에 의한 통치를 선호하는 경향이 있다. 민주적이고 의회에 의한 결정보다 행정적 지시나 사법적 결정에 의한 정부를 선호한다."(하비, 『신자유주의』, 90쪽).

라 입을 수 있는 온갖 민주주의가 있다. 때로는 여론조사를, 때로는 국회통과를, 때로는 노사정위원회의 타협을 민주주의라고 부르는 것은 쉬운 일이다. 합의의 장에서 배제된 대중들의 난입은 이런 합의 정치의 민주주의적 외관을 걷어 내고, 합의의 배제성을 그대로 폭로하는 정치적 실천이 된다.

추방과 배제의 정치에 맞선 대중들의 또 다른 정치적 실천이 있는데, 그것은 바로 '탈퇴'다. 탈퇴는 겉보기에 난입과 반대되는 행동 양태지만, 사실상은 동일한 의미를 가지고 있다. 2006년 5월 전라도에서 서울까지 이어진 '연구공간 수유+너머'의 행진에 참여하면서 내가 만난 농민이나 어민들은 "우리는 대한민국 국민이 아니다"라는 말을 자주 했다.[43] 그것은 한편으로 비국민 취급을 받는 것에 대한 자조였지만, 다른 한편으로는 일종의 '국민 탈퇴' 선언이기도 했다. 미군기지가 들어서는 평택 대추리의 경우, 주민들이 항의 표시로 행정관청에 주민등록증을 반납하는 운동을 펴기도 했다. 자신들을 추방하는 국가에 대해 국민 탈퇴를 선언하는 것이다. 물론 이런 행동들은 대부분 상징적인 퍼포먼스다. 하지만 대중들이 자기 운동을 국가나 국민을 통째로 문제 삼는 것 속에서 상상한다는 점에서 그것은 중요한 의미를 담고 있다.

지난 2005년 프랑스에서 '방리유' banlieu 사태가 일어났는데, 그 해 1월에 상당히 의미 있는 성명이 '공화국의 원주민들' Indigènes de la République이라는 단체에 의해 발표되었다.[44] 그것은 그 단체 이름 그대로 '우리는 공화국의 원주민들이다'라는 선언이었다. 그런데 그 선언

---

43) 고병권, 「주변화 대 소수화:국가의 추방과 대중의 탈주」, 『소수성의 정치학』(부커진 R, 1호), 그린비, 2007.
44) 이 단체의 인터넷 주소는 'www.indigenes-republique.org'이다.

은 묘하게도 "우리는 대한민국 국민이 아니다"라는 말과 공명하는 부분이 있다. 대중들이 자기 정부를 상대로 탈식민운동을 전개하는 것은, 과거 탈식민운동이 강한 국민주의(민족주의) 성향을 가졌다는 점과 대비해 볼 때 아주 중요한 의미가 있다. 새로운 탈식민운동은 탈국민운동과 맞닿아 있기 때문이다. 대중들이 '비국민적임'을 부인하는 대신 오히려 그것을 적극적으로 선언할 때, 이 선언은 역설적으로 '비국민'의 양산에 대한 적극적 저항운동이 될 수가 있는 것이다.

물론 대중들의 '난입'과 '탈퇴' 운동이 그 자체로 어떤 적극적인 대안을 구성하는 것은 아니다. 사실 그런 운동들은 주변으로의 강력한 배제와 추방이 이루어지는 시대에 불가피한 실천이라고 할 수 있다. 하지만 이런 실천은 대안적 사회질서의 발명을 위한 중요한 성찰의 기회를 제공한다. 이런 실천은 끊임없이 현 체제의 근본 문제들을 파고든다. 과연 무엇이 척도이고, 누가 그것을 정하는가? 무엇을 정치적 의제로 삼을 것인가? 무엇이 공적인 것이고, 무엇이 사적인 것인가? 이런 물음들이 앞으로 한국의 대중운동에서도 중요하게 부각될 것은 틀림없어 보인다. 아니, 이미 한국 사회는 이와 관련된 투쟁들을 목격하고 있는 중이다.

5. 우리, 잃어버린 자들의 미래

니체는 "영예로운 의미에서 자신을 실향민이라고 부를 수 있는 권리를 지닌 사람들"에 대해 이야기한 적이 있다.[45] "그들의 운명은 가혹하고

---

45) 프리드리히 니체, 『즐거운 학문』, 안성찬·홍사현 옮김, 책세상, 383쪽.

그들의 희망은 불확실하기 때문에 그들에게 위안을 준다는 것은 지극히 어려운 일이다. 하지만 그것이 무슨 소용인가. 우리들 미래의 어린 아이들이 어떻게 오늘 편안할 수 있겠는가! 이 부서지기 쉽고 허물어져 버린 과도기에 아직도 고향처럼 느낄 수 있는 이상을 우리는 혐오한다. 이 과도기의 '현실'이 지속되리라고 우리는 믿지 않는다. 오늘날을 덮고 있는 얼음은 벌써 얇아졌다. 훈풍이 불고 있다. …… 우리는 과거로 돌아가려 하지 않는다. …… 우리들 실향민들은 인종과 출신에 있어 지극히 다양하고 혼합적인 '현대인'이다."

문제는 우리 '합의에 의해 배제된 자들'의 운명이다. 불안에 내던져진 우리 '홈리스'들이다. 자기 나라 안에서 정부를 잃은 이들, 의견을 형성할 자격을 상실한 이들이다. 우리들 중 상당수는 국가와 자본에 의한 삶의 안정성을 확보하기 위해, 더 처절하게 거기에 매달릴지 모른다. 무질서에 대한 불안, 근거 상실에 대한 불안은 국가 질서에 대한 더 강력한 지지를 불러오기 쉽고, 그런 불안은 가령 기업 복지나 보험과 같은 상품에 더 기대게 만들 것이다.[46]

하지만 합의의 장에 대한 '난입'이 불가피하고, '실직'과 '비정규직화'에 대한 싸움을 지속해야 할 때조차, 정부와 기업을 잃은 바로 지금, 그것들에서 조금씩 벗어나는 삶의 실험이 우리에게 중요한 것 아닐까. 근거를 잃은 자들, 자격을 잃은 자들이 비로소 그것으로부터 자유로워지는 삶을 실험해야 하지 않을까. 국민, 직업, 지역, 인종 등 자격을 갖지 않기에 비로소 공통의 삶을 생산할 어떤 실험을 시도해야 하는 것이 아닐까. 합의와 공공성에서 배제된 자들이야말로 이견 있는 자들

---

46) 최근 한국 보험시장은 급속히 성장해서 2006년 78조 원 규모로 세계 7위를 기록했다.

의 새로운 연대를 창출하고, 새로운 공공성, 즉 국가적인 것으로 환원되지 않는 새로운 대안적 공공성을 만들어 내야 하는 것 아닐까. 그 속에서만 우리는 '국가인가, 시장인가'라는 나쁜 선택지에서 벗어나는 싸움을 시작할 수 있지 않을까. 어쩌면 우리들이 내몰린 곳이 우리들의 자유가 시작되는 곳인지도 모른다. 낡은 질서의 상실이 예속의 조건이 될지, 자유의 조건이 될지는 '우리, 잃어버린 자들'에게 달려 있다.

3_혁명 앞에서의 머뭇거림
2008년 촛불시위의 발발과 전개

#1 추방된 자들의 귀환

1. 어두운 전조

처음엔 몇 사람이 있었다. 그러나 곧이어 온통 까맣게 되었다. 대중이란 그런 것이다. 2008년 4월만 하더라도 그 누가 짐작이나 할 수 있었겠는가. 5~6월에 그토록 까맣게 되리라고. 모두가 이 사태를 예상할 수 없었던 것은 한편으로 그것이 예정되어 있던 일이 아니기 때문이다. 새 정부 출범 100일에 그런 일이 예정되어 있을 리 만무하다. 그러나 다른 한편으로 이 사태를 예상할 수 없었던 것은, 그것이 언제든 일어날 수 있었고, 일어날 수 있는 일이기 때문이다. 그것은 벤야민의 표현처럼 "매초 매초가 언제라도 메시아가 들어올 수 있는 조그만 문"이기 때문이다.[1]

결국 문제는 전조이다. 언제 번개가 칠 것인지 확정할 수는 없었지

---

1) 발터 벤야민, 「역사철학테제」, 『발터 벤야민의 문예이론』, 민음사, 1983, 356쪽.

만 우리 모두가 산등성이에 먹구름이 몰려드는 것을 보고 있었다. 니체의 차라투스트라는 '과거와 미래 사이를 떠도는 먹구름'에 대해 이야기한 적이 있다. 조금씩 방전이 일어나고 있는 그런 먹구름들, '번개를 낳을 구름들'이 최근 한국 사회에서 쌓이고 또 쌓였다. '고소영', '강부자', 'S라인' 등으로 희화화된 이명박 정부의 초대 내각과 청와대 비서진. 대통령직인수위원회가 야기한 '영어몰입교육', '우열반 편성', '소위 0교시 문제', 대통령이 직접 언급한 '비즈니스 프렌들리'와 각종 규제의 완화, 법질서에 대한 강조. 공기업 민영화(전기, 가스, 수도, 의료보험 등), 국토 전체를 가르는 대운하, 그리고 마침내 미국산 쇠고기 협상 처리.

어두운 전조. 신정부의 새로운 조치들은 대중의 '불안'을 '더 크게' 증폭시켰다. '더 크게'라는 말에 유의하자. 왜냐하면 '불안'은 이전 정부에서부터 이미 존재하고 있었다. 그리고 그 '불안'이 이명박 정부를 낳았다. 집권자들이 착각하는 것과 달리, 이명박 정부를 낳은 것은 그들의 '힘'이나 '능력'이 아니라, 바로 대중들의 '불안'이었다. 외환위기 이후 지난 십여 년 동안 대중들은 극도의 불안에 시달리고 있었다. 불안은 삶의 안정된 구조가 해체되고, 위기가 영속적임을 실감하면서 생겨난 정서였다. 그것은 또한 공동체 안에 있으면서 보호받을 수 없다는 감정, 마치 자기 나라 안에서 정부를 잃어버린 난민이 된 것 같다는 감정이기도 했다.

지난 십여 년간 대중들은 커다란 상실감을 느꼈다. 그것은 직접적으로는 소득의 상실, 고용의 상실을 의미했다. 하지만 더 깊이 들어가 보면 거기에는 '삶의 안전보장 상실'이 있다. 현 집권자들은 지난 10년을 '잃어버린 10년'이라고 불렀다. 지난 10년간 새로운 집권자들이 무엇을 잃어버렸는지는 알 수 없지만 어쨌든 그들은 재집권했다. 그러나 대중들은 어떤가. 그들은 여전히 '알 수도 없고', '통제할 수도 없는' 어떤 힘에 삶이 내맡겨져 있다는 불안에 시달린다. 대중들은 자기 삶을 좌우하는 모든 결정들에 어떤 개입도 할 수 없으며 그것이 도무지 어떻게 진행되고 있는지도 알 수 없다. 그것이 불안을 야기했다.

이 먹구름들이 얼마나 농밀해졌던가. 징후는 곳곳에서 포착되었다. 아주 사소한 사건에도 전체가 요동칠 수 있다는 조짐들. 사실 아주 강력한 신호가 새 정부 출범 한 달 만에 포착되었다. '안단테'라는 아이디를 쓴 한 고등학생이 한 인터넷 사이트가 마련한 '국민청원' 란에 '대통령' 탄핵 청원을 올렸다. 사실 온갖 '안티' 카페들이 만들어지고 온갖 청원들이 난무하는 세태를 염두에 둔다면 이것은 그야말로 아무것도 아닌 '장난'이었을지 모른다. 서명 목표를 천만 명으로 잡은 것도 그 탄핵 청원의 어떤 비현실성을 보여 준다. 그러나 탄핵 청원에 동의한 인터넷 서명자는 조금씩 늘어나다가 쇠고기 협상 문제와 맞물리면서 가볍게 백만 명을 넘어 버렸다. 서명자 수가 나중에는 매일 십만 명 단위로 증가하면서 사태가 간단치 않다는 것을 누구나 느꼈다. 집권자들을 제외하고는.

먹구름이 가득하다면 아주 사소한 사건도 방전의 계기가 될 수 있다. 그리고 작은 방전은 무시무시한 번개로 발전한다. 그 작은 방전을 일으킨 것이 '쇠고기 협상 타결'이었다. 그 타결 소식을 듣고 부시를 만나러 가던 이명박은 환호성을 질렀다는 전언이 있었다. 그런저런 일들이 결국 방전을 일으켰다. 이런 전조가 마련되지 않았다면 '쇠고기 협상'에 대해 "이전 정부가 벌여 놓은 일을 설거지 했을 뿐"이라는 말이나, "광우병 위험이 과장되어 알려졌다"는 정부의 말이 이 정도의 반발

3_혁명 앞에서의 머뭇거림 **75**

을 불러오지는 않았을 것이다.

분명 지난 정부에서도 '쇠고기 협상'은 '스크린쿼터 축소', '의약가 조정', '자동차 배기가스 규제 기준' 문제 등과 함께 '한미자유무역협정'을 추진하기 위한 소위 '4대 선결과제' 중 하나이기는 했다. 현 정부의 말마따나 광우병 위험도 다소간 과장되었을 수도 있다. 그렇다면 과연 문제는 어디에 있었는가. 집권세력은 그들 자신이 모아 놓은 먹구름, 거기에서 형성된 전조를 보지 못했다. 아니 볼 수 없었다. 바로 그랬기 때문에 4월 30일 문화방송의 「피디수첩」에서 '미국산 쇠고기의 광우병 위험' 문제를 거론했을 때의 파장을 이해할 수 없었다. 그들이 내린 결론은 '방송 프로그램의 농간에 놀아난 무지한 대중들'이었을 것이다.

물론 이것은 소위 진보 진영의 경우에도 다르지 않았다. 정태인은 『경향신문』이 주최한 시국토론에서 이 문제에 대해 자신이 느낀 놀라움을 이렇게 전했다. "지난 5월 2일 청계광장에 나갔을 때 충격을 받았다. 내가 한·미 자유무역협정에 대해 500회 정도 기고·강연을 하면서 그때마다 광우병 얘기를 했는데도 전혀 씨알이 먹히지 않았는데 단숨에 여중생에 의해 돌파된 게 놀라웠다. …… 그 다음 발전 과정은 더 놀라운데, 대운하·민영화·KBS 지키기까지 의제가 확장됐다."[2]

정말 왜 그랬을까. 광우병 위험을 그가 그토록 떠들 때는 씨알도 먹히지 않았는데, 지금 이 사태는 도대체 어떻게 된 것인가. 사실 이 사태는 우리에게 낯선 게 아니다. 2002년 미군 장갑차가 일으킨 사고로 '미선', '효순' 두 중학생이 죽었을 때도 마찬가지였다. 그 사건은 월드

---

2) 『경향신문』, 2008년 6월 18일자.

컵 기간 중에 일어났고, 그 사건을 계기로 정부와 미국을 규탄하던 시위대는 응원 군중들에 의해 핍박을 받았다. 월드컵이 그 사건을 삼켜버렸다. 그런데 월드컵이 끝나고 그 사건은 다시 조명을 받았고 대규모 촛불시위가 일어났다. 그때 대책위 관계자가 정태인과 비슷한 말을 했다. "우리가 그토록 싸울 때는 돌아보지도 않던 사람들이……."

대중이란, 메시아란 바로 그런 것이다. 그것을 기다리는 사람은 그것을 만나지 못한다. 그것은 갑자기 들이닥친다. 그것은 예정된 시간에 오지 않는다. 하지만 매초 매초가 그것에 열려 있다.

2. 광장으로 난입한 대중, 그들은 누구인가

한마디로 그들은 누구인가. 처음에는 몇몇이었다가 갑자기 새까맣게 몰려든 이들. 그들 낱낱을 보면 그들이 누구인지, 왜 여기에 왔는지를 알 수 없다. 그들은 한편으로 학생이고, 주부이고, 노동자이며, 실직자고, 노인이다. 그러나 다른 한편으로 그들은 아무것도 아닌 자들이다. 그들은 자기 이름과 직업을 밝힐 때조차 익명의 대중으로 거기에 있기 때문이다.

그러나 '그들은 누구인가'에 대한 물음이 불가능한 것은 아니다. 그것은 어떤 면에서 가능한 물음일 뿐만 아니라 꼭 필요한 물음이기도 하다. 그것은 대중의 특이점에 대한 물음일 때 의미를 갖는다. 특이점과 보통점을 구별하는 것, 이것이 관건이다. 바로 그렇기 때문에 '참가자 중에 다수는 누구였는가'라는 물음은 그다지 좋은 물음이 아니다. 단순히 수가 많다는 것 때문에 대중이 그 집합의 특성을 갖는 것이 아니다.

이번 시위에서 문제가 되었던 집단들에 대해 생각해 보자. 우선 탄핵 발의를 했던 '안단테', 그리고 초기 시위를 특징지었던 (여)중고생들, 그리고 일명 '유모차 부대'의 주부들. 형식적 의미에서든, 실질적 의미에서든 이들은 기존의 정치적 시민권을 갖고 있지 않았던 사람들이다.[3] 문제는 이들이 쇠고기 문제에 대한 정치적 결정에 어떤 영향력도 행사할 수 없는 이들이지만, 또한 그 결정에 가장 큰 영향을 받을 수밖에 없는 자들이라는 사실이다. 청소년들이나 유모차 부대, 그들은 광우병 쇠고기 위험에 노출되어 있거나 그것에 예민하게 반응할 수밖에 없는 사람들이었다.

이것은 또한 익숙한 풍경이다. 작년 가을 '비정규직 보호법' 개정 문제를 논의하는 노사정위원회의 파행 사건의 본질이 그것이었다. 회의장에 난입해서 회의를 파행시켰던 기륭전자, 코스콤, 이랜드 노동자들의 외침은 하나였다. 왜 비정규직의 보호 문제를 다루는 자리에 정작 당사자인 비정규직 노동자는 참여하지 못하는가. 비정규직 노동자들이 회의장에 난입했던 사건, 그것은 결정의 자리에 참석할 수 있는 자격을 갖지 못한 자들의 '권리 요구'라고 할 수 있다.

이런 문제들은 사실 '소수자' 일반의 것이기도 하다. 소수성은 장 자체의 성격에 의해 규정된다. 즉 소수적 투쟁은 장 안에서 일어나는 투쟁이 아니라, 그들을 주변화하거나 배제하는 장 자체에 대해서 벌이는 투쟁이다. 그것은 그 장을 규정하는 척도의 배제적 성격과 관련이 된다. 그래서 소수자들의 정치적 투쟁은 척도나 논리 자체의 정치성을

---

3) 하승우는 『경향신문』 시국토론에서 "여성과 청소년이 주체로 나서 '시민-되기'를 체험했다"고 지적했는데 의미있는 지적이다. (『경향신문』, 2008년 6월 18일자)

문제 삼는 것으로 나타난다. 근거나 대의조직을 갖추지 못한 채, 근거나 대의기구 자체를 문제 삼을 때, 이들의 투쟁은 근거가 없고 기구들의 매개를 거치지 않는 직접행동, 즉 난입 같은 것으로 나타난다. 그것은 '매개 없는 대규모 진입'의 형태를 띤다. 이와 관련해서 하승창은 『한겨레』의 좌담에서 이런 말을 했다. "시민단체가 매개되지 않은 운동이 전개되고 있는데, 사실상 기존의 시민단체의 역할과 지위가 끝난 것으로 볼 수도 있다."[4]

    문제는 지난 십여 년간 한국 사회의 변화, 특히 '양극화'가 의미하는 바가 대중의 '주변화' 내지 '소수화'에 있다는 사실이다. 한국 데모크라시는 최근 들어 부쩍 '데모스를 추방하는 데모크라시' 형태를 띠고 있다. 한미자유무역협정 추진 과정에서도 극명하게 나타났지만, 대중들은 그 자신의 운명을 결정할 사안에서 철저하게 배제되어 있다. 정부의 테크노크라트와 의회의 의원들, 주류 언론들, 그들이 어떤 컨센서스를 형성하고, 그것을 통해 배제의 정치를 작동시킨다. 즉 '합의로부터의 배제', '합의를 통한 배제'가 작동하는 셈이다. 신자유주의 하에서 다수 대중들은 추방된 자, 배제된 자의 형상을 하고 있다. 범위의 차이가 있고 정도의 차이가 있지만 다수의 대중들은 그런 점에서 소수성을 품고 있었다. 가장 강렬한 반응을 보인 소수자들의 행진이 시작되자마자 많은 이들이 품고 있던 소수성이 들끓기 시작한 것으로 보인다. 대규모 대중들의 매개 없는 난입! 그것이 이 사태의 중요한 특징 중 하나라고 생각된다.

---

4) 『한겨레』, 2008년 6월 12일자.

3. 미디어— '이미디에이션' (im-mediation)과 '온오프라인' (onoff-line)

'매개가 없다', '매개되지 않는다'는 말이 가장 강력하게 부각된 것은 '미디어' 영역이었다. '미디어'는 단순한 '미디에이션', 즉 '매개작용'을 하는 데 머무르지 않았다. 임시로 하나의 조어를 하자면 미디어는 '미디에이션'에서 '이미디에이션' im-mediation으로 나아가고 있다. 즉 매개에서 어떤 직접 행동으로 변화하고 있다. 이번 시위에서 드러난 몇몇 행동 속에서 미디어는 '미디어 액션'이었고, 그런 점에서 '행동-미디어' action-media라고 불러도 좋을 것 같다.

민경배는 이번 시위에서 디지털 매체가 어떻게 활용되었는지를 분석하면서 시위 참가자 유형을 참가자, 기록자, 분석자, 전파자 등으로 나누었는데, 그의 분류를 따라가면서 이번 시위에서 미디어의 문제를 생각해 보고자 한다.[5]

1) 참가자 거리에서 행진을 직접 벌이는 자. 그러나 그는 단순히 걷고 있는 게 아니다. 그는 현장에서 휴대전화 문자메시지로 다른 참가자와 소통하고, 집회에 참가하고 있지 않는 친구나 가족들에게 상황을 전하고 참가를 독려한다(이 점에서 그가 전송하는 문자메시지나 영상메시지는 상황의 전달이 아니라 촉발이라고 할 수 있다).

2) 기록자 시위의 주변부에 포진해서 디지털 카메라와 캠코더, 노트북을 활용해서 동영상을 실시간으로 인터넷에 올리는 이들. 시위의 생중계. 경찰의 채증에 대한 역채증(여기서 어떤 시선의 역전이 일어난다. 특히 경찰이 세종로에 설치한 CCTV 영상은 시위 상황을 생중계하는

---

[5] 민경배, 「X마스 트리처럼 점멸하는 민주주의」, 『시사IN』 39호, 2008년 6월 14일자.

중요한 화면이기도 했다). 특히 시위를 생중계한다는 것은 어떤 의미인가를 생각해 볼 필요가 있다. 그것은 뉴스 화면 등을 통해 나중에 녹화 영상을 보는 것과는 아주 다르다. 시위의 생중계는 시위를 특정한 물리적 장소를 넘어 네트워크화하는 하나의 방법이다. 생중계를 보던 이들이 다시 시위 현장으로 뛰어드는 일이, 이 생중계의 특징을 잘 보여 준다고 하겠다.

3) 분석자 분석자는 인터넷에 올라온 사진과 동영상을 판독해서 경찰 폭력을 고발하고, 집회에 참가할 때 필요한 준비물이나 숙지해야 할 사항들을 정리해서 올리는 사람들이다. 또 위성사진 등을 통해 시위대에게, 시위대와 경찰의 이동경로를 끊임없이 알려 주는 사람들이다.

4) 전파자 블로그와 게시판을 통해 집회 참가 후기도 올리고 정부와 경찰의 태도를 비판하는 글을 올리거나 퍼 나르는 사람들. 온라인상에서 여론을 조성하는 소위 '빅마우스'들이라 할 수 있다. 물론 "이 네 유형에 속하는 사람들이 엄밀히 구분되는 것은 아니다. 참가자가 기록자가 되고, 집에 와서는 분석자나 전파자 임무를 수행하기도 한다".

미디어와 관련해서 또 하나의 인상적인 사건은 '켜짐'과 '꺼짐', '사이버 스페이스'와 '리얼 스페이스'의 연결이었다. 우리는 그것을 하나의 불가능한 조어, '온오프라인' onoff-line이라는 말로써 표현할 수 있지 않을까 싶다. 6월 10일, 우리에게 화제가 되었던 하나의 사건이 있었다. 집회의 사회를 본 이가 온라인상의 대중들에게, '청와대 홈페이지를 다운시키라'는 지침을 전달했다. 이것은 시위가 인터넷으로 생중계되고 있고 많은 이들이 '온라인' 되어 있다는 것을 전제로 했을 때만 가능한 것이다. 1~2분 사이에 청와대 홈페이지는 다운되었다. 사이버 스페이스에서 일어난 그 사실은 곧바로 리얼 스페이스로 전달되었다.

종 사이의 경계를 뛰어넘는 바이러스처럼, 서로 소통 불가능한 이질적 장을 뛰어넘은 '미디어'. 나는 미디어의 그런 작용을 또한 '이미디에이션' im-mediation의 특징이라 부르고자 한다. '미디어'는 그 자체로 직접적으로 던져진, 그리고 자생적으로 움직이는 마디이다. 그것은 일종의 '중간' medium이다. 그러나 두 개체가 존재하고 그 사이에 미디어가 존재하는 것이 아니다. 미디어는 차라리 하나의 리좀처럼 자라나는 줄기 토막이다. 그것은 하나의 장 안에서, 지배적 언어를 통해 무언가를 표상하거나 매개하지 않는다. 그것은 여러 장을 관통하는 방식으로 그 장들을 소통시킨다. 소통하는 것과 소통되는 것의 구별이 사라진 것. 말하는 자와 전달하는 자의 구별이 사라진 것. 직접화법과 간접화법의 구별이 사라진 것. 그것이 '이미디에이션'의 특징이다.

4. 혁명의 혁명—바리케이트는 누가 쳤는가

매개의 실종은 대표의 실종과 통한다. 저녁에 시작된 시위가 이른 아침에야 끝나는 이유 중의 하나는 경찰이 느끼는 어떤 난감함과도 관련이 있다. 시위대에는 협상을 해줄 만한 소위 '대표자'들이 없다. '광우병 국민대책위원회'라는 것이 구성되어 있기는 하지만, 우리 모두가 알고 있듯이 그들이 어떤 통제력을 행사하는 것은 불가능했다. 오히려 초기에 있었던 소위 '다함께 논쟁'은 운동 조직의 '의식적 지도'에 대한 대중들의 빈발, 혹은 어떤 통제 불가능성을 보여 주었다.

물론 순간적인 지도자나 전위는 있었다. 사소하게는 대중들의 행진 중 몇몇 사람들이 그럴듯한 의견을 표할 때 그 대중의 흐름은 그들의 의견에 맞추어 경로를 택했다.[6] 6월 초 어느 날 저녁, 내 기억에 따르면, 앞에서 대중들의 행진을 이끌던 이들이 종로와 세종로의 교차지점에 설치한 경찰의 벽에 막히자, 종로에 앉아 집회를 진행하려고 했을 때, 뒤쪽 대중들은 뒤로 빠지기 시작했다. 그리고 종로구청 뒷길을 통해 청와대 쪽으로 걸어 나가기 시작했고 상당히 많은 이들이 그들을 따랐다. 그리고 경복궁 근처에서 경찰 벽과 부딪히자 일부는 대학로로 진출하려고 했다. 당시 경찰청장이 어떤 자리에서 밝힌 바에 따르면 경찰이 이런 시위 전개 때문에 얼마나 곤혹스러워했는지를 알 수 있다.[7]

내 생각에, 바리케이트의 존재가 이번 시위처럼 무시되었던 적은 없었던 것 같다. 오히려 바리케이트를 치고 농성을 벌인 것은 경찰과 청와대였다(소위 명박산성). 누가 바리케이트를 쳤는가는 매우 중요한 문제이다. 그것은 누가 공격적이고 누가 수세적인가를 보여 주기 때문이다. 그러나 더 중요한 문제가 있다. 그것은 바리케이트가 프랑스혁명 이후, 오랫동안, 너무나 오랫동안 봉기와 혁명의 기본 모델이 되어 왔기 때문이다.

언젠가 엥겔스는 "과거 혁명이 새로운 혁명의 발목을 잡고 있다"고 주장하며, 소위 혁명을 혁명하는 문제를 제기한 적이 있다.[8] 그때 그

---

6) 시위행진에만 이런 양상이 나타난 것은 아니다. 최초의 탄핵발의를 했던 고등학생, 최초로 유모차를 끌고 나온 주부, 아고라에서 중요한 의견을 내고 있는 이들, 모두가 대중들에게 하나의 출구를 제시하는 '일시적' 지도자 역할을 했다.
7) 5월 25일 경찰청장은 기자간담회에서 촛불시위가 치밀한 전략을 구사하는 배후세력에 의해 조정되고 있다고 주장했다. 그는 그 근거 중 하나로 자전거를 탄 '선발대'가 코스를 미리 살피고, 시위대의 진로가 실시간으로 인터넷에 오른다는 점, 통상적인 시위 시간보다 이르게 도로행진을 시작해 경찰이 대응할 수 없게 하고 행진 코스도 다양해서 경찰력을 효과적으로 분산시키려는 치밀한 의도가 엿보인다는 것이다(『중앙일보』, 2008년 5월 27일자). 그러나 이런 사실들은 오히려 이 시위가 얼마나 지도받지 않은 채 전개되는가를 보여 주는 예들이다.
8) 프리드리히 엥겔스, 「[칼 맑스의 『프랑스에서의 계급 투쟁』 단행본] 서설」, 『칼 맑스 프리드리히 엥겔스 저작 선집』 6권, 최인호 외 옮김, 박종철출판사, 1997. 여기에 대한 해설로는 고병권, 『고추장 책으로 세상을 말하다』, 그린비, 2007, 100~110쪽 참고.

는 분명하게 바리케이트 모델이 가진 문제들을 조목조목 짚었다. 그는 집권자들의 진보한 공격(무력과 이데올로기)에 비해 바리케이트는 너무 나약하다고 말했다. 그러나 더 심각한 문제는 바리케이트가 대표 문제를 유발한다는 점이었다. 바리케이트는 항상 대표들을 낳고 그들에 의한 지도 문제를 낳으며, 대표들은 어느 시점이 지나면 항상 정부와 타협하고 대중을 배신한다는 것이다. 그래서 엥겔스는 바리케이트 모델을 버리고 좀더 공격적인 혁명의 모델이 만들어져야 한다고 믿었다. 그가 로마시대의 전복당, 즉 '기독교'의 포교 방식을 글의 말미에 덧붙인 것은 아주 시사적이다. 그에 따르면 기독교는 적군과 싸우기 전에 적군을 먼저 기독교도로 만들었다. 그것이 기독교가 승리할 수 있었던 이유이다.

　엥겔스의 글을 참고하면 최근 등장한 소통과 전염의 각종 무기들, 그 작고 깜찍한 전자 장비들은 총칼보다도 강력한 영향을 미치고 있는 게 사실이다. 이에 비하면 소위 '명박산성'은 소통이 아닌, 고립과 구획·통제의 장치였다. 그건 흥미롭게도 몰락하고 있는 미국이 글로벌시대에 멕시코와의 국경에 설치한 하이테크 장벽과 닮았다. 그리고 그것은 세계의 주요 국가들에서 설치하고 있는 안전 장벽들(범죄로부터 보호한다는 미명하에 설치된 도시 보호 장벽들)과도 닮았다. 바이러스나 테러리스트, 더 나아가 통치자들에게 반대하는 대중의 저항적 흐름을 막는 장벽들을 설치하는 신자유주의 정부를 보라. 항상 위협적인 표정을 짓고 있지만 그들의 방어 자세는 이찌 그리 나약해 보이는지. 촛불시위는 '위협하는 자, 그 내면의 공포'를 적나라하게 드러내 주었다.

#2 사제와 폭력

1. 1987년과 2008년의 '6월 10일'

많은 이들이 6월 10일을 기다렸다. 누군가 손 폿말에 쓴 문구 '어게인 1987'처럼, 20년 전의 6월 10일이 다시 올 거라 믿었기 때문이다. 실제로 2008년 6월 10일 서울에만 50만 이상이 모였으니, 사람들은 87년 6월 10일을 반복할 성의를 다한 셈이다. 하지만 역사는 반복되지 않았다. 단지 그것은 상연되었을 뿐이다. 혹은 이렇게 말해도 좋을 것이다. 기념비적 역사는 헐벗은 채로만 반복되었다.

분명 20년 전보다 사람들은 더 모였고 시위는 더 늦게까지 계속되었다. 87년 '6월 10일'의 경우 전국적으로 24만 명 정도 모였고, 밤 11까지 시위가 계속되었다. 그런데 2008년엔 전국적으로 100만에 가까운 사람들이 모였고, 2박 3일 동안 '국민 엠티'를 벌여 가며 시위를 했다. 그런데 왜 2008년의 6월 10일은 20년 전의 6월 10일이 될 수 없었는가. 1987년의 6월 10일은 항쟁으로 발전하는 기점이었는데, 왜 2008년의 6월 10일은 정점이 되고 말았을까.

87년에는 국민운동본부가 있었다고 말하는 사람들이 있다. 하지만 그 국민운동본부라는 것은 6월 10일 직전에, 정확히 말하면 5월 27일에 결성되어 곧바로 6월 10일, 당시 집권당인 민정당의 전당대회를 겨냥한 시위를 준비했을 뿐이다. 2008년의 '광우병 국민대책위'가 어떤 면에서는 '6월 10일'을 더 오래 준비했다. 준비로만 보면 1987년 행사야말로 졸속이었다. 문제는 어디에 있었는가. 역사의 진정한 반복을 원하는 자는 그 새로운 형식을 발명해야 한다. 새로운 형식을 발명하지 못할 때 역사는 헐벗은 반복, 즉 거대한 기념식에 그치게 된다. 6월을 흉내 내서는 6월을 반복할 수가 없다.

누군가는 애당초 이번 촛불시위가 축제 형태를 띠고 있었기 때문에 그런 한계를 가질 수밖에 없었다고 말할지 모르겠다. 그러나 오히려 축제와 놀이는 2000년대 이후 한국 사회의 운동이 발명해 낸 새로운 형식이었다. 5월의 촛불시위는 그 막강한 힘을 분명히 보여 주었다. 그러나 6월 10일을 향해 가면서 혹은 '6월 10일'로 상징된 시위가 시작되면서, 5월 시위는 급속히 그 정점을 향해 갔고 어떤 변질을 예고하고 있었다. 요컨대 '축제 형태의 시위'는 점차 '시위 형태의 축제'가 되어 갔다.

사람들은 시위가 항쟁이 되는 것을 점차 경계하기 시작했다. 그런 경계와 두려움, 검열이 곳곳에서 나타났다. 그것은 검찰이나 경찰, 보수 언론만이 아니라 시위대 내부에서도 일어났다. 여기에는 나중에 살펴볼 '폭력에 대한 논란'도 깊이 관련되어 있다. 이에 대해서는 뒤에서 자세히 다루기로 하고 우선 폭력에 대한 대중들의 태도에 큰 변화가 생겼다는 점만 언급해 두고자 한다. 언제부턴가 폭력에 대한 두려움과 자기검열이 아주 심해졌다. 처음에는 경찰의 폭력에 굴하지 않았을 뿐 아니라 그것을 희화화하고 조롱할 줄 알았던 대중들이 점차 경찰의 폭력을 두려워할 뿐만 아니라 자기 자신의 폭력성을 검열하기 시작했다.[9]

이 때문에 시위대는 조금씩 분화되기 시작했다. 이런 분화는 7월

---

9) 참고로 오늘날 민주항쟁으로 기념되는 1987년 '6월 10일'은 지금 기준으로 보면 정말로 '폭력적'이었다. 6월 10일 저녁부터 시위가 격화되어, 전국적으로 시청 1개소, 파출소 15개소, 민정당 지구당사 2개소가 파손되었고 시위 현장에서 무려 4천여 명이 연행되었다. (황인성, 「투쟁의 구심, 민주쟁취국민운동본부」, 『역사비평』, 통권 39호, 1997 여름. ; 『시사IN』, 2008년 6월 14일자)

중순에 이르면 아주 확연해진다. 가령 청계천에서 기존의 시민단체·노조·운동단체 등이 촛불 문화제를 열고 있을 때, 아고라·십대 연합·촛불 소녀·각종 인터넷 카페 등 이번 집회를 통해 생겨난 단체들 상당수는 문화제와 상관없이 곧바로 도로를 점거하고 행진을 감행했다. 그러고는 경복궁 쪽에 경찰이 바리케이트로 설치한 버스들을 공격했다. 문화제에 참여한 사람들이 기존의 조직을 통해 지휘를 받고 질서정연하게 움직인 반면, 문화제와 따로 움직인 일군의 대중들은 인터넷 등을 통해 소통하고 서로의 소속과 무관하게 모여 별도의 지휘부 없이 공격적 시위를 전개했다. 5월의 시위대는 하나였지만 7월의 시위대는 둘이었다. '5월의 대중들'은 웃음을 잃지 않았던 용기 있는 사람들이었다. 하지만 6월과 7월을 거치면서 용기를 포기한 대가로 웃음을 얻거나, 웃음을 포기하며 만용을 부리는 사람들이 나타나기 시작했다.

　1987년과 2008년의 '6월 10일'을 비교해 보는 것은 여러모로 흥미롭다. 1987년의 경우, 상황은 '6월 10일' 이후 자동으로 전개되었다. 어떤 의미에서 사람들은 상황을 따라가기만 하면 되었다. 집권세력은 큰 혼란에 빠졌고 결국 시위대의 요구사항을 수용하는 방향으로 ─ 물론 우리 모두가 잘 알듯이 매우 왜곡된 것이었지만 ─ 움직일 수밖에 없었다.

　2008년, '6월 10일' 이후에도 사람들은 20년 전과 비슷한 것을 상상했는지 모른다. 그러나 모두가 알고 있듯이 아무 일도 일어나지 않았다. 많은 이들이 물었다. '과연 6월 10일 이후에는 어떻게 되는 것인가.' 사람들은 자기 역할을 충분히 했기에 이제 '공은 청와대로 넘어갔다'고 했다. 대통령은 사과 담화를 준비하고 있었지만 시위대의 어떤 요구도 받아들일 기색을 내비치지 않았다. 대책회의 내부에서는 우려의 목소리가 나왔다. 대책회의에 참여했던 김민영은 "10일까지 보여줄 것은 다 보여 주었는데 이젠 어떡해야 하냐는 우려가 있다"라고 했고, 대책회의의 상황실장을 맡았던 박원석은 "20일 이후에도 이 대통령이 '재협상'에 나서지 않을 경우 어떻게 운동을 이끌지 고민"이라고 했다.[10]

사람들은 벽 앞에서 어쩔 줄 몰라 하며 머뭇거렸다. 묘한 소강상태가 이어졌다. 로마 황제의 옷을 빌려 입었던 나폴레옹처럼 2008년 6월 10일은 1987년 6월 10일의 옷을 빌려 입었다. 그러나 역사의 옷장에 걸린 옷들을 축제의 가장의상이나 패러디용으로 사용하지 않고, 진지하게 입으려는 사람들은 반드시 우스꽝스러운 모습을 연출하게 된다. 모든 시대는 자기 옷을 직접 지어 입어야 한다. 유감스럽게도 2008년 6월의 시위대는 벽을 돌파할 자기 형식을 발명해 내지 못했다. 많은 실험들이 있었고 놀라운 발견들이 있기는 했지만, 결과적으로는——정말 뒤늦게야 염치없이 할 수 있는 말이지만——87년 6월을 흉내 내려 했던 이들에 의해 전체 분위기가 이끌리고 말았다. 그날 수십만 군중은 제 자리에 앉아서 가수들의 공연을 보고 연사들의 말을 들으며 그저 앉아 있었다.

2. 대충돌——6월 28일 밤

이번 시위의 가장 큰 특징 중의 하나는 전체를 통제하거나 기획하는 것이 불가능하다는 데 있다. 개별적으로는 온갖 것들을 준비해 왔지만 시

---

10) 『한겨레』, 2008년 6월 12일자.

위대 전체로는 어떤 준비도 하지 않았다. 6월 10일 이후 무엇을 해야 하는가. 그 누구도 시위대 전체를 향해 자신 있게 말할 수 없었다. 5월의 대중들의 '준비없음'은 자율성과 힘을 보여 주었지만, 6월의 대중들의 '준비없음'은 불안감을 낳았다.

대책회의는 청와대를 위협하는 말들을 쏟아 냈지만, 그건 로자 룩셈부르크가 개량화된 노조의 총파업을 비꼬며 했던 말, 즉 '위협용 주머니칼'에 지나지 않았다. 대책회의 관계자 중 한 사람은 이제 "공은 청와대로 넘어갔다"고 했다. 그 말은 청와대를 압박하려는 것이었지만 사실은 자신에게도 힘이 없음을 고백한 것이었다. 힘이 있는 시위대는 결코 공 같은 것을 상대방에게 넘기지 않는다. '네 대응을 봐서 내 행동을 정하겠다'는 것은 사실상 거래하자는 메시지이고 한 발 더 나아가 '시위를 중단할 명분을 달라'고 말하는 것이다.

대책회의 수준에서는 6월 10일 이후 타개책을 찾을 수 없었던 것 같다. 청와대는 도무지 꿈쩍하지 않았다. 19일에 대통령이 개인적 소회를 담은 사과 담화를 발표했을 뿐이다. 재협상을 하겠다는 말도 없었고, 기본 정책 노선을 바꾸겠다는 말도 없었다. 다만 자신을 이해해 달라는 말을 되풀이했다. 정부는 오히려 촛불시위로 연기되었던 장관 고시를 서둘렀다. 정부가 이처럼 '전면 재협상'이라는 시위대의 요구를 거절했는데도, 시위대, 특히 대책회의는 위협성 성명을 발표하는 것 외에 아무것도 할 수 없었다. 결국 6월 10일 이후 공수는 바뀌었다. 집권자들의 반격의 시간이 온 것이다.

사실 6월 초부터 경찰은 시위대를 강경하게 밀어붙였다. 6월 1일에 일어난 '여대생 군홧발 사건' 이후 주춤했던 경찰의 공세는 다시 강화되었다. 이제는 시위가 잦아들지 않겠느냐는 생각이 정부와 여당 관계자들의 입에서 자주 오르내렸다. 하지만 정부의 모드 전환은 너무 빨랐는지 모른다. 왜냐하면 6월 10일 이후에도 광장에는 '5월의 대중들'이 너무 많이 남아 있었기 때문이다. 6월 10일의 50만에는 못 미치지만, 주말에는 여전히 수만 명이 운집하고 있었다. 누구도 현상 타개책을 내놓지 못하는 상황 속에서 경찰과 시위대의 물리적 충돌은 횟수도 강도도 늘어만 갔다. 경찰과 시위대의 피할 수 없는 정면충돌의 시간이 다가오고 있었던 것이다.

출구가 없는 상황은 종종 폭발하면서 스스로의 출구를 만들어 낸다. 좋든 싫든 간에 그것은 불가피한 일이면서 필요한 일이기도 하다. 6월 28일과 29일. 이번 촛불시위의 가장 큰 분수령은 6월의 마지막 주말이었다. 6월 10일이 거대한 기념식의 냄새를 띠었다면 6월 28일과 29일은 정부와 시위대의 처음이자 마지막 정면충돌이 있었던 날이 아닌가 싶다. 충돌의 강한 충격이 소강상태를 깨뜨리면서, 현재로서는 그 내용도 가치도 알 수 없지만, 어떤 출구를 아주 짧게 열었거나 아니면 거의 열 뻔했다. 물론 그 출구는 너무 빨리 닫혀 버렸고 출구 없는 소강상태가 다시 찾아왔지만.

충돌의 계기는 역시 미국산 쇠고기의 새로운 수입 위생 조건을 다룬 장관 고시였다. 촛불시위로 인해 계속 연기되어 온 장관 고시의 관보 게재가 26일 전격적으로 이루어졌기에, 정부나 시위대 모두 주말의 대규모 시위를 예상하고 있었다. 대책회의는 곧바로 28일과 29일에 1박 2일의 대규모 시위를 벌이겠다고 발표했고, 경찰청장은 같은 날 '80년대식 강경진압을 한 번 해볼까 싶다'는 말을 했다.

결국 28일 저녁 서울에는 십만이 넘는 시위대가 운집했고, 경찰은 그 전날부터 "해산 위주의 진압을 검거 위주로 바꾸고 물대포에 최루액과 형광소를 넣겠다"라고 선언했다. 실제로 28일의 집회 현장에는 과거의 '백골단'을 연상시키는 곤봉과 운동화 차림의 공격형 체포조 경찰들이 등장했다. 변화는 확연했다. 『한겨레』의 한 기자는 상황 변화를 이렇게 묘사했다. "시위대가 많이 모여든 27일 밤부터 '해산'이 아닌 '본때 보여 주기' 방식으로 돌변했다. 전과 달리 시위 현장을 지켜보는 시민·언론의 카메라를 의식하지 않았고, 소화기 난사와 물대포를 직접 쏘는 데도 일말의 망설임이 없었다. 쇠뭉치와 빈 소화기가 시위대 사이로 날아들었고, 인도에 있는 시민들도 무차별적으로 때리고 연행했다."[11]

28일 밤에서 29일 새벽 사이 끔찍한 일이 일어났다. "28일에서 29일까지 벌어진 촛불시위는 피로 얼룩졌다. 시민도, 경찰도 끔찍한 새벽을 맞은 슬픈 하루였다. 경찰의 폭력진압이 발단이었다. 특히 새벽 2시께 서울시의회 앞에서 투입된 전경부대는 살기 어린 눈빛으로 시민들을 무차별 공격했다. 시민들의 항의에 '지금까지 우리가 얼마나 많이 다친 줄 아느냐'고 악을 썼다. 두 달 가까이 계속된 시위진압에 지친 전경들도 인내력을 상실한 것처럼 보였다."[12]

『한겨레』는 그 다음 날 신문 사설의 제목을 이렇게 달았다. "'6·29' 새벽에 '5·18'을 보다". 그리고 6월 29일 새벽 서울 한복판 태평로의 모습을 이렇게 묘사했다. "방패와 진압봉으로 완전 무장한 경찰들이 몰려왔다. 비명을 지르며 흩어지던 시민들이 잇따라 맞아 쓰러졌다. 넘어진 젊은 여성에게 경찰들이 달려들어 군홧발로 짓밟고 방패로 찍었

---

11) 『한겨레』, 2008년 6월 30일자.
12) 『한겨레』, 2008년 6월 30일자.

다. 인도에 서 있던 환갑이 다 된 아주머니는 곤봉에 얼굴과 어깨를 맞아 기절했다. 사람들을 치료하던 30대 의사까지 경찰들에게 집단 구타를 당했다. 경찰의 집단 폭행을 말리던 스물네 살의 여성 회사원도 되레 전경들에게 맞아 머리가 깨졌다. 비옷이 피로 물든 여성, 정신을 잃은 50대 남성, 입술이 찢긴 고등학생……."[13]

다음 날 대책회의가 밝힌 바에 따르면, 확인된 가벼운 부상자가 300명, 병원에 실려 간 환자가 100여 명에 달했다. 사람들이 원했든 원하지 않았든 6월 마지막 주에 일어난 대충돌은 시위를 항쟁으로 변화시킬 점화 불꽃이었다. 그러나 우리 모두가 알고 있듯이 그것은 금세 꺼져 버렸다. 왜? 어떻게?

3. 사제들의 등장

극단적인 폭력은 사람들을 위축시킨다. 경찰의 가공할 폭력을 목격하고 난 후 많은 사람들이 두려움을 느꼈을 것이다. 그러나 두려움만큼이나 분노 역시 자라는 법이다. 공포를 느낀 대중은 언제든 공포스러운 대중으로 돌변할 수 있다. 6월의 마지막 주말에 일어난 끔찍한 사태가 어떤 상황을 몰고 올지는 아무도 알 수 없었다. 대중들이 다시 광장에 나올 것인가. 나온다면 어떤 대중들이 나올 것인가. 촛불시위의 운명이 걸려 있는 한 주가 6월 마지막 날부터 시작되었다. 6월 30일부터 시작된 한 주가 7월 첫 주말에 쏟아져 나올 수십만 대중의 성격을 결정할 것이었다.

---

13) 「'6·29' 새벽에 '5·18'을 보다」, 『한겨레』, 2008년 6월 30일자.

운명적 한 주의 첫날, 월요일임에도 불구하고 4만 명에 이르는 대중들이 곧바로 모였다. 놀라운 것은 집회의 주관자였다. 1987년의 6월을 이끌었던 정의구현사제단이 돌아왔다. 사제들은 시청 앞에서 대규모 시국미사를 올렸으며 이후 평화적 거리행진을 벌였다. 도심 한가운데서 대규모 시국미사가 열린 것은 1987년 6월 이후 처음이었다. 사제단은 정부의 무자비한 폭력을 비판하며 경찰청장의 문책과 쇠고기 전면 재협상, 보수언론의 왜곡보도 중단 등을 요구하고, 국민들을 향해서도 '비폭력 정신을 철저히 지켜 줄 것'을 요구했다. 미사를 집전한 김인국 신부는 "촛불을 지키는 힘은 비폭력이며, 이 원칙이 깨지면 촛불이 영영 꺼질 수 있다"고 말했다. 시민들은 사제단의 요구에 따라 질서정연하고 평화로운 행진을 벌인 후 자발적으로 해산했다. 이런 시위 형태는 7월 3일 기독교의 시국기도회, 7월 4일 불교의 시국법회에서도 반복되었다. 결국 촛불시위의 운명이 걸린 한 주를 지배한 것은 성직자들이었다.

성직자들의 등장이 무엇을 의미하는지 논하는 것은 쉽지 않다. 일반적인 평가는 매우 긍정적이다. 성직자들은 경찰의 무자비한 폭력으로 움츠러든 대중들을 그 다음 날 곧바로 다시 광장으로 이끌어 냄으로써 자칫 꺼질 뻔한 촛불을 지켜 냈다는 것이다. 실제로 성직자들의 용기는 대단했다. 정부가 지난 주말 시위대의 폭력만을 부각시키며 시위의 원천봉쇄 및 강경진압을 천명했을 때 성직자들의 행진은 그것을 무력화시켰다.

어떤 이들은 성직자들이 경찰과 시위대 사이의 폭력의 악순환을 막음으로써 '비폭력'이라는 촛불의 정신을 지켜 냈다고 말한다. 실제로 성직자들은 이와 관련해서도 대단한 용기를 보여 주었다. 경찰은 그들의 평화로운 행진을 어떻게 막을 도리가 없었다(물론 이 행진이 청와대 쪽이 아니라 남대문 쪽을 향한 탓도 있긴 했지만).

더욱 극명한 사례는 YMCA의 '비폭력 평화 행동단'(일명 '눕자 촛불 평화행동단')이다. 성직자들은 아니었지만 이들은 종교적 신념을 기반으로 경찰의 폭력에 대해 철저한 비폭력으로 대응했다. 29일 새벽 서울시의회 골목길 근처에서 이들 50명이 경찰의 폭력적 진압에 항의하며 그 자리에 누웠다. 하지만 경찰은 이들을 짓밟았고 이 과정에서 YMCA 전국연맹의 사무총장을 비롯한 여러 인사들이 골절 등의 부상을 입고 병원으로 후송되었다.

그러나 성직자들의 용기에 대한 도덕적인 찬사와는 별개로 그 행동이 대중을 어떻게 변화시켰는지, 그리고 그것이 촛불시위의 운명에 어떤 영향을 미쳤는지를 평가해 볼 필요는 있다. 물론 이들의 시위는 아름다웠다. 수만 명이 도심에서 올리는 야간 미사 자체도 아름다웠고, 시위대보다 먼저 '나를 밟고 지나가라'는 헌신적 행동도 아름다웠다. 하지만 우리가 도덕이나 미학을 위해 투쟁하고 있었던 것은 아니므로 일단 '쿨한' 태도로 상황을 살펴보자. 유념할 것은 성직자들이 시위를 주도한 때가 대충돌 직후, 다시 말해 촛불시위의 방향이 바뀔 수 있는 중요한 변곡점이었다는 사실이다.

솔직히 나는 사제들의 숭고한 행동이 촛불시위의 출구를 열어 주었는지 닫아 버렸는지 잘 모르겠다. 아니, 일반적 견해와는 달리 나는 후자 쪽에 좀더 무게를 두는 편이다. 확실히 사제들은 어떤 시위대도, 적어도 그 첫날에는 불가능했을 일, 바로 경찰의 원천봉쇄를 와해시켰다. 하지만 또한 사제들은 어떤 폭압적인 경찰력으로도 불가능했던 일, 바로 시위대의 분노와 공격성을 잠재우는 데도 성공했다.

분명 사제들은 청와대와 경찰을 향해 발언했지만, 그 발언은 시위대 안에서 더 크게 울려 퍼졌다. 청와대와 경찰은 움찔했지만 시위대는 눈물을 흘렸다. 청와대는 귀를 막았지만 시위대는 내면의 귀로 들었다. 분노의 정서는 급격히 해체되었고 어떤 위안이 찾아왔다. 어찌보면 사제들은 시위대를 보호하면서 시위대를 '보호받아야 할 사람들'로 만들어 버렸다. 사제들은 분노했지만, 대중과 더불어 분노하기보다 대중을 대신해 분노해 주었다. 이번 시위에서 도저히 불가능했던 일, 즉 '누가 누군가를 대신하고 대표하는 일'이 처음으로 가능했던 것은 사제들을 통해서가 아니었을까.

결과는 당장 7월의 첫 주말에 나타났다. 수십만 명이 모였다. 그러나 시위대의 감정은 지난 1주일 동안 정신적으로 '승화'되어 버렸다. 항쟁은 없었으며 자유롭고 평화로운 축제, 문화제, 토론이 이어졌다. 1주일 전 경찰의 잔인한 진압은 추억이 되었고, 시위대는 이미 마음의 승리를 거두었다. 분명 그날 많은 연사들이 그랬던 것처럼 정부의 저열한 폭력 앞에서 기꺼이 인간 방패가 되어 주었던 사람들의 숭고한 행동은 높이 평가될 만했다. 하지만 확실한 것은 촛불이 현실적으로 승리할 가능성이 사라져 갔다는 것이다.

현실적 승리와 정신적 승리가 교환되었다고 말한다면 너무 과한 것일까. 어떻든 7월 5일 저녁에 열린 집회 제목이 '국민승리 선언을 위한 촛불 문화제'였던 것은 참 의미심장하다. 승리를 위해 뭔가를 시작해야 할 시점에, 승리를 선언해 버린 것은 그 다음 날 새로운 집회를 준비하는 사람들을 다시금 막연한, 너무도 막연한 상황으로 내던진 일이었다.

4. 폭력이란 무엇인가

왜 운명의 주에 시위대에게 전달된 것이 '창'이 아니라 '방패'였을까. 나쁜 상황에서 벗어날 수 있는 가장 좋은 길은 그런 상황을 뚫는 데 있지, 그런 상황을 버티게 하는 데 있지 않다. 사제들이 '인간 방패'가 아닌 '인간 창'이 되어 줄 순 없었을까. 조금 더 막아 주고, 조금 더 위로해 주는 사람들. 그 훌륭한 사람들은 시위에 앞장섰던 이들, 인터넷에서 시위를 독려한 이들, 조중동의 광고주에게 항의 전화를 한 이들, 유모차를 끌고 온 이들에 대한 체포와 수사를 늦춰 줄 수는 있을지언정 그 결과를 바꿀 수는 없었다. 이 추한 정부, 이 추한 수난의 시기를 도덕적·미학적 위안으로만 버틸 수는 없지 않은가.

이번 시위가 결정적 전환의 계기에서 어떤 머뭇거림을 보일 수밖에 없었던 이유 중의 하나가 '폭력에 대한 논쟁'에 있다는 것은 주지의 사실이다. 아고라를 비롯해서 많은 곳에서 '폭력' 문제가 논란의 대상이 되었다. 폭력을 사용할 것인가 말 것인가. 방어적 폭력은 불가피한 것인가, 아니면 어떤 폭력도 행사되어서는 안 되는가. 시위대의 폭력이 경찰의 폭력을 정당화해 주는가, 경찰 폭력에 대한 정당한 맞대응인가. 많은 곳에서 폭력 논쟁이 일어났고, 특히 6월 마지막 주 이후 그 문제가 도드라졌다.

사실 폭력을 이론적으로 정의하는 것은 아주 어렵다. 권력자들은 끊임없이 폭력 시위의 불법성(법의 위반)과 부당성(정의롭지 못함)을 주장하지만, 법과 정의가 폭력과 맺는 관계는 그렇게 단순한 문제가 아니다.[14] 무엇보다 이번 시위에 참여한 사람들, 특히 6월 마지막 주의 끔찍한 경찰 폭력을 목격한 이들에게는, 법이나 공권력 자체의 폭력성을 문제 삼지 않는 폭력에 대한 이해란 받아들일 수 없을 것이다.

6월 30일에 시작된 한 주를 이해하기 위해 폭력 문제의 범위를 제한해 보자. 폭력 형태는 이번 시위에서 직접 문제가 된 '물리적 폭력'에 한정하고, 그 의미와 가치를 시위대 자체에만 한정해서 내재적으로 다루어 보자. 대충돌 이후 시위대는 즉각적으로 '물리적 폭력'을 사용해야 했는가, 사용하지 않길 잘 했는가. 비폭력에 대한 호소는 상황을 개선시켰는가, 악화시켰는가. 다른 어떤 방법은 없었는가.

분명히 물리적 폭력은 많은 이들이 우려했듯이 경찰과 보수언론이 그토록 기다려 온 먹잇감일 수 있었다. '폭력'이라는 낙인은 공격적으로 행동하는 시위대를 고립시킬 때 가장 흔하게 이용되는 수단이다. 물론 경찰의 폭력이 너무 과도했고 그것이 다수 대중들에게 인지되었을 때는 시위대의 물리적 반격이 도덕적 부담 없이 이루어질 수도 있을 것이다(이 경우에도 이런 폭력이 좋은 것이냐의 여부는 별개의 문제다. 그냥 그런 상황이 역관계상 허용된다는 것뿐이다). 6월 말과 7월 초의 상황이 그런 것이었는지는 확실치 않다. 그러나 분명했던 것은 2008년의 촛불

---

14) 법의 위반 여부는 폭력의 기준이 될 수 없다. 바로 법 자체의 폭력성을 이해할 수 없게 만들기 때문이다. 물론 정의(justice)가 폭력을 정당화해 줄 수도 없다. 정의로운 폭력과 부정한 폭력을 구분하는 것은 불가능하다. 폭력이 애당초 불의여서가 아니라, 정의와 불의가 폭력과 무관하게 미리 존재하지 않기 때문이다. 법과 정의, 폭력의 관계는 아주 복잡하다. 법은 정의에 기초하지만 정의는 현실적으로 법에 의해 규정된다. 그런데 정의는 또 한편으로 미규정의 영역인 힘의 영역 — 의미가 결정되는 무의미 내지 비의미 영역으로서, 정의와 불의 이전에 존재하는 힘들의 작용 — 과 관련된다. 따라서 현행법의 정의를 따를 수 없는 자들은 새로운 정의를 구현할 새로운 법, 미래의 법의 이름으로 자신을 정당화하고 합법화할 수 있다. 현재의 권력자들은 현행법에 구현된 정의를 구현한다는 미명으로 법보존적 폭력을 휘두르고, 미래의 권력자들은 새로운 정의를 구현하기 위해 법제정적 폭력을 사용한다. 폭력은 법을 보존하려는 자들과 창설하는 자들이 사용하는 수단이다. '법보존적 폭력'과 '법제정적 폭력'의 구분은 벤야민을 참조하라. 발터 벤야민, 「폭력의 비판을 위하여」, 자크 데리다, 『법의 힘』, 진태원 옮김, 문학과지성사, 2004.

시위대가 그런 물리적 폭력에 대한 상당한 거부감을 가지고 있었고, 그와는 아주 다른 소위 '비폭력 직접행동' 형태의 시위를 전개해 왔다는 사실이다.

2008년의 대중들은 경찰이 거기 있기 때문에 부딪히는 공허한 물리적 폭력을 더 이상 원하지 않았다. 경찰의 방패나 버스에 대고 휘두르는 쇠파이프는 경찰의 저지선을 뚫는 데도 무력했지만, 무엇보다 시위 자체를 대중들로부터 고립시키는 치명적 약점을 가지고 있었다. 쇠파이프 대신 대중들은 핸드폰, 디지털 카메라, 노트북을 들고 나왔다. 그것들은 경찰이 휘두르는 폭력을 고발할 뿐만 아니라, 대중들의 행동과 생각을 서로에게 전송해 주는 소통의 장비들이었다.

특히 이번 시위에서 강한 힘을 발휘했던 것은 폭력에 굴하지 않는, 비타협적인 비폭력 직접행동이었다. 물대포를 그대로 맞으며 깃대를 붙잡고 있는 이들, 경찰의 곤봉이나 방패에 그대로 자기 몸을 노출시킨 이들, 험악한 진압 경찰 앞에 유모차를 들이민 이들, 시위대에 대한 무차별 연행이 시작되자 오히려 자발적으로 연행된 이들. 이들의 행동은 여러 곳으로 송신되며 자기를 닮은 이들을 더 많이 만들었다. 그것이 지난 '5월 대중'의 무서움이었다.

이 점에서 공허한 물리적 폭력이 촛불의 정신이 될 수 없다는 사제들의 주장은 옳았다. 경찰과 언론이 그것을 먹잇감으로 삼고 있기 때문이기도 했지만, 그보다 촛불 대중들이 그런 폭력과 어울리지 않았기 때문이다. 하지만 '5월 대중'이 과거의 쇠파이프 부대보다 덜 공격적이었거나 덜 파괴적이었던 것은 아니다. '5월 대중'은 결코 충돌을 피하지 않았다. 오히려 그들은 충돌을 두려워하지 않았고 그것을 기꺼이 맞이했다.

그런데 사제들이 대중들을 진정시켰을 때 그들은 물리적 폭력을 포기했을 뿐만 아니라, 그 전에 가졌던 공격적인 직접행동도 포기해 버렸다. 사제들과 비폭력 행동단이 외친 '비폭력에 대한 호소'는 '물리적 폭력'에 대한 반대를 넘어, 시위대의 공격적인 '직접행동'을 차단해 버렸다. 비폭력 직접행동의 의미는 이상하게 변질되기 시작했다. 『폭력의 철학』을 쓴 사카이 다카시酒井隆史는 마틴 루서 킹 목사나 마하트마 간디의 비폭력 직접행동이 동아시아 지역에서 제대로 알려지지 않았다고 지적하며 다음과 같이 쓴 바 있다.

> 킹 목사(혹은 간디)에 의하면 비폭력 직접행동 자체가 '평화'적인 것이라는 이미지는 완전한 오해이다. 일본에서 이라크 반전 시위가 벌어질 때 자주 접할 수 있는데, 요컨대 비폭력 시위라면 진압 경찰과도 평화적으로 (아주 사이좋게) 대치해야 한다는 식으로 긴장을 기피하는 것이 마치 비폭력운동인 것처럼 생각하는 것은 킹과도, 간디와도 완전히 무관하다.[15]

실제로 비폭력 직접행동은 어떤 의미에서 경찰을 포함해서 타자에 대해 물리적 폭력을 행사하는 폭력 행동보다 훨씬 더 어려운 시위 형태이다. 비폭력 직접행동은 충돌을 회피하는 운동이 아니라, 어떤 폭력에도 굴하지 않으며 결코 물러나지 않겠다는 의지의 표현이다. 한국에서는 가령 중증장애인들의 이동권 투쟁이나 활동보조인 쟁취 투쟁에서 그런 것을 확인할 수가 있다. 이들은 자기 몸을 철로에 묶기도 하고 버

---

15) 사카이 다카시, 『폭력의 철학: 지배와 저항의 논리』, 김은주 옮김, 산눈, 2007, 41쪽.

스에 묶이도 했다. 또 이들은 전동휠체어에서 내려 한강대교를 기어가 기도 했고, 사다리에 몸을 묶이고 도로 한복판에 서기도 했다. 위험에 자기 몸을 기꺼이 내던지고, 자주 실신하면서도 이들은 결코 물러나지 않았다. 비폭력이면서도 매우 과격한 행동으로 이들은 한국 사회의 중증장애인들이 처해 있는 상황을 쟁점화했고 커다란 사회적 긴장을 형성했다.

사실 지난 5월의 대중들의 행동이 바로 그랬다. 앞서 언급했지만 이들은 결코 충돌을 회피하지 않았다. 7월 들어 '막으면 돌아가면 되지' 하는 식의 대중 행진이 많았다. 5월 그리고 6월 초만 하더라도 이것은 매우 경찰에 위협적인 행동이었다. 그것은 의미없이 경찰과 농성전을 벌일 생각이 없으며, 다른 공격루트를 찾겠다는 표시였다. 실제로 5월 어느 날에는 여러 루트로 청와대를 향하는 대중들 때문에 경찰이 적잖이 애를 먹기도 했다.

그러나 7월의 대중들이 '막으면 돌아가면 되지' 라고 말했을 때 그것은 명백히 충돌의 회피였다. 그것은 누구보다 진압 경찰이 잘 알고 있었다. 7월 5일 '국민승리선언' 이 있은 후, 7월 12일 제법 많은 대중들이 거리 행진을 했으나 실제로 별 긴장감이 없었다. 경찰의 저지선은 이미 시청 광장 아래까지 내려왔고 수천의 시위대는 좀처럼 버스 앞에 서 있는 수백의 경찰 앞에 다가서지 못했다. 노조 단위로 참가한 사람들이 많았는데, 그 지도부는 2, 3천으로 줄어든 시위대 — 하지만 경찰보다는 충분히 많은 — 를 이끌고 YTN을 향해 가 버렸다. 막으면 돌아가는 식이었다. 단지 백여 명의 대중들이 경찰을 향해 걸어가서 항의를 하고 있었을 뿐이다. 경찰들은 돌아가는 시위대를 향해 곤봉과 방패를 돌리며 장난스런 행동을 취하기도 했다. 누가 누구를 두려워하는지 너무도 분명해 보였다.

　7월 첫주가 지난 후 대중들은 갑자기 수동적이 되었다. 가장 분노해야 했을 한 주가 성직자들의 미사와 기도회·법회로 채워지면서, 그리고 그 주말에 도덕적으로 고결한 정신적 승리가 선언됨으로써, 요컨대 충돌을 회피해 버림으로써 시위대는 '착하디 착한' 양들처럼 되었다. 사제들과 다양한 형태의 비폭력 행동단들은 한편으로 시위를 옹호했지만, 다른 한편으로 경찰과 시위대의 충돌을 막는 역할을 했다.

　하지만 과연 충돌은 피해야 했던 것인가. 충돌이 피해야만 하는 것이었다면 애당초 대중은 거리에 나서지 말았어야 하는 것 아닌가. 경찰의 잔인한 물리적 폭력이 행사되었다면, 비폭력적이지만 더욱 공격적인 행동으로 당당히 맞서야 했던 게 아닐까. 대중을 감싸 주는 존재보다 대중 앞에서 뚫어 주는 존재, 아니 대중 옆에서 대중이 되어 함께 당당하게 상황을 타개하는 존재가 6월 말과 7월 초 사이에 필요했던 게 아닐까.

　어떻든 상황은 다시 되돌아가 버렸다. 싸움의 전망은 보이지 않았고 대중은 피로감에 빠져 들었다. 7월 중순, 청계천 한쪽에서 질서정연한 문화제가 열릴 때 다른 한쪽에선 경찰버스에 쇠파이프를 휘두르는 사람들이 생겨났다. 이로써 촛불 대중들의 비폭력 직접행동은 끝나갔다. 한쪽은 직접행동을 하지 않았고 다른 한쪽은 공허한 폭력에 호소하기 시작했다.

　물론 지난 100일의 싸움은 어디로 사라지는 것이 아니라 대중의 역량 속에 고스란히 기억될 것이다. 하지만 항상 뒤늦은 자의 염치없는 회한처럼 조금 달리 나아갈 수 있었는데 하는 아쉬움은 크게 남는다.

#3 촛불시위, 그 승패에 대한 관심

1. 불임의 전쟁에 대한 공포

촛불시위는 일부 국지적 전투에도 불구하고 전체적으로 끝났다. 검찰과 경찰은 마치 전승국 부대가 포로들을 처리하듯, 인터넷에서 촛불시위를 독려한 글을 쓴 이들, 보수신문의 광고주들에게 항의 전화를 한 이들, 급기야는 아기들을 유모차에 태우고 거리 시위에 나섰던 이들을 하나씩 입건하고 있다. 헤라클레이토스는 전쟁을 '만물의 어버이'라 불렀지만, 이번 전쟁의 '불임성'을 걱정하는 사람들이 많아졌다. 연인원 수백만이 참여한 이 엄청난 투쟁이 결국 아무런 성과도 없이 끝난 건 아닐까.

현재 이 운동의 외면적 성과로 우리에게 던져져 있는 것은 대통령의 입발림 사과(6월 19일)와 청와대의 비서진 개편(6월 20일), 세 명의 장관 교체(7월 7일) 정도이다. 게다가 물러난 각료들은 '회전문' 인사를 통해 금세 다른 직책에 다시 임명되었다. 연인원 수백만 명이 100일 넘게 싸워 얻은 것치고는 허망하기 짝이 없는 성과가 아닐 수 없다.

솔직히 말하면 이 성과들조차 성과라고 부를 수 없는 것들이다. 대통령의 사과 이후 정부가 취한 일련의 조치들은 그 사과가 대중의 요구에 대한 진지한 수용과는 무관함을 보여 준다. 사실 악행의 장본인이 자신의 '범행'에 대해 갖는 느낌은 아주 다를 수 있다. 범죄자 중에는 "그런 일은 하지 말았어야 했는데"라고 말하는 이가 있는가 하면, "그런 걸 고려하지 못했다니"라고 말하는 이가 있다. 전자가 반성하는 것이 행동 자체라면, 후자가 반성하는 것은 행동의 '주의 부족'이다. 마치

절도범이 도둑질 자체를 반성하기보다 그것을 '주의 깊게' 수행하지 못했음을 반성하는 것에 비견할 수 있을 것이다.

지금 정부는 정책 기조에 대한 반성보다는 그것에 반발하는 여론 관리에 소홀했던 점을 반성하고 있는 듯하다. 인터넷과 방송을 장악하지 못했던 점 말이다. 따라서 우리는 대통령의 사과, 청와대 비서진과 일부 각료의 경질을 촛불의 성과로 받아들일 수가 없다. 진정한 반성이 아니기 때문이 아니라 반성의 진정성이 다른 곳에 있기 때문이다. 따라서 군사작전을 방불케 하는 집권자들의 역습(촛불시위에 대한 공격적 진압, 조중동 광고주 불매운동 네티즌과 PD수첩에 대한 검찰 수사, 사이버 모욕죄 신설 검토를 비롯한 포털 사이트 규제 움직임 등)은 반성의 배반이라기보다는 반성의 귀결이다.

촛불의 패배를 선언한 사람은 많지 않다. 오히려 '촛불이 이겼다' 내지 '국민이 승리했다'는 말이 여전히 더 많다. '결국에 촛불이 승리할 것'이라는 굳은 신념을 가진 이들도 있을 것이고, '결과에 상관없이 수백만의 대중이 직접민주주의의 어떤 가능성을 보여 주었다'는 점에서 '이미 승리했다'고 말하는 이도 있을 것이다. 하지만 이들 승리 선언에서 왜 승리한 자의 유쾌함이 아니라 승리해야만 하는 자의 비장함이 묻어날까.

사실 어떤 경우에도 선언해 버림으로써 얻을 수 있는 승리란 없다. 그런 게 있다면 아마 루쉰 소설의 주인공 '아Q'가 곧잘 보여 주던 '정신 승리법'에 지나지 않을 것이다. 그렇다면 우리는 패배했는가? 분명 어떤 이들은 '현실적 패배'보다도 빨리 '정신적 패배'를 겪는다. 한편으로는 '아직' 싸우고 있으면서도 다른 한편으로는 '이미' 패배한 사람들이라고 할 수 있다. 한 발 더 나아가 이들은 아직 시작되지 않은 전쟁에서도 패배한다. "지금 수백만이 모였는데도 이렇다면 앞으로 우리에게는 사실상 아무런 전망도 없다. 앞으로 이 수가 다시 모이기도 힘들 뿐 아니라 다시 모인들 무슨 가능성이 있는가?" 어쩌면 싸움에서보다 그 해석에서 더 크게 패배하는 허무주의자들이 이번에 생겨날지도 모르겠다.

2. 어떻게 승패를 다룰 것인가

도대체 어떻게 하면 이런 '정신적 도금주의' ─ 사태의 표면에 승리를 바르든, 패배를 바르든 ─ 에서 벗어나면서도 '전망 없는 전쟁'에 대한 두려움을 극복할 수 있을까. 나는 촛불시위의 승패에 관심이 있는 이들에게, 그 대답보다 중요한 것은 그 문제를 다루는 방법이라고 말하고 싶다. '이겼는가, 졌는가'라는 물음 이전에 그 물음을 어떻게 다룰 것인지 함께 논의해 보았으면 좋겠다.

이와 관련해서 인류학자 데이비드 그레이버David Graeber의 글, 「승리의 충격」"the shock of victory"은 많은 시사점을 준다. 그는 "직접행동 운동이 직면한 최대 문제는 승리를 어떻게 다루어야 할지 모른다는 것"이라고 말한다. 70년대 이후 서구에서 일어난 대규모 시위들을 예로 들면서, 그는 '이겼다'는 말이 도대체 무엇을 의미하는지에 대해서 묻고 있다. 어떤 점에서 몇몇 운동들은 초기에 대단히 빠른 성공을 거두었다. 어떤 운동가도 그런 폭발적 전개를 예측하지 못했다. 하시만 시간이 흐르면 참여자들은 크게 줄어들고, 정부나 기업은 더 이상 요구를 수용하지 않게 된다. 그러고 나면 활동가들은 큰 실패감에 빠져 자신들이 얻은 것이 무엇인지를 회의하게 된다. 그레이버는 이런 패턴이 여러 운동들에서 반복되고 있다고 말한다.

대규모로 시작되었지만 결국에는 실패한 것으로 간주된 운동들, 가령 반핵운동이나 지구적 정의운동Global Justice Movement 등은 정말로 실패한 운동이었는가. 아마도 운동의 성패를 따지는 쉬운 방법은 그 운동의 목표와 성과를 비교해 보는 일일 것이다. 그레이버는 목표를 단기, 중기, 장기 등 셋으로 나누어 비교해 보았다.

가령 반핵운동의 경우. 단기목표는 해당 원자력발전소의 건설을 저지하는 것이었다. 그리고 중기목표는 원자력 발전소의 신설을 막고 녹색에너지를 향한 새로운 움직임을 만드는 정도가 아니었을까 싶다. 장기목표는 (급진 분파들이 상정하는 것으로) 궁극적으로 환경문제 해결을 위해 국가와 자본주의를 극복하는 것일 수 있겠다. 그런데 이런 기준들을 놓고 보면 단기목표는 전혀 달성되지 못했다. 해당 원전이 결국에 가동되었으니. 하지만 놀랍게도 중기 목표는 쉽게 달성되었다. 70년대의 시위 이후 25년간 미국에서 원전 신설계획은 제안되지 않았고, 환경보호담론은 하나의 상식처럼 공론화되고 번성하게 되었다. 물론 장기적 목표는 아직도 요원하다(사실 이 목표는 그것을 주장하는 이들에게조차 그 구체적 이미지가 어떤 것인지 분명치 않다).

그렇다면 이 반핵운동은 승리한 것인가, 패배한 것인가. 어떤 점에서 그것은 패배한 운동이었다. 초기 2~3년은 들불처럼 타올랐지만 결국 자신의 요구를 관철시키지 못했고, 대중은 썰물처럼 빠져나갔으며, 활동가들은 좌절했으니. 하지만 다른 점에서 그 운동은 승리했다. 실제로 향후 몇 십 년을 좌우하는 성취를 이루었으니.

물론 시간적으로 뒤에 있다는 것이 우리에게 과거 운동에 대해 함부로 말할 권리를 주지는 않는다. 다만 당시의 수행자에겐 절망적이고 아무 소득없이 끝나 버린 것 같은 운동이 실제로는 엄청난 성취를 이룬 경우가 많다는 걸 말하고 싶다. 운동의 승패 문제를 어떻게 다루냐에 따라 활동가들의 진로는 크게 바뀐다. 똑같은 시점에 어떤 이들은 투쟁이 끝나감에 좌절하는 반면 다른 이들은 투쟁이 열어 놓은 새로운 가능성에 주목한다. 어떤 이들은 자신들이 도달한 곳을 한계라 생각하고, 다른 이들은 그곳을 새로운 출발점이라고 생각한다. 상황은 항상 진행 중에 있다. 그러나 어디로 진행할 것인지는 언제나 정해져 있지 않다.

3. 촛불의 성취

이제 촛불시위에 대해 한번 물어보자. 우리는 승리했는가, 패배했는가. 일단 단기목표인 '전면 재협상'은 결국 따내지 못했다. 그렇다면 중기목표는 어떤가. 사람들마다 중기목표가 무엇인지 판단이 다를 수 있겠지만 내가 생각하는 것은 이렇다. 대중들의 삶을 불안에 빠뜨리고 양극화를 심화시켜 온 신자유주의 정책을 저지하는 것, 그리고 대중들을 배제하는 정치적 의사 결정 체제, 즉 '데모스 없는 데모크라시'를 저지하고, 새로운 민주주의 모델을 발명하고 소통시키는 것.

    만약 중기목표가 이런 것이라면 이번 촛불시위는 꽤 큰 승리를 거두었다. 신자유주의 핵심 정책의 하나인 '민영화'가 부분적으로 저지되었다. 정부는 공식적으로 전기, 가스, 수도, 건강보험의 민영화를 추진하지 않겠다고 밝혔다. 물론 그 불씨가 완전히 꺼진 것은 아니다(아마 그들은 여론이 역전되기를 기다리고 있을 것이다). 하지만 지난 십여 년간 한국 사회에서 '민영화'라는 말이 가졌던 긍정적 뉘앙스('관치'라는 말의 부정적 뉘앙스와 대비되어 '자유롭고' '효율적인' 운영 방식)는 완전히 뒤집혔다. 민영화는 본래 그 말의 적합한 번역어라고 할 수 있는 '사유화'의 부정적 뉘앙스(삶의 '공공성'을 파괴하는 '사적 독점')를 그대로 뒤집어썼다. 그 외에도 '대운하'나 '미친 교육'으로 대표되는 공공성 파괴 정책이 일정 부분 저지되거나 공론화되었다.

민주주의 모델의 혁신과 소통이라는 점에서 보자면 성취는 더 커 보인다. 운동조직의 대의를 통하지 않는 운동, 정치인의 대의를 통하지 않는 정치, 미디어의 대의를 통하지 않는 여론이, '매개 없이' 직접 생산되고 소통되었다. 무엇보다 대중들은 스스로를 하나의 공통된 신체로 생산했다. 그것은 하나의 정체성으로 환원되지 않으면서도 절묘하게 서로 융합한 일종의 '질적 다양체'였다. 아주 다른 커뮤니티들이 자신들의 색깔을 살린 채로 하나의 흐름을 형성할 수 있었다는 것, 그리고 국가와 개인의 이분법이 아니라, 비국가적이지만 공통적인 '공공성'을 형성할 수 있었다는 것은 앞으로 수십 년간 한국 사회의 방향을 크게 좌우할 성취라고 할 수 있다.

4. 과정 중의 존재

지금 내가 쓰라린 가슴을 위무하기 위해 '승리했다'는 말을 하려는 건 아니다. 여기서 강조하고 싶은 것은 운동의 승패를 다루는 태도 자체가 운동의 진행에 큰 영향을 미친다는 사실이다. 그리고 어떤 단절점, 어떤 명확한 척도로서 운동의 승패를 확정지으려는 태도는 지극히 위험하다는 점이다. 그레이버의 말처럼 "우리가 약간은 이겼다"는 점을 인식하는 것이 중요하다. 조금 덧붙이자면 우리는 여전히 "과정 중에 있다"는 점, 그것도 우리가 "약간 이겼기 때문에" 새롭게 열린 어떤 과정,

어떤 면에서 '레벨 업'이 되어 조금 어려운 국면이기는 하지만 어떻든 새롭게 열린 길 위에 있다는 사실을 인식해야 한다.

어떤 단절적 목표를 제시하고 거기를 넘지 못하면 우리는 패배한 것이라는 근본주의자들의 태도는 바람직하지 않다. 그들의 단호함, 즉 현재로서 성취가 불가능한 기준을 제시하고 거기에 미달하는 어떤 성과도 받아들이지 못하겠다는 태도는 어떤 점에서 비관주의와 절망감을 예비하는 일이다.

사실 근본주의자들 반대편에는 전쟁의 불임성을 걱정하는 소심한 이들이 서 있다. 이들 역시 승리의 가시적 기준을 제시하려 한다는 점에서는 크게 다르지 않다. 다만 이들은 승리의 기준을 대폭 낮춰 문제를 해결하려 한다. '교육감 선거에서 승리만 한다면'(결국 그것도 실패했다. 꽤 많은 이들이 이것 때문에 또 좌절했다), '경찰청장을 물러나게 할 수만 있다면'. 그러나 이런 태도는 근본주의만큼이나 위험하다. 그것은 대중운동의 방향과 폭을 선험적으로 제한해 버릴 수 있기 때문이다.

배후에 절망감을 둔 단호함도, 배후에 소심함을 둔 소박함도, 좋은 선택지가 아니다. 승패를 확정하려는 열망은, 우리가 지금 '과정' 중에 있으며, 앞으로도 '과정 중의 존재'일 수밖에 없다는 사실을 부인하려는 태도, 더 정확히 말하자면 '과정을 빨리 끝내고 싶은' 피로감의 산물이다.

5. 전쟁사회의 전망

확실히 말하건대, 촛불은 결코 '전망 없는 전쟁'이 아니다. 오히려 촛불시위 덕분에 전쟁의 새로운 전망이 열렸다고 해야 할 것이다. 예언가처럼 말해 본다면, 아마도 한국 사회는 당분간 힘든 '저강도 전쟁사회'를 경험할 것이다. 부와 권력, 여론의 영역에서 대중들의 추방은 계속될 것이고, 이에 맞선 대중들의 난입도 계속될 것이다. 촛불시위가 없었다면 이 '저강도 전쟁'은 매우 추악하고 잔인하며, 비극적인 것이 될 뻔했다.

삶의 불안정에 시달리던 노동자가 길거리에서 이유 없이 십여 명을 살해한 일본의 '아키하바라' 사건, 인종적·계급적 차별에 시달리던 젊은이들이 이유 없이 길거리의 자동차들을 불 질러 버린 프랑스의 '방리유' 사태. 작년 말 서울 한 고시원에서 일어난 방화와 무차별 살인사건. 이 모두가 '불안사회', '전쟁사회'의 단면들이 아니고 무엇이겠는가. 정부 때문에 대중은 불안에 시달리고, 그런 대중의 존재가 두려워 정부는 치안을 강화하는 것. 이 기괴한 구도가 우리에게 닥치고 있다.

내게 어느 일본인 학자는 1년간 일본의 자살자가 3만 명이 넘는다며 이렇게 말했다. "삶의 불안에 시달리는 일본인은 스스로 죽거나, 아키하바라에서처럼 남을 죽임으로써 자신을 죽입니다." 어떤 전쟁이 매년 이토록 많은 사람들을 죽음으로 내몰 수 있을까. 자살자들은 물론 모두 개인적 이유를 갖고 있을 것이다. 그러나 뒤르켐 이래 사회학자들이 믿는 것처럼 자살자들의 개인적 죽음은 또한 사회적 죽음이다. 거기에는 개인적 사정만큼이나 사회적 사정이 있다. 그래서 자살자들은 어떤 의미에서 피살자들이기도 하다.

작년 통계에서 한국은 OECD에서 가장 자살률이 높은 나라가 되었다. 소위 '자살사회'에 들어선 것이다. 대중의 상당수는 안전이 전혀 보장되어 있지 않는 삶의 불안정 지대에 내몰려 있고, 대중의 목소리를 대의할 조직이나 기구들은 사라져 가고 있다.

촛불은 우리에게 어떤 의미를 갖는가. 촛불은 우리 전쟁의 양상을 어떻게 변화시켰는가. 두 여중생을 추모하기 위해 우연히 제안되었던 그 촛불이 물리적 폭력——전경의 방패를 뚫을 수는 있지만 한 국면을 뚫기에는 한없이 보잘것없는——을 대신할 새로운 힘, 그 파괴력에서 물리적 폭력을 훨씬 능가하는 사회적 소통의 길을 제시해 주었다. 그리고 그 촛불이 삶의 안전을 개인이 아닌 집단의 시각에서 풀 수 있는 가능성을 열어 주었다(촛불이 우리에게 어떤 한계를 보인다면, 그것은 경찰이 설치한 장벽을 넘지 못해서가 아니라, 우리 소통이 여전히 불충분하고 우리 신체가 만족스러울 만큼 다질적이지 못하기 때문이다. 무엇보다 촛불은 추방된 자들의 형상, 그러면서도 열심히 싸우고 있는 자들의 형상, 가령 비정규직 노동자들의 형상을 담아내지 못하고 있다).

지금 우리는 전쟁의 끝에 있는 것이 아니라, 하나의 전쟁이 열어 놓은 새로운 전망 앞에 서 있다. 집권자들과의 전쟁이 개별적 폭력도 집단적 난동도 아닌, 다른 형태로 수행될 수 있다는 것. 무엇보다 우리의 전쟁은 성을 쌓고 곤봉과 방패를 휘두르며 선동적 찌라시를 뿌리는 저들의 저차원적 전쟁과 다르다는 것. 우리는 삶을 함께 구성하고 새로운 지성과 새로운 신체를 생산하는 고차원적 전쟁을 알고 있다는 것. 포연이 자욱한 전쟁이 아니라, 아니 설령 그런 전쟁 속에 있을 때조차, 우리의 전쟁은 니체의 말처럼 '향기가 나는 전쟁'이 될 것이라는 것. 우리는 이것을 알고 있고 이것을 믿고 있다.

2부

지식의 운명

1.
한국 사회에서 지식인의 죽음을 예감하다

2.
교도소에서 인문학을 한다는 것

3.
'앎'은 '삶'을 구원할 수 있는가
—인문학자와 '현장'

1_ 한국 사회에서 지식인의 죽음을 예감하다

1. 지식기반사회에서 지식인

'지식기반사회knowledge-based society로의 이행'이라는 말은 한국정부가 구조조정 프로그램을 밀어붙이면서 애용하고 있는 말 중의 하나이다. 『차라투스트라는 이렇게 말했다』에 등장하는 거짓 불개처럼 정부는 온갖 연기를 피워대며 대단한 소동을 벌이고 있다.[1] 세계가 지식기반사회로, 지식기반경제로 나아가고 있는데, 여기서 뒤처지면 완전히 도태될지 모른다며, 반쯤은 협박을 담아 위기감을 조성하고 있다.

2006년 노무현 대통령이 한국 경제의 비전을 제시했다고 극찬한 한 보고서는 한국 사회의 미래를 '글로벌 지식 혁신 강국'이라는 말로 묘사하고 있다.[2] 이 보고서는 '지식기반경제로의 이행'을 '대외개방', '중국의 부상'과 더불어 한국 경제를 좌우할 3대 요인으로 꼽고 있다. 특히 지식기반경제는 한국 산업구조 재편의 목표처럼 인식되고 있다.

---

1) 니체, 『차라투스트라는 이렇게 말했다』, 정동호 옮김, 책세상, 2002, 224~225쪽.
2) 국민경제자문회의, 『동반성장을 위한 새로운 비전과 전략』, 2006. 1.

이 보고서는 앞으로 경제가 "물질적 재화 중심에서 지식, 정보 등 비물질적 재화 위주로 소프트화될 것"이라며, "지식과 시장선점의 중요성"을 매우 강조하고 있다.

사실 '지식기반사회'를 둘러싼 담론 자체가 새로운 것은 아니다. 포스트포디즘 논의가 유행했던 1970년대 이후 서구인들에게 '지식기반사회'라는 말은 아주 친숙할 것이다. 1990년대 이후 한국에서도 이말은 더 이상 낯설지 않게 되었다. 전통 제조업보다는 지식·정보 산업 쪽에서 거대 이윤이 창출될 것이며, 경제가 지식과 정보 산업 위주로 재편될 것이라는 전망은 그렇게 새로운 게 아니다. 그런데 최근 한국정부의 강력한 의지 속에서 이런 전망이 현실적 의미를 갖게 되었다.[3] 작게는 대학의 구조조정에서 크게는 산업 전반의 구조조정까지 정부는 지식기반사회로의 이행을 중요한 명분으로 내걸고 있다.

한국 사회에서 지식의 중요성이 이처럼 강변되는 시대는 없을 것이다. 지식이 곧바로 상품이고 자산인 시대. 지식이 사회의 기반을 이루는 시대. 정부가 말하는 이 '대단한' '지식의 시대'를 향해 가고 있는 지금, 나는 역설적으로 지식인의 죽음에 대해 생각하고 있다. 더 정확히 말하자면 그것을 예감하고 있다. 지식기반사회에서 지식인의 죽음, 그것은 내게 복합적인 감흥을 불러일으킨다. 그 죽음은 내게 희극적이면서 비극적이고, 절망적이면서 희망적이다.

지식인의 죽음과 관련해서 내가 희극적 감정을 느끼는 때는 가령 이런 경우다. 지식기반사회로의 이행을 꿈꾸면서(!) 한국정부는 김대중 정권 때부터 매년 수십에서 수백에 이르는 '신지식인'을 선발하고

---

3) 이명박 정부가 '산업자원부'를 '지식경제부'로 바꾼 것도 아주 상징적이다.

있다. 사실 지식기반사회에서의 '지식'은 이와사키 미노루岩崎稔가 잘 지적한 것처럼, "결코 인격적 도야를 수반하는 지식이라든지 우리 삶의 상과 관련된 인식들이 아니다. 그것은 단순히 비즈니스 재료로서의 지식에 불과하다."[4] 김대중 정부 이후 매년 발표되었던 '신지식인'의 이미지도 이와 다르지 않다. 정부가 밝힌 정의에 따르면, "신지식인이란 자기 분야에서 다양한 지식을 습득하고, 그것을 창의적으로 적용해서, 새로운 부가가치를 창출하고 이것을 사회적으로 나누는 사람"이며, 특히 "생산력 향상 및 국가경쟁력 강화에 기여하는 사람"이다.[5]

한국정부가 공인한 신지식인 제1호는 어떤 '코미디언'이었다. 그가 신지식인에 선정된 것은, 그 이전 해에 칸Cannes에서 자신의 영화를 가지고 272만 달러의 수출계약을 성사시켰기 때문이다. 자기 분야에서 열정과 창의적 생각을 갖고 새로운 부가가치를 창출했다는 것. 나는 대학교수들의 생색내기용 연구업적보다 그의 코미디를 더 사랑했지만, 그의 지식과 열정을 신지식인 광고에 이용하는 정부의 코미디에는 정말이지 쓴웃음을 짓지 않을 수 없었다. 그리고 매년 수십에서 수백에 이르는 신지식인들이 발표되는 것을 볼 때마다 지식인의 희극적 죽음이란 이런 게 아닐까 생각하고 있다.

물론 지식인의 비극적 죽음에 대해 생각할 때도 있다. 내가 학부시절에 지켜봤던 수많은 논쟁들, 그것들이 어느 순간 사라져 버렸음을 느낄 때, 그리고 불과 십여 년 전만 해도 대학가에 서너 개씩은 되던 비판

---

4) 岩崎稔, 「大學の混亂と自己破壞―平成15年度『文部科學白書』を讀む」, 『現代思想』, 青土社, 2004. 4.
5) 지난 정부에서는 '행정자치부'가 신지식인 사업을 주관했다. 자세한 내용은 '한국신지식인협회' 홈페이지(http://www.sinzi.or.kr)를 참조하라.

적 인문사회과학 서점들이 거의 남아 있지 않음을 알게 되었을 때, 온갖 욕설과 박수가 넘쳐나던 공식적·비공식적 학술대회들이 사라지고, 초라한 연단에서 오래전 스타였던 몇몇 교수들이 텅 빈 객석을 향해서 그들의 최근 논문을 읽고 있는 모습을 볼 때, 그리고 시위 현장에서 소수의 노교수들이 흰 머리카락을 넘기며 외롭게 싸우고 있는 모습을 볼 때, 한국 사회에서 지식인, 특히 진보적 지식인이란 이렇게 사라져 가는 것인가 하는 느낌을 갖기도 한다.

나는 인터넷에 출현한 탈인간적 형상의 지식인에서 '지식인의 죽음'을 예감하기도 한다. 한국의 젊은 세대들에게 '지식인'이라는 말은 어느 대형 포털사이트가 제공하는 지식·정보 검색툴을 떠올리게 한다(그 검색툴의 이름이 '지식iN'이다). '모르는 게 있으면 지식인에게 물어보라'는 말은, 어떤 '지식인'을 찾아가라는 말이 아니다. 그것은 '지식iN 검색기능'을 활용하라는 말이다. '지식인에게 묻는다'는 것은 '인간과 만난다'는 뜻이 아니라 '네트워크와 접속한다'는 뜻이다. 나 역시 필요한 정보가 있으면 이 검색툴을 자주 이용한다. 수많은 익명의 대중들이 이 사이트에 질문을 던지고 답을 올려놓는다. 업체가 제공하는 것은 네트워크뿐이다.

여기에는 단순한 생활정보에 불과한 지식도 있지만 정치적으로 대단히 민감한 지식도 있다. 가령 한국 사회의 가장 뜨거운 쟁점이었던 '한미FTA'의 경우, 정부는 대단히 방대한 지식정보 서비스를 제공하고 있을 뿐 아니라, 정책 홍보사이트를 '스폰서 링크'로 연결시켜 놓았다. 누군가 'FTA'에 대해 묻는다면 정부가 제공하는 지식들이 일차적으로 화면에 뜨게 된다. 바로 그렇기 때문에 '한미FTA'에 반대하는 사람들은, 정부가 제공하는 지식을 반박하는 물음과 답변을 올려놓기도 하고,

새로운 지식과 정보를 모아 놓기도 한다. 이 경우엔 해당 지식을 정의하는 것, 묻는 것, 답하는 것 모두가 고도의 정치적 의미를 갖는다. 단순한 감정 토로에서부터 전문적 논문들까지, 출처가 의심스러운 소문들부터 고급 정보들까지, 익명의 대중들이 형성하는 네트워크는 그 자체로 '지식인' 행세를 한다. 이것 역시 나로 하여금 한국 사회에서 '지식인의 죽음'을 느끼게 하는 풍경 중의 하나이다.

2. 진보적 지식인과 현장

1) 지식인의 출현

대략 20년 전쯤에 이 글을 썼다면 나는 제목을 '한국 사회에서 지식인 운동을 예감하다' 정도로 했을 것이다. 1980년대라면 우리는 분명 한국의 지식인들, 특히 진보적 지식인들을 하나의 집단적 범주로서, 그리고 운동의 한 주체로서 파악할 수 있을 것이다. 『신동아』는 90년대 초 한국의 진보적 지식인의 역사를 이렇게 정리하고 있다.[6] "60년대가 '반독재'의 기치를 내건 자유주의 지식인들"의 시대였다면, "70년대는 진보적 지식인들이 민주화만이 아니라 민중들의 고통에 주목하고", '민중'을 자기 학문의 중심에 두는 비판적 지식인들이 주목받은 시기였다. 그러나 80년대는 양과 질에 있어 이전 시기와 확연히 구분된다. "80년대는 진보적 지식인들이 대규모로 등장했을 뿐 아니라 질적인 변화를 겪은 시기이다. '학술운동'이라는 차원에서 진보적 소장학자들의 집단적 움직임이 나타났고, 이념적으로는 맑스·레닌주의가 진보학계

---

6) 안기석, 「한국지식인의 계보」, 『신동아』, 1992. 5.

의 중심에 섰다."

조금 과하게 말하자면 나는 한국 현대사에서 80년대야말로 '범주로서 지식인'이 실존했던 유일한 시대가 아닌가 생각한다. '지식인의 죽음'을 운운하는 지금 생각해 보면 너무도 짧은 생애가 아닐 수 없지만, 80년대 지식인은 분명히 집단으로서 실존하고 있었다. 가까운 과거나 미래에 그만큼 집단적인 정치적·학문적 실천을 발견하기는 어려울 것이다.

물론 80년대의 진보적 지식인들은 스스로 '지식인임'을 부인하려고 했다. 그들은 자신들을 독립된 범주로서 파악하지 않았다. 오히려 그들은 프롤레타리아트의 어떤 부분이 되고자 했다. 그들은 그람시의 '유기적 지식인' organic intellectual처럼,[7] 총체를 바라보는 프롤레타리아의 눈이 되고자 했다. 많은 지식인들이 자신의 경력을 속이고 위장취업하여 노동자들을 조직하고 의식화하는 일에 헌신했다. 이른바 '현장'으로 '침투'한 것이다.

80년대 초반, 한국의 대학과 공장에는 수많은 지하서클들이 만들어졌다. 80년대 지하서클은 일차적으로 운동가들의 조직 기반이었지만, 좌파 지식인들의 연구 및 교육 기반이기도 했다. '80년대 지식인 현상'을 연구한 금인숙은 이렇게 말했다. "[지하서클은] 불법화된 맑시즘의 핵심가치와 정신을 내면화한 지식인을 낳는 사회화 제도였고, 좌파 지식인의 충원 통로였고, 정보 전달과 교환 채널이었다. 인문사회과학에서 연구문제 선정자이기도 했던 지하서클은 맑스주의 지식과 사상

---

7) A. Gramsci, *Selections from the Prison Noteboos of Antonio Gramsci*, edited and translated by Q. Hoare and G. N. Smith, International Publisher, 1999, p.4(이상훈 옮김, 『옥중수고』 2권, 거름, 1993).

의 수요와 공급을 창출하였고, 진보진영의 공동체적 유대를 강화시킨 보상체계를 확립하였다."[8]

80년대 중반에는 여러 재야 연구실들이 만들어졌다.[9] 독재정권에 의해 해직된 교수들과 진보적 대학원생들이 아카데미 바깥에 독자적인 연구공간을 만든 것이다. '연구실'의 활동은 외견상 제도권 아카데미와 크게 다르지 않았다. 즉 세미나나 발표회가 활동의 중심을 이루었다. 그러나 세미나나 발표회의 의미는 아카데미의 그것과는 완전히 달랐다. 금인숙의 표현을 빌리자면, "[그들은] 대학인의 일상생활의 한 부분인 연구실 활동을 혁신적인 집합행동의 형식으로 변형시켰다."[10] '연구실'이라는 말은 단순한 연구공간이 아니라, 지식·사상·담론 영역에서의 '운동조직'을 지칭했다. 그렇기 때문에 연구도 발표도 공동의 실천으로서 이루어졌다. 이들의 연구 성과는 당시에 새로 일어난 출판문화운동과 결합해서 대중들에게 곧바로 전파되었다.[11] 일부 연구실은 출판된 글의 '불온성' 때문에 연구원들이 구속되는 사태를 겪기도 했다.[12]

---

8) 금인숙, 「억압적 정권에 도전한 지식인: 진보적 학술운동을 중심으로」, 『경제와 사회』, 41권, 1999.
9) 1980년 해직된 서울대 김진균 교수와 그 제자들이 만든 '상도연구실'은 진보적 소장학자들의 집합소가 되었다. 이 '상도연구실'을 기반으로 1984년 7월에 '한국산업사회연구회'가 창립되었고, 이것이 자극이 되어 여러 분야의 '연구실'들이 생겨났다. 1984년 말에 '망원한국사연구실', 1985년 말에 '한국농어촌사회연구소', 1986년 초에 '역사문제연구소', 그리고 연이어 '한국정치연구회', '사회철학연구회', '여성한국사회연구회', '문학예술연구회' 등이 만들어졌다.
10) 금인숙, 위의 논문.
11) 김지영, 「'현실 외면하는 학문 의미없다'」, 『월간경향』, 1988년 8월호.
12) 가령 1989년에 생겨난 서울사회과학연구소는 한국 사회의 '사회구성체 논쟁'에서 주도적 역할을 수행했는데, 1991년 몇몇 논문들이 국가보안법을 위반했다고 해서, 연구원들 중 일부가 구속되었다.

80년대 중반을 기점으로 해서 지식인들은 점차 '노동운동가'로부터 '학술운동가'로 변해 갔다. 지식인이 스스로의 존재를 집단적으로 자각하고, 지식의 생산을 자신의 운동 과제로 생각하는 시대가 시작된 것이다. 나는 앞서 80년대를 하나의 '범주로서 지식인'이 실존했던 유일한 시대라고 말했지만, 조금 더 좁혀서 말하자면 그것은 80년대 중반 이후 태어나 아주 짧은 시기 동안만 실존했다고도 할 수 있다.

이 시기를 지식인들의 실천이 학술 영역으로 축소되어 가는 국면으로 이해하는 사람도 있겠지만, 나는 이때 지식인 운동의 긍정적 가능성이 분명히 존재했다고 생각한다. 지식인이 더 이상 '프롤레타리아트에 결합한 자코뱅 당원'이 아니라 그 스스로 해방을 원하는 프롤레타리아트로서, 대중을 의식화하는 계몽적 존재가 아니라 그 스스로의 계몽을 욕망하는 대중으로서 나설 수 있는 가능성이 있었다는 말이다. 지식인들이 '공장'이라는 '현장'으로 침투하는 것만큼이나 자신의 '연구실'을 '현장'으로서 발견할 가능성이 있었다.

실제로 80년대 중반 이후 아카데미 주변에 형성된 긴장감은 공장의 파업 현장만큼이나 강도 높은 것이었다. 진보적 지식인의 논문들은 노동자들의 파업만큼이나 공안 기관의 강한 감시 아래 있었다. 1988년에는 진보적 연구단체들(연구실들)이 연합해서 학술대회를 열었는데, 이때 발표된 논문을 검찰 공안부가 문제 삼아 해당 연구자를 소환한 일도 있었다.[13] 투쟁은 학계 안으로 자연스럽게 번졌다. 1988년 사회학대

---

13) 해당 논문은 서관모 교수의 「중간제계층의 구성과 민주변혁에서의 지위」였다. 검찰의 소환에 반발해서 행사 주최자인 10개 학술단체들은 대책위를 구성했는데, 이것이 한국 진보 연구단체들의 연합조직인 '학술단체협의회'의 모태가 되었다. 비록 그 영향력이 많이 감소하긴 했지만, '학술단체협의회'는 지금도 한국 사회 진보적 지식인들의 중요한 단체 중의 하나이다.

회에서 기성 학계의 원로였던 황성모는 "한국 사회학은 현재 태풍 속에 있다"고 그 위기의식을 드러내기도 했다.[14] 이른바 '제3세대'라고 불리던 신진 사회학자 그룹은[15] 사회학대회 자체를 보이콧했다. 학계 역시 분명한 투쟁의 현장이었던 것이다. 학술대회에서 대학원 수업에 이르기까지 다양한 수준에서 갈등이 일어났다. 내 기억에 비춰 봐도 인문·사회과학 분야 대학원생들 중 상당수는 아카데미 바깥에 있는 '연구실'에서 공부를 했고, 대학원 수업은 큰 의미를 갖지 않았다.[16]

2) 현장의 상실

1990년대 들어 이런 '지식인 현상'은 급속히 쇠퇴하기 시작했다. 운동의 '쇠퇴'는 역설적이게도 외견상 '진출'과 '확장'으로 나타났다. 지식인 운동만이 아니라 다른 운동들이 대개 그랬다. 기존의 진보세력들은 제도적 권력을 점점 더 많이 차지해 갔다. 그러나 그러면 그럴수록 진보 운동이 쇠퇴해 갔다. 권력에 서서히 다가갈수록 운동의 느린 자살이 일어났다. 군사정부가 무너졌고, 자유주의 개혁세력이 집권했으며, 마침내 80년대 운동을 이끌었던 '386그룹'이 주축이 된 정부까지 탄생했다. 외견상으로는 80년대 진보세력이 정치권력을 차지한 것이다. 실제

---

14) 『조선일보』, 1988년 6월 28일자.
15) '제3세대 학자군'이란, 김진균의 설명에 따르면, "식민지 지배교육으로 일본적 학문 지향을 탈피하지 못했던 제1세대, 그리고 대미 종속적 질서로의 재편 과정에서 미국적 세계관으로 자신의 학문적 지향을 내면화한 제2세대 학자군"과 달리 "유신체제가 빚어내는 민중적 고통에 고뇌하면서 자신의 학문적 작업을 현실운동의 중심과 연관시켜 전개하고자 한 그룹"이다(김지영, 「현실 외면하는 학문 의미없다」, 469쪽, 재인용). 대체로 70년대 중후반 학번으로 80년대에 연구자의 길에 접어든 세대이다.
16) 이런 경향은 1990년대 전반기까지도 부분적으로 이어졌는데, 가령 내 대학원 동기들 상당수는 대학 외부의 '연구실'에서 공부를 하고 있었다.

로 80년대의 많은 진보적 운동가들이 통치권력에 참여했다. 그러나 조금 과장해서 말하자면 '아무 일도 일어나지 않았다!' 그들은 단지 대중들로부터 분리되어 청와대로 나아갔을 뿐이다.

지식인들의 학술운동에서도 마찬가지 일이 일어났다. 많은 교수들이 복직되었고 많은 재야의 연구실들이 제도화되었다. 80년대 중반 연구실 운동의 리더였던 '산업사회연구회'는 '산업사회학회', 그리고 최근에는 '비판사회학회'가 되었다. 많은 진보적 잡지들이 사라지긴 했지만, 일부 잡지는 정부보조금을 받는 공식 학회지가 되었다. 아카데미 바깥 '연구실'에서 공동연구를 수행하던 대학원생들 중 상당수는 이제 대학교수가 되었다. 그러나 역시 '아무 일도 일어나지 않았다!' 단지 지식인들이 대중들로부터 분리되어 아카데미로 나아갔을 뿐이다. 연구와 교육은 대학에 갇혔고, 지식인들의 연구논문들은 다시 학회지의 폐쇄적 회로 안으로 들어가 버렸다. 지식인들에게 연구과제를 부여하는 것은 더 이상 80년대식 '서클'이나 '연구실'이 아니다. 그들은 정부나 기업, 언론이 공모한 연구과제에 참여한다. 그들이 학계에서 하나의 세력을 형성해 가는 속도에 맞추어, 아카데미 바깥에서 활발히 움직여 왔던 '연구실', 지식 생산 자체를 하나의 대중 운동으로 전개해 왔던 '연구실'은 사라져 갔다.

나는 90년대 이후 한국 진보 지식인의 가장 큰 문제가 '현장성의 상실'에 있다고 생각한다. 최근 진보적 지식인 문제로 나와 대담을 나누던 어떤 교수는 내게 "지식인이 다시 현장에 들어가는 것은 불가능할 뿐만 아니라 바람직하지도 않다"고 했다. 그는 '현장'이라는 말 속에서 80년대 '공장'을 떠올렸던 것 같다. 그러나 나는 '현장'이 '공장'과 같은 특정한 장소를 지칭한다고 생각지 않는다. '현장'이란 사건이 일어나는 장이고, 실천이 이루어지는 장이며, 운동이 이루어지는 장이다. 따라서 '현장'은 지식 세계 바깥을 지칭하는 개념이 아니다.

지식인에게 '현장성'이 없다고 말하는 것은 그들이 '운동'하지 않는다는 것, 그들 이론에 '실천성'이 없다고 말하는 것과 같다. 그들은 '사건'에 참여하지 않는다. 그들은 '사건'이 일어나는 곳에 없다. 이는 그들이 사회운동에 결합하지 않았다든지, 그들 이론이 변혁운동에 아무런 도움도 되지 않았다든지 하는 의미가 아니다. 푸코는 이론의 실천성에 대해 이렇게 말한 바 있다. "'지식', '진리', '의식', '담론'의 영역에서 자신을 대상과 도구로 만드는 권력형태들에 대해 투쟁하는 것입니다. 이런 의미에서 이론은 실천을 표현하지 않고, 해석하지 않고, 그 적용을 돕지도 않습니다. 이론은 실천입니다."[17] 내가 지적하고 싶은 것이 그것이다. 문제는 '실천을 위한 이론이었는가' 혹은 '이론이 실천되었는가'가 아니라, '이론이 실천인가'에 있다. 그들의 이론이 투쟁하고 있는가. 그들의 이론이 운동하고 있는가.

그래서 "지식인이 다시 현장에 들어가는 것은 불가능할 뿐만 아니라 바람직하지도 않다"는 어느 교수의 말은 내게 이렇게 들렸다. "나는 내가 서 있는 곳에서 더 이상 싸우지 않으며, 내 이론은 더 이상 불온하지 않다." "나는 더 이상 사건에 관여하고 싶지 않다."

니체는 "대학의 사상가들은 왜 위험하지 않은지 아느냐"고 물었는데,[18] 내 식으로 답하자면 그것은 '현장성'을 잃었기 때문이다. 부르디

---

17) M. Foucault, "Les intellectuels et le pouvoir" (avec G. Deleuze), *Dits et écrits*(1954~1988), vol. 2(1970~1975), Éditions Gallimard, 1994, p.308.
18) 니체, 「교육자로서의 쇼펜하우어」, 『반시대적 고찰』, 이진우 옮김, 책세상, 2005, 493쪽. "왜 대학에 있는 사상가가 위험하지 않은지 그 까닭이 분명해진다. 그들의 사상은 나무에 사과가 열리듯 그렇게 평화롭고 전통적인 것 속에서 자라나기 때문이다."

외의 표현을 빌리자면, 그들이 던지는 질문들은 "긴급하기 때문이 아니라 해결의 즐거움을 위해 제기된 것들"이기 때문이다.[19] 어떤 문제가 '긴급하게 제기되었다'는 것은 그가 '현장'에 있음을 의미한다. 그가 느낀 '절박함'이 그의 '현장성'을 말해 준다. 그런데 한 해에도 수백 편씩 쏟아져 나오는 논문들, 그 속에 들어 있는 수백 수천의 질문들은 과연 어떤가. 부르디외의 말처럼 그것은 혹시 '해결의 즐거움을 위해 제기된 질문들'이 아닌가. 국가의 공안기관도, 대중도 더 이상 관심을 갖지 않는 논문들. 오직 해당 전공 분야의 몇몇 학자들만이 문제와 답변의 '소소한' 즐거움을 느끼는 그런 논문들이 아닌가.

나는 내 개인적 경험을 통해 이런 차이를 확연히 느끼고 있다. 대학원에서 나는 10년 가까이를 보냈고 결국 박사학위를 취득했다. 그러나 같은 기간을 나는 대학 바깥의 '연구실'에서도 지냈다. 실제로 내 연구자로서의 삶이 이루어진 곳은 대학 바깥 연구실인 '서울사회과학연구소'와 '연구공간 수유+너머'였다.

내가 지내던 이 연구실들의 주요 연구 테마 중의 하나가 '근대성'이었다. 지금과 비교해 보면 당시의 연구들은 여러 허점을 지닌, 말 그대로 아마추어의 연구였다. 수많은 이질성들을 우리는 '근대성'이라는 말로 묶어 버리고 사태를 지극히 단순화해서 파악했다. 연구의 질로 보자면 지금의 근대성 연구가 훨씬 수준이 높다.

그러나 어떤 측면에서 보자면 당시 허점투성이의 연구가 지금의 완성도 높은 연구보다 훨씬 강력했다. 당시 '근대성' 문제는 우리에게는 아주 절박했다. 크게는 사회주의 몰락에서부터 작게는 당시 한국의

---

19) 피에르 부르디외, 『파스칼적 명상』, 김웅권 옮김, 동문선, 2001, 30쪽.

진보적 담론이 부딪힌 한계까지 우리는 그 복판에 '근대성' 문제가 있다고 판단했다.

우리의 연구는 문제제기 때부터 논란을 낳았다. 일부는 우리 '연구실'이 맑스주의의 근대성을 지적하면서 맑스주의로부터 점차 떠날 것이라고 했고, 일부는 맑스주의의 어떤 한계를 돌파하면서 새로운 진보적 담론의 전망을 끌어낼지 모른다고 기대했다. 어떻든 당시 우리의 연구는 '작동' 했다. 그러나 지금의 수준 높고 전문적인 근대성 연구는 우리에게 소소한 즐거움은 줄지언정 작동하지 않는다.[20] 아마추어의 불온한 사상과 프로의 안전한 사상! 어떤 사상이 작동되는 데는 연구의 완성도 이전에 다른 어떤 것이 필요한 것이다. 나는 그것을 '현장성'이라고 불렀다.

현장성의 상실은 달리 보면 지식인이 자기 해방의 과제를 상실한 것을 의미한다. 대중에 결합한 존재가 아니라, 자기 해방을 위해 싸우는 대중으로서 스스로를 자리매김하는 데 실패했음을 보여 준다. 80년대에서 90년대로 넘어오는 길목에서 한국 문단에 잠시 '지식인 소설' 논쟁이 일었던 적이 있다. "소설가들의 계급적·계층적 위치가 대부분 진보적 지식인, 비판적 지식인임에도 불구하고" "진보적 지식인 소설의 성과가 흐릿한 것은 왜인가."[21] 노동자와 민중의 삶을 전형화하는 것을 최고의 미학적 과제로 삼고 있던 80년대 문단에 대해 어느 젊은 평론가가 던진 문제제기였다. 나는 이 문제제기 자체가 80년대 후반 지

---

20) 내가 지금 활동하고 있는 '연구공간 수유+너머'에서는 2005년 10월에 이 문제가 제기 된 바 있다. 왜 우리 연구의 '불온성'이 약화되었는가에 대한 토론이 있었다. (고병권, "우리의 말이 우리 무기 맞습니까?", 2005년. 10월 13일. 미간행 내부토론문.)
21) 권성우, 「진보적 지식인 소설의 현황과 전망」, 『대학신문』, 1991. 10. 21.

식인의 자기발견의 연장선상에 있다고 생각한다. 작가와 평론가들 중 일부가 '지식인'으로서 자기 자신을 발견한 것이다.

그러나 내 생각에 그 방향은 이미 오염되어 있었다. 일부 그룹은 지식인을 대중들로부터 분리시키고자 했고, 일부 그룹은 지식인임을 포기하고 대중들에게 뛰어들 것을 요구했다. 그러나 누구도 지식인이 지식인인 채로 대중이 되는 것을 요구하지는 않았다. 지식인은 현장으로부터 일정한 거리를 두고 그것을 성찰하는 사색가도 아니고, 현장에서 쓸 사상적 무기를 제조하는 장인도 아니다. 그는 현장에서 자기 해방을 위해 싸우는 당사자여야 했다. 불행히도 많은 진보적 지식인들이 현장과 거리를 둠으로써 자기를 발견하려고 했다. 그들은 현장에 대한 객관적 관찰자이자 분석가인 양 행동하려 했다. 그러나 자기 현장을 잃을 때 가장 먼저 사라지는 것은 주체 자신이다. 조금 심하게 말한다면, 90년대 이후 한국의 대학은 현장을 잃은 진보적 지식인들의 훌륭한 무덤이었다.

3. 대학—탈속적 공간에서 세속적 공간으로

1) 교수, 사장, 정치인

한때 한국의 대학은 지나치게 탈속적이라는 이유로 비판 받았다. 독재 권력 아래서 대학은 철저히 침묵했다. 진보적 지식인들이 기성 학계를 비판할 때 항상 하는 말이 '현실을 외면하는 학문'이었다. 대학이라는 제도 자체가 사실 탈속적인 면을 갖고 있다. 학교의 어원이 된 '스콜레' skole라는 말은 그리스어로 '여가'라는 뜻이다. 학교는 현실의 일과 걱정으로부터 일정하게 해방된 자들이 공부라고 하는 특별한 여가를 누리고 있는 곳이다. 그래서 부르디외는 대학을 '제도가 된 여가'라고 불렀다. 그에 따르면 미국의 주요 대학들은 '세계적 소음'으로부터 멀리 떨어져 있고, 현실정치로부터 완전히 고립되어 있다.[22]

하지만 지금 한국의 대학은 어떤가. 나는 이제 대학들이 '세속적인, 너무나 세속적인' 곳이라고 생각한다. 최근 한국 대학 개혁의 방향을 한마디로 요약하라고 한다면, 그것은 '대학의 기업화'이다. 현재 정부가 강력하게 추진하고 있는 대학 개편 방향을 보면, 고등교육 정책이 지식기반경제에서의 경쟁력 강화에 맞추어져 있음을 알 수 있다. 2005년 말 대통령에게 보고된 '국가인적자원개발 기본계획'은 대학에 대해, "다양화·특성화된 '시장반응형' 인력을 양성"할 것을 주문하고 있다.[23] 특히 "지식기반경제로의 패러다임 변화에 따라 '산학연 협력활성화'를 통해 성장 동력을 창출"해야 한다며, 선진국의 사례에서 '아카데믹 캐피탈리즘' Academic Capitalism과 '기업가적 대학'에 주목할 필요가 있음을 지적하고 있다.

실제로 「산업교육진흥 및 산학협력 촉진에 관한 법률」에 따라 대학들은 산학협력단과 대학기업을 설치 운영 중에 있다. 대학에 포괄적인 이윤추구를 허용하는 것이다. 임재홍은 최근 한국의 대학 개혁에 대해 이렇게 평가했다.[24] "이는 기본적으로 대학의 성격을 달리 보겠다는

---

22) 부르디외, 『파스칼적 명상』, 64쪽. "미국의 대학들은 뉴욕과 필라델피아로부터 완전히 격리된 프린스턴처럼 대도시들로부터 멀리 위치하고 있거나, 케임브리지에 있는 하버드처럼 생명력 없는 교외에 위치하고 있거나, 아니면 도시 안에 있는 경우에도 경찰의 보호를 통해 도시로부터 완전히 차단되어 있다. …… (이것은) 세계의 소음으로부터 벗어난 학구적 분위기와 더불어 교수들과 학생들을 현실과 정치로부터 고립시키는 데 기여한다."
23) 교육인적자원부 등, 「제2차 국가인적자원개발 기본계획안」 2005. 12. 관련 내용은 다음 사이트를 참조하라. http://nhrd.net/nhrd-app/jsp/nhr0202.jsp.
24) 임재홍, 「고등교육의 시장화와 국립대학 법인화」, 『교육시장화 어떻게 대응할 것인가?』(부산국제민중포럼 국제워크숍 자료집), 2005. 11. 16.

의미를 강하게 내포하고 있다. 즉 산학협력의 이름 아래 산학협력단을 벤처 자본으로 기능하게 하고, 학교기업을 설립해서 교육·연구 및 기술지원에 대한 기업활동을 할 수 있게 해주고, 이를 대학 평가의 주요 항목으로 설정"하는 것이다. 게다가 현재 추진 중인 '대학법인화'까지 완성된다면, "대학은 기업이라는 것이 법적으로 확정된다. 기업으로서의 대학은 국가감독에서 자유롭지 못할 뿐만 아니라, 이제는 자본과 기업의 이해관계에서도 자유롭지 못하게 될 것이다."

비록 적은 수이기는 하지만 한국의 대학 안에서 교수이면서 사장이고, 대학원생이면서 직원인 사람들이 생겨나고 있다. 2006년 한 경제 잡지에는 100억 원 이상의 재산을 가진 세 명의 서울대 '교수 사장' 이야기가 실렸다.[25] 이들은 각각 공과대학, 자연과학대학, 의과대학 교수들로서, 대학에서 연구한 기술들로 특허를 내고, 학내 벤처기업을 만들어 주식시장에 상장했다. 이들은 자기 실험실 대학원생들 중 일부를 직원으로 고용했다. 공과대학에 만들어진 기업에는 "다수의 공대교수들이 기술 개발은 물론이고 주주로서 경영에도 참가하고 있으며, (상급기관인) 서울대도 3%의 지분을 갖고 있다"고 한다.

대학과 기업의 구분이 흐려지면서 교수와 사장, 학생과 직원의 구분도 조금씩 흐려지고 있다. 대학은 여전히 지식의 생산 공간이지만, 지식 생산이 곧바로 가치의 생산을 의미하는 시대에는 아카데미가 기업과 연관되고, 더 나아가 그 자체로 기업이 되는 일도 충분히 가능하다. 이런 대학에서 과연 지식인이 어떤 의미를 가질 수 있을까.

'교수 사장' 이야기가 나온 김에 '교수 정치가' 이야기도 빼놓을 수

---

25) 『매경이코노미』, 제1339호, 2006년 1월 18일자.

없을 것 같다. 한국에서 교수가 장관이나 국회의원이 된 것이 물론 최근 현상이 아니다. 군사정부 시절에도 대학교수들은 각료로 임명되는 일이 있었다. 전문성을 인정한 점도 있겠지만, 군사정부의 부정적 이미지를 희석시키는 데 교수들이 기여를 했기 때문이다. 그 추세를 확인해 보지는 않았으나, 지난 정부에서 교수 출신 각료의 비중은 상당했다. 각료를 지낸 64명 가운데 14명이 교수였는데, 이 비중은 전문 관료나 직업 정치인에 크게 뒤지지 않는 수치였다.[26] 더구나 17대 국회의원 선거에서는 104명의 교수 출신들이 출마하기도 했다(이는 그 이전 선거에 비해 두 배 늘어난 수치다).[27]

대학은 더 이상 세속에서 멀리 떨어진 고고한 곳이 아니다. 부르디외는 지식인들에 대해 "영리를 추구하는 기업이나 국가에 실리적인 지식을 직간접적으로 판매함으로써 얻은 이득 때문에 조금씩 당장의 물질적 걱정으로부터 해방될 수 있었다"고 했다.[28] 즉 자본이나 국가에 기능적인 역할을 수행하고 그 대가로 일정한 물질적 이득을 챙긴다는 것이다. 그러나 내 생각에 자본가와 지식인, 통치자와 지식인에 대한 구분은 이제 상당히 흐려졌다. 오히려 대학에 있는 지식인들의 추이를 볼 때, 그 자체로 자본가인 지식인, 통치자인 지식인이 출현할 것처럼 보인다. 아니 이미 어느 정도 출현한 것 아닌가 하는 생각이 든다.

2) 대학 지식인들의 충원

대학이 너무나 세속적인 공간이라는 것은 구성원의 충원 양상에서도

---

26) 『한국일보』, 2006년 7월 25일자.
27) 『한국대학신문』, 2004년 4월 16일자.
28) 부르디외, 『파스칼적 명상』, 39쪽.

잘 드러난다. 최근 나는 한국 사회과학 지식인의 충원 경로를 조사하다 대학 구성원들의 계급적 기반이 얼마나 협소해졌는지를 보고 깜짝 놀랐다. 가령 졸업생들이 한국 지배 엘리트들 중 상당수를 차지하고 있는 서울대의 경우를 보자.

서울대 사회과학원이 지난 1985년부터 2000년까지 신입생들의 가계를 분석한 자료에 따르면[29] 1985년의 경우 의사, 변호사, 교수, 대기업 간부 등 고소득층 자녀와 비고소득층 자녀의 비율은 1.3 대 1에 불과했다. 그러나 그 비율은 해가 갈수록 급속히 확대되어 2002년에는 거의 17 대 1에 달했다.

2005년 말에 서울대 사회발전연구소가 조사한 바에 따르면[30] 학생들의 정치의식은 가족 소득 수준에 그대로 일치했다. 소득 수준을 다섯으로 나누어 조사했는데, 예외 없이 고소득일수록 보수적이었다. 실제로 과거 서울대생의 정치의식 조사와 비교해 보면 이들이 크게 보수화되었음을 알 수 있는데, 서울대 『대학신문』은 이것을 "재학생들의 아버지가 고학력·고소득층인 것과 연관"된 것으로 추측했다.[31] 서울대 재학생들의 아버지가 전문직·관리직에 종사하는 비율은 전국 대학 평균의 20배 가까이 되었으며, 아버지 학력이 대학원 이상인 경우도 10배가 넘었다.

서울대에 다니는 고소득층 자녀들이 공부를 계속하게 될 경우 대학원은 어디로 진학할까. 미국의 『고등교육 신문』*The Chronicle of Higher Education*에 아주 흥미로운 자료 하나가 실렸다.[32] 시카고대가 미 연방정

---

29) 서울대 사회과학원, 「입시제도의 변화: 누가 서울대에 들어오는가」, 2004. 1.
30) 서울대 사회발전연구소, 「서울대학교 재학생 요구 및 실태 조사」, 2006. 3.
31) 『대학신문』, 서울대학교, 2006년 3월 12일자.

부 후원으로 1999년에서 2003년까지 미국 박사학위 취득자를 출신 학부별로 조사했는데, 뜬금없이 서울대가 1,655명으로 2위를 차지했다는 것이었다. 서울대가 대부분의 미국대학보다도 미국 박사를 더 많이 배출했다는 이야기다. 이들 박사 중 15.6%는 사회과학 분야 전공자들이었다. 이 많은 수의 미국 박사들이 귀국해서 정부, 기업, 대학에 자리를 잡는다. 서울대 사회과학대학의 교수들도 대부분 이들로부터 충원되었다. 서울대 사회과학대학 교수들 중 80%가 미국 박사이다.

한국 사회의 소위 '일류' 대학은 점차 특정한 계급적 기반을 가진 학생들로 채워지고 있다. 그리고 그들을 가르치는 교수 역시 특정한 계급적 기반을 가지고 있으며, 특정한 학문적 배경을 가지고 있다. 한때 한국의 고등교육은 계급적 격차를 완화시켜 주는 중요한 신분이동 통로로 받아들여졌다. 그러나 이제 대학은 계급적 격차를 더욱 확대하는 통로가 되고 있다.[33] 이런 식의 대학에 대한 계급적 독점은 지식기반사회에서 새로운 생산수단의 독점에 해당하는 게 아닐까.

4. 테크노크라트와 대중지성

80년대 대학 바깥에 존재하던 지식인 운동은 거의 사라졌다. 그리고 진보적 지식인들이 들어간 대학에서도 지식인 운동은 나타나지 않았다. 하지만 지식을 둘러싼 투쟁이 사라진 것은 아니다. 오히려 한국 사

---

32) 『한국대학신문』, 2005년 1월 10일자.
33) 최근 미국에서도 사회 양극화가 매우 심화되고 있는데, 세대간 계층이동을 가로막는 가장 큰 요인이 교육이라는 지적이 있다. T. Hertz, "Understanding mobility in America", Paper presented at Center for American Progress, 2006.

회에서 일어난 최근의 몇 가지 사건들은 '지식인 없는 지식 투쟁'에 대한 어떤 암시를 주는 것처럼 보인다.

두 개의 사건을 짚어 보고 싶다. 하나는 2005년 한국 사회 최대 논란거리였던 황우석 교수의 '줄기세포 논문 조작' 사건이고, 다른 하나는 2006년에 한국 사회의 최대 논란거리였던 '한미FTA 추진'이다. 내가 여기서 말하고 싶은 것은 두 사건의 구체적 내용도 아니고, 그 원인이나 영향도 아니다. 내가 관심을 가진 것은 한국 사회에서의 지식 독점과 그에 대한 투쟁이 어떻게 일어나고 있는가이다.

황우석 사건은 정부와 기업, 대학이 긴밀한 협력을 통해 만들어 낸 최고의 괴물이다. 지식기반사회에서 '아카데믹 캐피탈리즘'이 어떻게 작동하는지를 잘 보여 준 사례라고도 할 수 있다. 정부는 황우석 교수 연구팀에 수백억의 지원금을 주었고 과학기술 최고 훈장까지 수여했다. 그리고 청와대의 과학기술보좌관이 간사를 맡은 '대통령 소속 의료사업선진화위원회'까지 만들어 황우석 교수의 연구성과를 시장화하는 데 온갖 노력을 다했다.[34] 국가만이 아니었다. 연구 초기 단계부터 이미 '미즈메디' 병원으로 상징되는 자본의 개입이 있었다. 논문 조작 시비가 일기 전부터 이 연구에 관여한 자들 사이에 지분 문제로 갈등이 일어나기도 했다. 어떤 면에서 보면 황교수팀이 하나의 기업이었다.

그런데 어느 방송 프로그램에서 황교수 논문의 진위 여부를 문제 삼았다. 그때 정부나 언론, 학계 모두가 대단한 거부 반응을 보였다. 그들은 모두 과학 논문의 진위여부는 해당 전문가들에 의해서만 제기될 수 있다며 의혹 제기 자체를 봉쇄했다. 대통령은 문제를 제기한 방송

---

34) 『한겨레21』 제590호, 2005년 12월 19일자.

프로그램에 대해 이렇게 말했다. "취재 방향이 연구 자체를 허위로 보는 쪽으로 가고 있다. 참으로 황당한 일이다. 수십 명의 교수, 박사들이 황교수와 짜고 사기를 벌이고, 세계가 그 사기에 놀아나고 있었단 말인가. 납득이 되지 않는다. 나도 그 방송국 기사가 짜증스럽다." 그러나 결론은 방송의 승리였다. 청와대의 과학기술보좌관, 병원기업의 이사장, 대학교수들로 이루어진 권력-자본-지식의 회로는 대통령조차 납득하기 힘들 정도로 폐쇄적이었던 것이다.

그러나 전문가에 의해서만 가능하다는 논문의 검증을 가능케 한 것은 '생물학연구정보센터'(BRIC) 웹사이트 게시판이었다. 주로 젊은 연구자들이 찾는 이곳 게시판에는 황교수 파문이 진행되는 동안 황교수 연구에 대한 의혹 제기와, 황교수 측 해명을 반박하는 글들이 계속 올라왔다. 이 글들은 인터넷을 통해 삽시간에 퍼졌고 황교수 논문 검증에 대한 대중적 요구를 만들어 냈다.

그런데 이 게시판을 중심으로 한 지식 생산과 유통은 학술지를 통한 전문가들의 폐쇄적 지식 유통과는 아주 달랐다. 게시판에 글을 올린 이도 분명 해당 분야의 전문가였던 것 같다. 그러나 그는 실명이 아닌 익명으로, 혹은 실명을 알 수 없는 아이디로 그의 글을 올렸다. 그의 글은 또 다른 익명의 필자에 의해 보완되기도 하고 재가공되기도 했다. 그리고 익명의 다수 대중에 의해 이곳저곳으로 이동되고 순환되었다. 지적 능력을 가진 익명의 대중들이 구성하는 네트워크. 그들은 정부와 기업, 대학의 폐쇄적 회로를 깨뜨렸다. 그들은 지식과 관련된 비밀로부터 대중들을 추방해 온 권력과 자본, 학자의 독점 구조를 깨뜨렸다.

노무현 정부 말년의 최대 현안이었던 '한미FTA' 추진 과정에서도 비슷한 양상이 전개되었다. '한미FTA'의 추진 과정은 한국 사회가 얼마나 전문지식관료, 즉 테크노크라트의 지배를 받고 있는지를 잘 보여준다. 일반적으로 공무원들은 과도한 '형식주의'(red tape), 몸을 지나치게 사리는 '무사안일주의' 등으로 비판받아 왔다. 그러나 고위공무원들인 이들 테크노크라트들은 고급 전문지식으로 무장하고 있으며, 매우 창의적이고 의욕적이다. 이들 대부분은 고시에 합격한 후 미국에 유학을 다녀왔다.

테크노크라트들은 정부의 주요 정책과 관련된 지식과 정보를 독점하고 있다. 그것은 고도의 전문성과 비밀주의를 통해서이다. '한미FTA'를 통해 얻게 될 이익을 홍보하면서 이들은 경제통계 수치를 조작했다는 의혹을 받았다. 물론 그 구체적 내용은 너무도 전문적인 것이어서 일반 대중들이 이해하기는 힘들다. 이들은 대통령과의 담판을 통해 예고된 적이 없던 중대한 협약의 추진을 밀어붙였다. 더구나 '협상전략을 노출할 수 없다'는 이유로 국민들의 생존이 달려 있는 문제에 대해 아무런 정보도 공개하지 않았다. 의회는 이에 대해서 완전히 무기력했다. 의회는 대중들보다도 상황에 대해 더 무지했다. 심지어 어떤 의원은 "나는 한미FTA를 지지하는데, 그 내용을 몰라 지지발언을 하려고 해도 해줄 수가 없다"고 정부 관료에게 말할 정도였다.

테크노크라트들에 의한 데모스demos의 추방이 이루어지고 있다. 대중들은 주요 정책과 관련된 지식과 정보로부터 추방당하고 있다. 그러나 대중들은 새로운 방식으로 싸우고 있다. '한미FTA'와 관련해서 보자면, 여러 운동단체들이 반대 시위를 했고 여러 전문가들이 정부 입장에 대해 비판적 의견을 제시했다. 각 분야에 있는 다양한 전문가들이 대중적 형상으로 등장했다. 교수들은 물론이고 정보운동가, 환경운동가, 노동운동가, 변리사, 영화인 들이 자기 분야에서 정부 정책을 비판하며 서로 하나의 네트워크를 구성했다. 그리고 인터넷에서는 다시 익명의 대중들이 온갖 정보와 지식들을 검색하고 생산하고 유통시켰다. 내가 가입했던 인터넷 카페에서는 정부 각 부처가 마련한 '한미FTA Q&A'를 반박하는 '한미FTA A&Q'를 여러 회원들의 정보와 지식을 모아 작성하고 유통시켰다. 나는 어느 노조가 우리가 익명으로 작성한 문서를 재가공해 새로운 홍보자료로 만들어 배포하는 것을 보았다.

바로 이런 장면들에서 나는 '저항하는 지식인'의 새로운 형상을 그려 볼 수 있지 않을까 생각한다. 엄밀히 말하자면 그것은 새로운 '지식인의 탄생'이라기보다는 '지식인의 죽음'이 가질 수 있는 긍정적 가능성이라 해야 할 것 같다. 지식인이 사라진 시대, 지식을 둘러싼 투쟁은 어떻게 가능한가. 나는 그 가능성을 '대중지성'에서 발견한다.

지식기반사회에서 지배권력과 자본은 한편으로 지식과 정보로부터 대중을 추방하지만 다른 한편으로 대중들을 지적으로 훈련시킨다. 지식의 생산과 유통은 대중들의 지식 생산과 소통 능력에 의존하는 면이 있다. 맑스는 자본주의에서 기계의 발전이 "일반적 사회지식이 얼마나 직접적 생산력이 되었고, 사회적 생활 과정 자체의 조건들이 얼마나 일반지성의 통제 아래 놓였으며, 이 지성에 따라 개조되는가를 가리킨다"고 말한 적이 있다.[35] 자본주의 대공업이 발전할수록 생산은 점차 사회적 협력 형식을 띠며, 점차 생산자의 집합적 지성에 의존하게 된다.

더욱이 정보처리기술(연산장치 및 집적회로 기술)과 정보소통기술(네트워크 기술)에서 일어난 혁명적 진보는 대중들에게 저항의 새로운 잠재력을 제공하고 있다. 하트와 네그리는 이와 관련해서 무리지성

---

35) 칼 맑스, 『정치경제학비판요강』 II권, 김호균 옮김, 그린비, 2007, 382쪽.

swarm intelligence이라는 표현을 사용했다.[36] 이들에 따르면 열대지방의 흰개미들은 놀라울 정도로 정교한 건축물을 만든다고 한다. 개별 흰개미만을 본다면 어떤 지적 능력도 갖지 않은 것처럼 보이는데, 이들이 무리를 이루면 놀라운 지능 체계가 만들어진다. 그렇다면 인간의 네트워크는 어떤가. 사실 인간의 뇌 자체가 하나의 연결link이다. 개미들이 그렇듯이 인간의 뇌는 그런 연결만으로 창조적 지성으로 돌변한다. 그런데 인간들은 다시 창조적 지성을 가지고 네트워크를 구성한다. 이 네트워크는 살아 있는 생물처럼 움직인다. 그러나 그것은 개체가 아니라 집단이고 대중이다. 온갖 방향에서 모여들고 온갖 방향으로 흩어지는 이 힘들의 정체를 밝히는 것은 무의미하다. 그 힘들은 모두 익명적이다. 중요한 것은 이 익명적 힘들이 서로 협력하면서 하나의 운동에 참여한다는 사실이다.

5. 지식인의 죽음

지배계급을 대변하든, 피지배계급을 대변하든, 나는 그런 지식인의 시대가 끝나가고 있다고 느낀다. 나는 한국 사회에서 지식인의 죽음을 예감하고 있다고 썼지만, 어쩌면 그 '지식인'은 이미 너무도 짧은 생애를 마치고 죽었는지도 모른다. 지식인들을 위한 자리가 사라지고 있다. 한편으로는 지배계급이 추동하는 새로운 변동에 의해서 그렇고, 다른 한편으로는 대중들이 추동하는 새로운 변동에 의해서 그렇다.

한국정부가 떠들어대고 있는 지식기반사회가 온다면 지식인이라

---

36) 마이클 하트·안토니오 네그리, 『다중』, 조정환 외 옮김, 세종서적, 2008.

는 범주는 사실상 무의미해질 것이다. 지식인은 혁신적 기업가를 가리키거나 지식 노동자들을 가리키는 것 이상이 아닐 것이다. 지식인은, 사르트르가 생각하는 것처럼, 더 이상 지배계급과 피지배계급 사이에 끼여, 끊임없이 자기를 부정해야 하는 운명의 소유자가 아니다.[37] 지식인은 더 이상 자기 계급의 헤게모니 지배를 위해 이데올로그로서 활동하는 자도 아니다. 지식인은 곧바로 통치세력이거나 저항세력이 될 것이다. 지식은 자본을 옹호하는 이데올로기이기 이전에 곧바로 자본일 것이고, 대중의 투쟁을 대변하는 이데올로기이기 이전에 곧바로 대중의 투쟁일 것이다. 지식인이라는 범주는 새로운 지배세력으로 떠오른 테크노크라트의 형상과 새로운 저항세력으로 떠오른 대중지성의 형상 사이에서 해체될 것이다.

작년 말, 나는 '한국 진보세력의 위기와 대안'에 대한 어떤 토론회에 참석한 적이 있다. 나를 제외하고는 모두들 정말이지 내로라하는 한국의 대표적 진보 지식인들이었다. 여러 주제들을 다룬 7시간 정도의 장시간 토론이었는데, 그날 토론 주제 가운데 하나가 '진보적 지식인'이었다. 하지만 그 주제는 마지막에 배치되어 있었기 때문에, 오랜 토론으로 지친 참석자들이 열정을 갖고 대하기가 힘들었다. '진보적 지식인'에 대한 토론이 참석자들 모두가 '진보적 지식인들'이었음에도 불구하고 제대로 이뤄지지 못한 것이다. 하지만 내게는 그날의 토론 내용 전체가 한국의 진보적 지식인에 대해 어떤 것을 말해 주는 것 같았다.

그날 토론에서 나를 무척이나 불편하게 했던 것이 있다. 그것은 상당수 참석자들이 공유하고 있던 시선perspective이었다. 사안을 어디서

---

37) 장 폴 사르트르, 『지식인을 위한 변명』, 조영훈 옮김, 한마당, 1991, 57쪽.

어떻게 보고 있는가. 내가 느끼기엔 많은 참석자들이 자기 시선을 청와대에 맞추고 있는 것 같았다. 노무현 정부에 대해 그들은 진보세력이 집권하고 있다고 믿고 있었다. 그 때문에 그들은 대통령을 비롯한 통치세력과 같은 무게의 책임감을 느끼고 있었다. 물론 대통령을 강하게 비난했다. 하지만 그것은 과거 정부에 대한 항거와는 다른 느낌이었다. 내게는 그것이 사회적 이슈에 대한 정책 대안의 차이였지 시선의 차이는 아닌 것으로 보였다. 그들은 대통령과 같은 자리에서 사회를 바라보고 있었다. 처방은 달랐지만 문제를 바라본 곳은 동일했다는 이야기다. 그들은 운동을 어떻게 생산할 것인가보다 사회적 갈등을 어떻게 해소할 것인가에 관심을 두고 있었다. 그들은 투쟁하는 대중들을 떨어져서 보고 있었다. 그들 자신이 투쟁하는 대중이 아니었다.

나는 한국의 진보적 지식인들이 나쁜 방향으로 진화했다고 생각한다. 한때 그들은 운동을 생산하는 '투쟁위원회' 성격을 갖고 있었다. 그러나 언제부턴가 그것은 '수습위원회'로 변질되었다. 노동자와 사용자가 갈등할 때, 그들은 종종 정부가 임명하는 '공익위원'으로서 갈등의 원만한 수습자가 되었다. 그리고는 이제 '수습위원회'를 넘어 '발전위원회'로 나아가고 있다. 이제 진보세력도 새로운 성장동력을 고민하고 새로운 발전전략에 대해 말하자고들 한다. 그러나 사회 전체를 바라본다는 착각을 심어 주는 저 높은 자리에서 그들이 내려오지 않는 한, 그리고 그들 스스로가 대중으로서 자기 진보를 새롭게 구성하지 못하는 한, 그들의 훈계를 들을 대중은 아무 곳에도 없다.

많은 진보적 지식인들이 "한국은 이제 억압적 권력에 대해 맞서던 시대에서 사회 발전의 대안을 놓고 경쟁하는 시대로 변화했다"고 말한다. 그러나 내 생각에 그런 말은 아마도 '영원히' 성급한 말로 남을 것이다. 지금 한국에서 사라진 것은 억압적 권력인가, 불온한 논문인가. 지금 한국의 진보세력에게 필요한 것은 선거 때 내놓을 국가발전전략인가, 새로운 권력의 작동을 꿰뚫어 보는 날카로운 시선인가.

다시 푸코의 말을 인용하자면 그들의 이론이 그들의 실천이어야 한다. 그러나 앞으로 실천인 이론, 실천인 지식은 더 이상 지식인이라는 주체를 상정하지 않을 것 같다. 한국의 진보적 지식인들에게 감히 한마디 하자면, 지식인이 사라진 시대에도 지식을 둘러싼 투쟁은 여전하며, 지식인의 죽음은 생각보다 희망적인 미래를 가져올지 모른다.

2_교도소에서 인문학을 한다는 것

1. 인문학에 대한 물음

작년 초 안양교도소에서 재소자들과 함께하는 인문학 프로그램(〈평화인문학〉)이 열렸다. 그 첫날 어느 재소자가 물었다. "왜 우리가 여기서 인문학을 공부해야 합니까?" 강의가 시작되기 전 프로그램의 진행을 설명하던 스태프에게 물은 것이지만, 첫 강사였던 나 역시 어떤 답변의 책무를 느꼈다. 사실 그 물음은 우리가 〈평화인문학〉을 만든 이유 자체였기 때문에 이미 모종의 모범답안이 나와 있었다. 법무부와 교도소를 접촉할 때, 또 여러 단체들에 참여와 후원을 부탁할 때 했던 말들이 다 그런 것이었다.

하지만 정작 공부를 함께 할 당사자가 그것을 물었을 때는 아무 생각도 떠오르지 않았다. 급히 둘러댄 내 대답은 이런 것이었다. "이 프로그램이 끝났을 때 이야기했으면 합니다. 그때 만약 그 물음이 사라졌다면 우리는 약간의 성공을 거둔 것이고, 여전히 남았다면 우리는 실패한 것인지 모르겠습니다."

왜 우리가 인문학을 공부해야 하는가. 나는 그 전에도 이 물음을 받은 적이 있다. 파업 중이던 이랜드 노동자들에게 '철학'이 무엇인지를 강의할 때였다. 언젠가 '장기 파업 농성장에서 인문학 강의가 열렸으면 좋겠다'는 말을 한 적이 있는데, 그 자리에 있던 사람이 내게 '농성장 인문학'을 주선했다. 그때 나는 삶의 위기가 찾아와 일상이 중단된 곳, 삶의 출구를 절실히 필요로 하는 곳, 그런 곳이야말로 공부하기 좋은 곳이라고 믿었다. 물론 마음 한 편에는 파업 중인 노동자들, 평소에 정신없이 사느라 그림 한 점, 음반 한 장, 책 한 권을 보고 듣지 못했던 이들이 파업 중에라도 그런 걸 접했으면 하는 바람도 있었다.

최근 몇 년 동안 나는 아주 다른 두 청중 앞에서 인문학 강연을 해왔다. 한쪽은 내게 인문학 강의를 해달라고 부탁한 사람들이고, 다른 한쪽은 내가 인문학 강의를 하게 해달라고 부탁한 사람들이다. 나의 극히 주관적인 분류에 따르면, 전자는 정신적 즐거움을 얻기 위해 지식 상품으로서 인문학을 구매하는 사람들이고, 후자는 내가 보기에는 인문학을 하는 것이 절실한데 본인들은 정작 '인문학 따위'에 물질적·정신적 에너지를 쓰는 걸 아까워하는 사람들이다. 전자의 상당수는 삶의 물질적 문제가 어느 정도 해결된 지금이야말로 '정신의 양식'으로서 인문학이 필요하다고 생각한다. 그런데 후자의 상당수는 그 물질적 문제가 해결되지 않았기 때문에 인문학을 할 필요가 없다고 생각한다. 그러고 보면 인문학은 배고픔이 해결된 한가한 사람들의 소일거리처럼 보인다.

잘 알려진 것처럼, 서양인들은 전통적으로 '여가'를 학문에 필수적인 것으로 받아들였다. 사색을 뜻하는 '스콜라' scholar나 학교를 뜻하는 '스쿨' school은 '여가'를 의미하는 그리스어 '스콜레' scholē에서 연원했다. 그리스인들은 먹고 사는 일에 파묻힌 사람들, 여유가 없는 사람들이 학문에 적합하지 않다고 본 것이다. 플라톤의 말처럼 학문을 하려면 '진지하게 놀 수 있어야' spoudaiôs paizein 한다.[1] 그래야 생계에 파묻힌 사람들이 놓치는 문제를 제대로 다룰 수가 있다.

하지만 생계로부터 자유롭기 때문에 놓치는 문제들도 꽤 많다. 학자들은 종종 자기 사유를 가능하게 하는 사회적 조건들, 자기 사유에 내재해 있는 무의식적 성향들을 까맣게 잊어버리곤 한다.[2] 학교라는 제도적 여가 속에 오래 머물면 삶의 절실함이나 긴박성이 사라져 버린다. 종종 학자들의 연구가 단순 호기심의 충족에 머무르는 것은 그 때문이다.

결국 삶과 떨어지지 않으면 삶을 볼 수 없다는 것도 사실이고, 삶과 떨어져서는 삶을 이해할 수 없다는 말도 사실이다. 삶과 떨어져야만 삶을 바꿀 수 있다는 말도 사실이고, 삶과 떨어져서는 삶을 바꿀 수 없다는 말도 사실이다. 인문학을 위해서는 여가가 필요하다는 말도 사실이고, 어떤 절실함이 있어야 한다는 말도 사실이다.

여가와 절실함, 여유와 긴급함. 이 상반된 말들이 어떻게 인문학의 필수 요소로 함께 간주될 수 있는 것일까. 인문학 자체가 불가능하다는 말을 하려는 것이 아니라면 말이다. '여가'를 다시 정의하고, '절실함'을 다시 정의하지 않는다면 이는 확실히 불가능할 것이다. 여가와 절실함, 여유와 긴급함은 어떻게 '공가능한' com-possible 형태로 변형될 수 있을까.

---

1) 피에르 부르디외, 『실천이성』, 김웅권 옮김, 동문선, 2005, 250쪽. 학교는 그런 의미에서 삶의 현장으로부터 일정한 '거리감'을 제도적으로 보장한 공간, 즉 '제도화된 여가'라고 부를 수 있을 것이다.
2) 같은 책, 252쪽.

인문학에 필요한 '여유'가 생계로부터의 분리를 지칭한다면 일반 민중들은 인문학을 할 수 없을 것이다. 그러나 정말로 필요한 것은 '삶으로부터 여유'가 아니라 '삶 자체의 여유'이다. 한 삶에서 다른 삶으로 변화될 수 있는 잠재성, 한 삶이 가진 변이의 폭이 바로 그것이다. 인문학을 백번 해도 삶이 바뀌지 않는 사람은 부유한지 여부에 상관없이 삶의 여유, 삶의 잠재성이 없는 사람이다.

삶의 '절실함'도 마찬가지다. 그것 역시 생계에 대한 몰입으로 이해되어서는 안 된다. 생계에 몰입한다고 해서 사회적 조건에 대해 더 잘 아는 것은 아니다. 삶의 절실함이나 긴급함은 무엇보다 현재의 삶에서 벗어나고 싶은 욕망의 강렬함으로 이해되어야 한다. 그것들은 다른 삶에 대한 '무관심'이나 '시간없음'이 아니라 다른 삶을 향한 강렬한 욕망으로 간주되어야 한다.

왜 우리가 여기서 인문학을 해야 하는가. 그것은 여유와 절실함, 모두의 문제이다. 만약 당신이 다르게 살 수 있는 잠재력을 갖고 있거나 갖고 싶다면, 만약 당신이 지금과 다르게 살기를 간절히 바란다면, 당신은 인문학을 할 수 있고, 해야 한다.

그런데 여기서 이야기하고 싶은 것은 〈평화인문학〉 첫날 던져진 질문의 다른 측면에 대해서다. 질문을 했던 재소자는 '우리'가 '여기서' 인문학을 공부해야 하는 이유를 물었다. 그 물음이 인문학을 민중들이 공부해야 하는 일반적 이유에 대한 것이 아니라, '우리=재소자들'이 '여기=교도소'에서 공부해야 하는 이유에 대한 것이었다면, 그것은 〈평화인문학〉이 왜 만들어져야 하고 어떻게 가능한지를 묻는 것과 같다.

'재소자인 우리는 학인이 될 수 있는가.' '교도소는 학교가 될 수 있는가.' 〈평화인문학〉은 이 질문에 모두 '그렇다'고 답할 때 가능하다. 그러나 '재소자=학인', '교도소=학교'라는 말이 가능하려면, 우리의 '공부', 우리가 공부하는 장소로서 '학교'가 무엇을 의미하는지를 해명해야 한다. 나는 지난 〈평화인문학〉의 경험을 빌려 이 물음에 나름의 답을 하려고 한다.

2. 삶의 기술과 범죄의 기술

나는 〈평화인문학〉 1기에서 철학 과목을 맡았고 두 번의 강연을 했다. 첫 주제는 '철학하며 산다는 것에 대하여'였고, 두번째 주제는 '좋은 삶에 대하여'였다. 철학이 무엇인지에 대해서는 철학자 수만큼이나 많은 답변이 있겠지만, 나는 철학을 삶의 '기술' ars로 이해하는 헬레니즘 시대 철학자들을 좋아한다. 사람들은 저마다 살아가는 여러 기술들을 갖고 있다. 누구는 냉장고를 잘 고치고, 누구는 야채를 잘 길러 내고, 누구는 수영을 잘하고, 누구는 조각을 잘한다. 무언가를 만들고, 기르고, 가꾸는 모든 것이 기술이다. 그런데 철학은 삶 자체를 만들고 가꾸는 기술이다.

"여러분의 삶을 잘 가꾸고 있습니까?" 내 물음은 그렇게 시작됐다. "살아 있는 모든 것이 하는 짓은 한마디로 살려고 하는 짓입니다." 정말, 그렇다. 앞에서 떠들던 나도, 내 앞에 앉아 있던 재소자들도, 세상의 그 누구도 예외가 아니다. 그런데 니체는 "인간은 행복조차 배워야 하는 짐승"이라고 하지 않았던가. 최선을 다해 살려고 하는 짓이, 죽지 못해 안달하는 것처럼 보이는 것은 왜인가. 철학은 여기서 자기 존재이유를 발견한다. 우리는 최선을 다해 살고 있지만, 또한 잘 사는 법을 따로 배워야 할 정도로 사는 일에 서툴다.

첫 강의를 듣고 재소자 한 명이 편지를 보내왔다. "그때 '살려고 한 짓'이라는 말이 깊이를 알 수 없는 울림으로 다가왔습니다. 그 말이 왜 가슴에 와 닿았을까요?" 아마도 그는 모두가 비난하고 자신도 그토록 잊고 싶던 과거의 어떤 행동이 거기서 긍정되고 있음을 느꼈을 것이다. '삶을 망친 짓'이 사실은 '살려고 한 짓'이었음을 전제한다면, 범죄나 어리석음은 철학의 방해물이기는커녕 철학의 출발점인 셈이다. 우리가 사유하는 것은 '어리석음에 대해서'이고, '어리석음을 통해서'이며, '어리석음을 넘어서'이다.

철학은 어떤 삶의 기술을 갖고 있는가. 바로 '생각하기'이다. 철학자들은 '생각하는 삶', '지혜로운 삶'을 좋은 삶이라고 본다. 문제가 되는 것은 '생각없음' 내지 '생각할 수 없음'이다. 가령 아렌트는 유대인 학살 혐의로 재판정에 선 아이히만을 보고 이렇게 말했다. "악은 나쁜 생각에서가 아니라 생각없음에서 나온다." 여기서 '생각없음'은 정신적 해이를 뜻하지 않는다. 독일의 정보부서 고위 관료였던 아이히만은 아주 신경을 써서 유대인 학살이라는 임무를 수행했다. 다만 그는 자신이 하는 일이 무엇인지를 깨닫지 못했을 뿐이다.

습관적으로 살아갈 때, 편견이나 통념에 빠져 있을 때, 어떤 강제적 명령 아래 있을 때, 우리는 어떤 입력된 프로그램을 수행하는 기계와 다를 바 없다. '남들도 그렇게 사니까', '지금까지 그렇게 살아왔으니까', '그런 명령을 받았으니까'. 우리는 이 경우 아무리 정성을 다해 산다고 해도 '생각없이' 사는 것이다.

그래서 '생각한다'는 것은 '다르게 생각한다'는 것을 의미한다. '생각할 수 없음'이란 '다르게 생각할 수 없음'이다. 또한 '생각한다'

는 것은 어떤 생각을 '갖고 있다'는 뜻이 아니다. 내가 가진 생각, 내가 빠져 있는 생각은 사회적 통념이나 편견, 관성과 다르지 않을 수 있다. '생각'은 '갖는' 게 아니라 '낳는' 것이다. 다르게 생각하고 다르게 행동할 수 있을 때, 우리는 '생각하며 산다'고 할 수 있다.

재소자들은 '악'을 '생각없음'과 연결시킨 대목에 크게 반응했다. 많은 이들이 소감문이나 편지를 통해 그것에 대해 말했다. 대부분은 자신에게 생각이 없었노라고 고백했다. "왜 그때 달리 생각하지 못했는지······." 상당수는 자신이 사회적 규범을 어긴 것을 후회하는 눈치였다. 하지만 내가 말하려고 했던 것은 규범의 위반 문제가 아니었다. 나는 범죄자를 다그치는 검사처럼 왜 올바른 길을 택하지 못했느냐고, 왜 오답을 택했느냐고 말하려 했던 게 아니었다.

생각한다는 것은 몇 가지 선택지 중에 정답을 찾는 일이 아니다. 생각하는 힘은 삶의 길을 선택하는 데 있는 게 아니라, 삶의 길을 창출하는 데 있다. 대개의 경우 재소자들은 처음부터 좋은 선택지를 갖고 있지 않았다. 어떤 재소자는 내게 이런 말을 했다. "나는 어쩔 수 없는 상황에 있었습니다." 왜 그때 그렇게 행동했느냐고 말하는 것은 너무 쉽게 말하는 것이다. "아버지는 변변한 치료 한 번 받지 못한 채 누워 있었고, 아이들은 수업료를 내지 못해 학교에서 쫓겨 왔는데, 사장은 밀린 임금을 몇 달째 주지 않았습니다." 사무실에 불을 지른 그의 행동이 오답이었다고 말하는 것은 너무, 너무나 쉽다.

다르게 생각할 수 없었다는 것, 다르게 행동할 수 없었다는 것은 법적·도덕적 규범을 어겼다는 것과는 다른 문제다. 내가 제기하고 싶었던 것은 '위반'이 아니라 '빈곤'의 문제다. 왜 우리 삶은 이토록 빈곤한가. 왜 우리 삶은 이토록 협소한 선택지만을 갖고 있는가. 어느 화폐

심리학자에 따르면 사람들은 자신이 끙끙대는 문제의 90% 이상이 돈만 있으면 해결된다고 믿는다.[3] 해결책은 '그것' 뿐인데 '그것'을 얻을 방법이 없는 사람들. 그들 중 일부가 범죄의 기술을 익히는 것은 이상한 일이 아니다. 하지만 삶의 기술, 삶의 해결책, 삶의 출구는 왜 그렇게 빈약한가. 어떤 재소자는 강연 중에 내 사는 이야기를 듣고서 '갈증'을 느꼈다고 했다.

"처음에는 '한 달에 수백만 원 버는 지체 높으신 양반이 놀이 삼아 와서 그냥 이야기나 하려 하나보다'라고 생각했습니다. 그러나 선생님의 월수입이 100만원 남짓이라는 것을 들었을 때, 이 사람 심한 갈증을 느꼈습니다. 고추장님의 얼굴에서는 제 얼굴에서 볼 수 없는 어떤 여유로움이랄까요, 그런 여유를 볼 수 있었거든요." 내가 첫 시간에 말하려 했던 게 바로 그것이었다. 우리 삶은 참 메말라 있다. 정말 갈증난다!

3. 어리석음과 처벌

두번째 철학 시간에, '선한' 삶과 '좋은' 삶이 다르다고 말했더니 많은 재소자들이 고개를 갸웃했다. '선과 악', '좋음과 나쁨'에 대한 니체의 구분을 염두에 둔 말이었다. 사실 어느 시대 어느 사회든 도덕적인 삶, 정의로운 삶, 올바른 삶에 대한 규정이 있다. 그것이 그 시대 그 사회의 가치 판단이다. 그런 가치 판단을 내면화하면 우리는 선한 삶을 살 수 있다. 다소 이상하게 들릴지 모르겠으나, '생각 없이도' 선한 삶을 사는 것은 가능하다. 하지만 그렇게 해서는 철학적으로 '좋은 삶'을 살

---

3) 애드리안 펀햄, 『화폐 심리학』, 김정희 외 옮김, 학지사, 2003, 81쪽.

수 없다. '철학하며 산다는 것'이 '생각하며 사는 것'인 한에서 말이다.

언뜻 생각하기에 재소자들은 사회의 가치체계를 파괴하거나 혼란에 빠뜨린 사람들이다. 하지만 나는 어떤 면에서 그들이 답답할 정도로 사회적 가치체계에 종속되어 있다고 느꼈다. 돈에 대한 통념, 여성에 대한 편견, 동성애자나 장애인·홈리스 등 사회적 소수자에 대한 차별적 의식, 어느 것 하나 우리 사회 주류적 가치 판단이 아닌 게 없었다. 모두가 중시하는 것을 그들도 중시했고, 모두가 숭상하는 것을 그들도 숭상했다. 소수의 예외를 제외하면 그들의 '범죄'는 대부분 사회적 가치척도에 대한 거부라기보다, '부정적' 형태의 복종, '부정적' 방식의 도달에 가까웠다.

법률적으로 죄를 범한 것과 철학적으로 죄를 짓는 것은 의미가 많이 다르다. 법률적으로는 규범을 위반한 사람만이 '죄'를 짓지만 철학적으로는 규범을 따르는 사람도 '죄'를 지을 수 있다. 삶에서 범하는 '어리석음' 내지 '생각없음'을 철학적 '죄'라고 간주한다면 말이다. 그리고 이 '죄'는 철학자 자신도 짓고 있는 것이다. 그의 '진리'가 그의 '어리석음'인 한에서.

두번째 시간에 나는 이 문제를 더 파고들기 위해 '죄'와 '벌'이라는 주제를 다루었다. 나는 최초의 인간 '아담'에 대한 스피노자의 해석을 빌려서, 아담의 '죄'와 '벌'은 그의 유치함 내지 어리석음이 지어낸 것이라고 말했다. 아담은 '선악과'를 따먹지 말라는 신의 말을 어겼다고 생각했다. 그러나 신이 아담에게 그 과일을 따먹지 않게 결정했다면, 신의 절대성이 훼손되지 않는 한 그것을 어기는 것은 불가능하다. 또 아담은 자신이 죄를 지었기 때문에 숨어야 한다고 믿었다. 아니 숨을 수 있다고 생각했다. 신은 정말 아담을 찾으러 다닌다. '아담아, 어디에 있느냐.' 그러나 신은 실제 아담이 있는 곳을 모를 리 없기에 찾으러 다닐 필요가 없다. 이 모든 것이 아담의 유치한 상상이다.

스피노자는 아담이 신의 뜻을 어긴 게 아니라고 했다. 아담은 제 몸에 해로운 과일을 먹어 탈이 났다. 신은 그것을 경고했으니, 아담은 신의 말을 어긴 게 아니라 증명한 것이다. 그런데도 아담은 엄마 말을 어기고 풋과일을 먹은 어린아이처럼 숨었고, 제 몸에 난 탈을 심판과 형벌이라고 생각했다. 이런 유치함, 이런 어리석음이 그의 죄이고 그가 갇힌 감옥이다. 아담은 '어리석음'을 '죄'와 동일시했고 자기 삶의 파괴를 '형벌'과 동일시했다. 그러나 '어리석음'은 행위 자체의 성격이지 심판을 통해 행위에 내려진 규정이 아니다. 어리석은 행위를 하는 그 순간, 우리는 그 누가 보지 않고 심판하지 않아도, 또 그 누가 형벌을 내리지 않아도, 삶의 파괴를 경험하게 된다.

재소자들에게 나는 「잠언」의 한 구절을 제시했다. "지혜로운 자에게는 그 지혜가 생명의 샘이며, 어리석은 자에게는 그 어리석음이 징계가 되느니라"(「잠언」, 16장 22절). 우리가 지혜로운 행동을 했다고 별도의 보상을 받지 않으며, 어리석은 행동을 했다고 별도의 처벌을 받지 않는다. 보상과 처벌이 있다면, 지혜로운 행동 그 자체가 보상이고, 어리석은 행동 그 자체가 처벌이다. 좋은 삶을 살면 천국에 가고, 나쁜 삶을 살면 지옥에 가는 것도 아니다. 좋은 삶은 그 자체로 천국이고, 나쁜 삶은 그 자체로 지옥이다. 문제는 우리가 어떻게 좋은 삶을 꾸려나갈 것인가에 있다.

어리석음은 '좋음'과 '나쁨'을 구별할 수 없음에 있다. 마치 제 몸에 좋은 것을 알지 못하기에 의사의 명령을 따라야 하는 환자와 같다. 들뢰즈는 어리석음을 "중요한 것과 그렇지 않은 것, 평범한 것과 특이한 것의 항구적인 혼동"이라고 불렀다.[4] 어리석은 자는 자신에게 무엇이 중요하고 무엇이 그렇지 않은지를 모른다. 하지만 이 말은 그가 좋은 삶에 대한 보편적 기준을 어겼다는 말이 아니다. 좋은 삶에는 보편적 기준이 없기에 사람들은 저마다의 삶을 만들고 가꾸어 나갈 수 있다. 조각가가 농부의 삶의 가치를 따를 필요는 없다. 어리석은 자의 '혼동'은 무엇을 의미하는가. 어리석은 자는 삶에 중요한 것과 그렇지 않은 것을 구별하는 일에 무관심하거나 무능력한 사람이다.

4. 교정한다는 것과 공부한다는 것

교도소에서 철학자는 도대체 무엇을 할 수 있을까. 교도소는 '교정'矯正의 공간이다. 교정이란 말 그대로 '뒤틀린 것을 바로잡는 것'이다. 거기에는 뒤틀림을 판단해 줄, 그리고 뒤틀림을 바로잡는 데 사용될 이상적 형상이 전제되어 있다. 그래서 사법적 질문에는 항상 정답이 있다. '신호등에 빨간불이 들어왔을 때는 어떻게 해야 하는가?' 멈춰야 한다. 그렇지 않으면 도로교통법 위반이다. 법률적 관점에서 범죄는 일종의 오답 행위라고 할 수 있다. 사법 체계의 종사자들은 재소자들에게 정답을 말해 주며, 다음에는 틀리지 않도록 훈육을 시킨다.[5]

그러나 철학자들은 이러한 교정에 종사할 수 없다. 철학자는 판검사가 하는 일, 교도관이 하는 일을 대신할 수 없고, 어떤 도움을 줄 수

---

4) 질 들뢰즈, 『차이와 반복』, 김상환 옮김, 민음사, 2004, 412쪽.
5) '교정'은 범죄자의 격리와 범죄에 대한 응징을 의미하는 '구금'(拘禁)에 '교육'의 의미를 가미한 것이다. 오창익, 「왜 갇힌 자들인가, 왜 재소자 인문학 교육인가」, 인권연대간담회, "교정 인문학 교육, 어떻게 할 것인가", 2007. 6. 21.

도 없다. 철학자는 범죄와 관련해서 어떤 정답을 줄 수가 없다. 철학이 구원하는 것은 사법적 의미의 범죄가 아니기 때문이다. 철학자가 교도소에서 뭔가를 할 수 있다면 오직 어리석음과 관련해서이다.

그런데 이 어리석음은 오답이 아니다. 물론 철학의 '진리'가 있다면 그것 역시 '정답'과는 다른 것이다. 헤겔은 『정신현상학』에서 이런 말을 했다. "카이사르는 언제 태어났는가. 한 스타트의 거리는 몇 피트에 해당하는가. 이런 물음들은 명쾌한 답을 갖고 있지만 철학적 진리는 이런 진리들과는 다르다." 철학은 정답을 아는 사회자가 물음을 던지는 '퀴즈쇼'도 아니고, 올바르고 정의로운 학설들의 모음도 아니다.[6] 그렇다면 도대체 답도 없는 철학자의 물음, 올바름이 보장되지 않는 철학자의 말이라는 게 재소자들에게 어떤 의미를 가질까.

철학의 목표는 '교정'이 아니라 '공부' 즉 '깨우침'에 있다. '깨우침'은 기본적으로 '깨뜨림'에서 시작한다. 철학자의 답이 없는 물음은 통념과 편견 아래서 무사안일한 상태의 내 정신을 깨뜨리는 망치와 같은 것이다.[7]

우리가 '생각을 하는 것', 더 정확히 말하자면 우리에게 '생각이 일어나는 것'은 바로 그때이다. 사유하지 않을 때 우리 정신은 자동기계처럼 움직인다. '여성? 집안일이나 잘 하시지!' '동성애자? 이 변태들!' 그렇게 생각하는 것은 생각하는 게 아니다. 우리 시대의 인종주의나 성차별의식이 우리 안에서 기계적으로 작동하는 것이다. 외부에서 낯선 것이 안으로 뚫고 들어올 때 우리는 비로소 생각을 하게 된다. 그

---

6) 질 들뢰즈, 앞의 책, 332~333쪽. 앞서 헤겔의 『정신현상학』 인용문도 이 책 332쪽 '각주 21'에서 재인용한 것이다.
7) 니체의 책 『우상의 황혼』의 부제가 '망치들고 철학하기'이다.

리고 과거의 생각, 과거의 삶에서 낯설어질 때, 그때 우리는 뭔가를 깨닫는다. 그것이 공부다.

이런 일은 종종 시끄러운 혼란을 일으킨다. 〈평화인문학〉 3기 강의에서 니체를 강의했던 이수영은 재소자들에게 큰 혼란을 일으켰다. "첫날 강의를 하면서 당황하기 시작했고 어떻게 강의를 끝냈는지조차 알 수 없을 정도로 시종일관 헤맸다. 강의안 문제가 단초였다. 니체 텍스트에서 중요한 내용을 뽑아 가서 읽어 가고자 했는데, 이것이 오산이었다. 수용자들은 니체의 문체 자체에 저항을 했고, 읽어 가는 방법에도 거부감을 보였다."

셋째 날 강의에서 문제는 더 커졌다. 이수영은 내게 전해 준 메모에 이렇게 썼다. "정확한 까닭은 모르겠으나 아마 신을 건드린 것이 문제가 아니었나 싶다. 신의 죽음과 인간의 자기극복, 그리고 이를 위한 자기사랑을 이야기하는 부분에서 수용자들의 신앙과 충돌한 것이다. 나중에 들은 바로는 교육받는 사람의 70%가 기독교를 믿고 있었다고 했다. 〈평화인문학〉 강의를 하기 전에도 수용자들이 신앙에 의지해 하루하루를 견뎌 간다는 사실을 알고 있었으나 이렇게까지 심한 반응을 보일 줄 몰랐다."

반면 〈평화인문학〉 3기에 함께 진행된 권용선의 강좌는 정반대 모습을 보여 주었다. 수강생들은 이미 웹프로그래밍 과정을 배우고 있는 사람들이어서 '사진-이미지' 강좌를 익숙하게 받아들였다. 권용선에 따르면 "질 훈련된 교육생들은 때로는 지루해하고 때로는 흥미로워하면서 강의 분위기를 주도했다." 그는 이번 강좌가 "재소자들에게 특별히 새로울 것이 없는, 그리고 강렬한 정서적 임팩트도 만들어 내지 못한, 개인적으로 아주 불만족스러운 강의"라고 했다.

내가 3기 졸업식에서 몇몇 재소자들과 진행 스태프들에게 들었던 내용도 크게 다르지 않았다. 그들에 따르면 이수영의 강의는 수강생들 사이에서 분란이 되었고, 매 강의 때마다 사동에서는 재소자들 간의 심각한(?) 논쟁이 일었다고 한다. 실제로 이수영은 강의에 감사하는 편지와 강의를 맹렬하게 비난하는 편지를 함께 받았다. 그에 비해서 권용선의 사진 강좌는 재소자들이나 스태프들 모두 전반적으로 무난했다고 평했다.

어느 강연이 더 좋았다고 쉽게 말할 수는 없을 것이다. 다만 내 생각에 철학자가 교도소에서 어떤 지위를 갖는다면, 그것은 '교정자'로서가 아니라 '공부하게 하는 자'로서이다. 철학자는 '가르치는 자'라기보다 '배우게 하는 자'에 가깝다. 철학자는 남의 인생을 대신 공부해서 알려 줄 수 있는 사람이 아니다. 그는 단지 삶이 '끊임없는 공부'라는 사실을 일깨울 뿐이며, 누군가에 '생각하도록', '깨닫도록', '공부하도록', 때로는 유혹하고 때로는 매섭게 공격하는 사람일 뿐이다(어쩌면 우리는 우리를 생각하게 하는 모든 것, 우리를 공부하게 하는 모든 것을 '철학자'라고 불러야 할지도 모르겠다).

니체는 디오게네스의 말을 따라서 "누구 하나 아프게 하지 않고 어떻게 위대한 철학을 할 수 있는가"라고 물었는데, 나 같으면 문장의 앞뒤를 바꾸어 썼을 것 같다. 즉 "위대한 철학은 우리를 아프게 한다."

5. 교도소는 대학이 될 수 있을까

교정이 어떤 기준에 맞춰 비틀린 것을 바로잡는 일이라면, 철학은 그런 기준 자체에 대한 비판적 안목을 갖게 하는 일이다. 교도소는 당연히 교정의 공간이다. 그런데 강력한 규범적 공간인 교도소, 정답과 오답이 뚜렷이 구분되는 교도소가, 정답이 없는 철학적 질문과 올바름이 전제되지 않은 철학적 주장들을 받아들일 수 있을까.

우리가 인식하고 있든 그렇지 않든 간에 '교도소에서 철학을 한다는 것'은 이념상의 어떤 긴장을 형성하고 있음에 틀림없다. 어찌 보면 교도소가 교도소인 한에서 대학이 될 수 없는 것은 당연하다. 그런데 〈평화인문학〉은 이 불가능성을 가능성으로 사고하려 한다. 과연 교도소는 대학이 될 수 없는가. 언뜻 불가능해 보이는 이 과제를 해결가능한 형태로 바꾸기 위해서는 먼저 교도소와 대학 개념을 '공가능한' compossible 형태로 변형시켜야 한다.

먼저 교도소와 관련해서 '교정'과 '교도'의 개념을 조금 더 넓고 유연하게 이해할 필요가 있다. 교도소가 철학적·인문학적 배움의 공간이 되기 위해서는 교정이 '규범을 내면화한 자동인형'이 아니라, 지금까지와는 다른 삶을 살 수 있는 잠재력을 키우는 데 역점을 두어야 한다. 그럴 때 인문학은 다른 사유, 다른 삶의 가능성을 여는 데 개입할 수 있다.

이는 단지 이념적 차원이 아니라 현실적 차원의 문제이기도 하다. 교정의 현실적 목표는 '재범죄율'을 낮추는 것이다. 이에 대한 해결책이 확고한 법질서 의식과 선한 도덕 감정의 주입이라고 믿는다면 교도소는 결코 대학이 될 수 없다. 그러나 범죄의 기술이 삶의 기술의 부족에서 오는 것임을 인정한다면, 즉 삶을 풍요롭게 가꿀 수 있는 기술의 부족이 범죄의 기술을 낳았다고 생각한다면, 인문학은 교정의 현실적 목표에 상당히 부합할 수 있다.

교도소와 마찬가지로 대학의 개념도 변해야 한다. 특정한 캠퍼스

안에서 일정액의 돈을 납부하고 일정한 지적 자격을 갖춘 사람들끼리, 게다가 현실에서 격리된 채로 학문 활동이 이루어진다면, 우리는 더 이상 대학을 '배움'의 장소라 부를 수 없을 것이다. 앞서 말한 것처럼, 배움에 필요한 '여유'는 삶으로부터의 격리가 아니라 삶 자체의 잠재성, 다른 삶을 낳는 데 필요한 잠재성이고, 배움에 필요한 '절실함'은 삶 자체의 강렬함, 다른 삶을 향한 욕망의 강렬함이다. 배움은 삶의 잠재성과 욕망이 있는 곳이면 어디든 가능하다.

우리는 대학을 다양한 지적·경제적·사회적 조건들로 이루어진 공간이 아니라, 아무런 조건 없이 배움이 일어날 수 있는 공간으로 정의할 필요가 있다.[8] 본래 중세의 대학인 '우니베르시타스' universitas는 교사와 학생으로 이루어진 하나의 동업조합이었으며, 캠퍼스라 부를 만한 특정한 장소 없이, 교회나 길거리에서 진리 탐구에 매진한 '배움의 공동체'였다.[9] 우리가 대학이라는 이름을 '특정한 장소', '특정한 조건들'로 한정하지 않고, 배움이 일어나는 모든 현장을 그 이름으로 부른다면, 교도소는 얼마든지 대학이 될 수 있다.

〈평화인문학〉 첫날, 우리에게 던져진 질문, "왜 우리가 여기서 인문학을 공부해야 하느냐"는 것은, 우리가 '교정'과 '교도소'를 어떻게 이해하느냐, '배움'과 '대학'을 어떻게 이해하느냐에 달려 있다. 나는 '배움'은 어디서나 가능하고, '대학'은 어디에나 있다고 믿는다.

---

8) J. Derrida, *L'Université sans condition*, Galilée, 2001.
9) 자크 르 고프, 『중세의 지식인들』, 최애리 옮김, 동문선, 1999.

3_ '앎'은 '삶'을 구원할 수 있는가
인문학자와 '현장'

1. '현장'으로의 초대

2008년 11월 말 일본 교토에서 '연구공간 수유+너머'의 실험을 놓고 '연구자 코뮨'에 대해 이야기할 기회가 있었다. 거기에 논평자로 참여했던 사카이 다카시酒井隆史는 내게 아주 인상적인 코멘트를 했다. "가난은 경제적 결핍과 관계적 결핍이 교차하는 곳에서 발생하는데, 오늘날 일본에서는 관계를 풍부하게 하는 것, 즉 수유너머와 같은 코뮨의 중요성이 제대로 이해되고 있지 않다. 그런데 수유너머는 관계를 풍부하게 함에 있어 앎[지식]에 대한 절대적 신뢰를 갖고 있는 것 같다. 이는 신자유주의 이후 대학과 지식이 시장경제 속으로 통합되면서 앎에 대한 강한 불신이 일어나고 있는 일본의 상황과 대비된다."[1]

여기서 '수유너머'니, '일본'이니 하는 말들은 접어 두자. 나는 그의 코멘트가 소위 '현장인문학'[2]을 하는 우리가 다루었으면 하는 매우

---

1) 인용한 부분은 내 기억에 의존한 것으로 정확하지 않다. 사카이는 일본에서도 타니카와 간(谷川雁)처럼, 현장의 문제를 사고했고 앎에 대한 굳은 신뢰를 가졌던, 대학 바깥의 사상가들의 전통에 대해서도 말해 주었다.

중요한 주제를 제시했다고 생각한다. '현장인문학'은 '앎에 대한 신뢰', 조금 더 좁혀 말하면 '인문학에 대한 신뢰'를 전제하고 있기 때문이다. 우리는 인문학이 우리를 넓은 의미의 '가난'으로부터 구원해 줄 것이라고 믿고 있다. 또한 우리는 가난한 자들에게 가장 필요한 게 인문학이라고 힘주어 말하고 있다.

그런데 나는 이것을 우리들에게, 특히 인문학자들에게 되물어 보고 싶다. 우리의 앎은 신뢰할 수 있는가? 우리는 인문학에 희망을 걸어도 좋은가? 내 생각에 인문학자들은 '현장인문학'에 참여할 때조차, '현장인문학'의 전제인 '삶의 구원에 대해 앎에 거는 믿음'의 의미를 스스로에게 잘 묻지 않는 것 같다.

대체로 지금 한국 사회에서 인문학에 대한 신뢰와 희망을 이야기 하는 사람들은 인문학자들이 아니다. 한국의 인문학자들, 특히 대학의 인문학자들은 오히려 '인문학이 위기다'라는 말을 더 자주 한다.[3] 신자유주의 이후 '아카데믹 캐피탈리즘' academic capitalism [4]이 본격화되면서, 상품성이 떨어지는 인문학에 대한 제도적 지원이 끊기고, 인문학을 공부하는 학생 수도 감소하고 있다고 한다. 그런데 대학의 인문학자들이

---

2) '현장인문학'이란 현재 진행 중인 다양한 인문학 프로그램들, 즉 재소자와 함께하는 〈평화인문학〉, 노숙인과 함께하는 〈성프란시스대학〉, 성매매여성과 함께하는 〈인문학 아카데미〉, 장애인과 함께하는 〈노들인문학강좌〉를 아우르기 위해서 일단 편의상 제안하는 이름이다. 여기서 말하는 '현장'의 자세한 의미는 이 글을 통해서 설명해 보도록 하겠다.
3) 대표적인 예가 2006년 9월에 발표된 고려대 문과대학 교수들의 선언과 전국의 인문대 학장들의 선언이다. 이들은 무차별한 시장 논리와 효율성에 대한 맹신으로 인문학이 존립 위기에 빠졌다고 지적하고, 문화와 문명, 산업경쟁력의 근간으로서 인문학에 대한 지원을 호소했다.
4) 이 표현은 대통령에게도 보고되었던 「제2차 국가인적자원개발 기본계획안」(2005년 12월)에 나오는 것으로, 고등교육의 강화, 특히 대학에서 인적자원개발의 강화를 위해 참조할 필요가 있다고 지적한 개념이다(http://nhrd.net/nhrd-app/jsp/nhr0202.jsp).

국가와 자본의 바짓가랑이를 잡으며 '인문학이 위기'라고 말할 때, '현장인문학'을 제안한 사람들은 '인문학이 희망'이라고 말하고 있다. 이들은 주로 가난한 이들과 오랫동안 연대해 온 활동가들이다. 제도권 인문학자들이 '인문학에 돈을'이라고 말하는 순간에, 이들은 '돈보다 인문학을'이라고 외치고 있다.

인문학과 가난한 자들의 결합을 한가하고 배부른 소리라고 생각하는 사람들에게, 활동가들은 '정말 한가한 것은 사회로부터 고립되어 무력해지고 마침내 존재감마저 사라져 가는 이들에게 빵만을 던지는 것'이라고 말한다. "지금 우리에게 필요한 것은 '빵'이 아니라 '장미'"[5]이며, '장미'는 '절박함'에서 나온 요구라는 것이다.

최근 한국에 번역되어 '현장인문학'에 큰 영감을 준 얼 쇼리스의 『희망의 인문학』은 현장 활동가들의 이런 생각을 잘 표현하고 있다.[6] 이 책에서 쇼리스는 가난한 자들이 '포위망에 걸려든 사냥감'처럼 극도의 무력감에 빠져 있으며 철저하게 고립되어 있다고 말한다. 앞서 사카이 다카시의 표현을 빌리자면 극도의 '관계적 결핍'에 시달리고 있는 셈이다. 쇼리스는 가난한 이들이 사적 고립에서 벗어나, 그리스인들이 '정치적 삶'이라고 부른, '공적인 영역에서의 행동하는 삶'을 살 수 있을 때 가난이 극복될 수 있다고 말한다. 그런데 "정치적 삶이 가난에서 벗어날 수 있게 해주는 길이라면, 인문학은 성찰적 사고와 정치적 삶에 입문하는 입구이다."[7]

---

5) 김찬호, 「'빵' 만큼 '장미'가 필요한 노숙인」, 『한겨레』(2006년 3월 10일자) ; 최정은, 「인문학, 이제 시작입니다」, 『W-ing과 인문학의 동행─인문학 아카데미』, 여성성공센터 W-ing, 2007. 4쪽.
6) 얼 쇼리스, 『희망의 인문학 : 클레멘트 코스 기적을 만들다』, 고병헌·이병곤·임정아 옮김, 이매진, 2006.

실제로 인문학의 필요에 대한 현장 활동가들의 판단이 틀리지 않았음을 보여 주는 사례들은 많다. 그 성취를 계량화하는 것은 어렵지만, '현장인문학' 프로그램에 참여한 노숙인들, 재소자들, 여성들의 증언은 인문학이 가난한 이들에게 무엇을 의미하는지를 잘 보여 준다. 가령 노숙인 인문학 프로그램인 〈성프란시스대학〉의 1기 수료생 중 한 명은 이렇게 적고 있다. "과거도 없었고, 현재도, 미래도 없는 망각의 세월 속에 묻혀 살던" "나는 글을 쓰고 있는 동안 누가 어떤 혹평을 할지라도, 글 안에서 무슨 일이든지 할 수 있고, 어느 누구보다 행복하다!"[8] 〈평화인문학〉에 참여한 어느 재소자는 "지금까지는 석방되면 어떻게 먹고살까만을 열심히 고민했는데, 이제는 어떻게 살 것인가가 고민이 되었다"고 말한다.[9] 인문학 프로그램을 통해 자신이 '살아있음'을 느끼게 되었다고 말하기도 한다.[10] 내 강의에 참여했던 어떤 재소자는 출소 후에 실제로 나를 찾아왔고 인문학을 계속 공부하고 싶다는 의사를 피력했다. 뿐만 아니라 몇 명은 내게 편지를 보내 교도소에서도 '공부'를 할 수 있는 길을 찾고 싶다고 했다.

이들의 '앎'에 대한 신뢰, 그리고 앎을 통해 삶을 구하겠다는 의지는 우리들, 특히 인문학자들에게 매우 중요한 물음을 던지고 있다고 생

---

7) 얼 쇼리스, 앞의 책, 173쪽.
8) 박진철, 「인문학과 삶의 의미」, 『인문학과 나의 삶―성프란시스대학 제1기 학생 글모음』, 성공회 노숙인다시서기지원센터, 2006. 5.
9) 오창익, 「위기에 빠진 인문학 교도소에서 꽃피다」, 『시사IN』, 48호, 2008. 8.
10) "○○님의 강의는 제가 예전에 문득 생각했던 것을 살아나게, 아니 내가 살아 있다는 느낌을 다시 새롭게 알게 해준 강의라고 할까요? …… ○○님의 예술에 대한 강의는 사십대 중반이 지난 지금 도전을 주셨습니다. '누군가'가 아니라 '누구나' 할 수 있는 예술의 영역을 개척하고, 천부적인 재능을 부여받은 천재가 아니라 자신의 능력을 천 가지 방식으로 사용할 줄 아는 천재 예술가가 되는 것."(평화인문학 운영위원회, 『평화인문학 발전을 위한 워크숍 자료집』, 2008. 9. 5, 62쪽)

각한다. 우리의 앎, 우리의 인문학은 그런 신뢰를 받아도 좋은가. 삶의 희망이라는 인문학은 도대체 어떤 것인가. 인문학은 가난한 이들에게 '빵'보다 절박한 '장미'가 되어 줄 수 있는가. 그렇다면 인문학자 자신에 대해서는 어떤가. 인문학자 자신은 자기 삶의 구원 내지 해방으로서 앎에 대한 신뢰를 갖고 있는가. 신뢰받을 수 있는 앎이란 도대체 어떤 것인가. 나는 '현장인문학'에 참여한 인문학자들이 그것을 진지하게 자문해야 한다고 생각한다.

흥미롭게도 쇼리스 책의 번역자들은 '가난한 자들을 위한 부' Riches for the Poor라는 제목을 '희망의 인문학'으로, '클레멘트 인문학 코스' The Clemente Course in the Humanities라는 부제를 '클레멘트 코스 기적을 만들다'로 바꾸었다. '가난한 자들에게' 인문학이 희망이며, 인문학이 기적을 불러올 거라는 기대와 믿음의 표현이다. 그러나 인문학의 힘에 대한 이러한 신뢰가 가난한 자들에 대해서가 아니라, 인문학자 자신에게 먼저 물어져야 한다는 게 내 생각이다. 인문학자가 자기 삶의 구원을 자기 앎과 관련짓지 못하는 한, 그 앎이 가난한 자들의 삶을 구원할 수 있다고 믿을 수는 없기 때문이다.

인문학자는 가난한 이들에게 구원의 선물을 나눠주는 산타클로스도 아니고 그렇게 행동해서도 안 된다. 그의 앎이 그의 삶으로 증명되지 못한다면, 그의 말이 그의 행동으로 표현되지 못한다면, 인문학자는 '앎을 통해 삶을 바꾼다'는 말을 해서는 안 된다. 서구에서 'professer' 교수하다라는 말의 라틴어 어원(profiteor, professus sum; pro et fateor)은 무언가를 '말하다', '선언하다', '고백하다'라는 뜻을 담고 있다. '교수한다'는 것은 단지 어떤 사실을 확인하는 constative 말이 아니라, 행동을 인도하고 야기하는 말, 즉 선언이나 고백처럼 수행적인 performative

말을 하는 것이다.[11] 그래서 교수professor로서 배움의 장에서 말하는 자는 '말한 대로 살아야 하고'〔그런 선언이고〕, 그 전에 '살아온 대로 말해야 한다'〔그런 고백이다〕.[12]

　　인문학자의 경우에도 '앎을 추구하는' 것은 '삶을 추구하는' 것이어야 한다. 인문학자는 결코 '완성된 앎'을 갖고 '미완의 삶'에 다가가는 사람이 아니다. 그는 앎을 생산하는 방식으로 삶을 생산하며, 삶의 과제를 앎의 과제로 떠안은 사람이다. 따라서 앎에 대한 인문학자의 열망은 삶에 대한 열망 자체이며, 그 열망의 강도나 절박함은 '현장인문학'에 참여하고 있는 모든 사람들과 다를 바가 없다. 너무 당연한 말이지만 '현장인문학'은 인문학자 자신에게도 '현장'이다. 그런데 내 느낌에 인문학자들은 이러한 '현장'의 의미를 스스로에게 묻지 않고 있는 것 같다.

2. 배움이 없는 교육자

인문학자에게 현장이란 무엇일까. '현장인문학'에 참여한 인문학자들은 무엇을 체험했을까. 인문학 프로그램에 참여한 강사들은 한결같이 '좋은 경험이었다'고 말한다. 그러나 '무엇이 어떻게 좋았는지'는 모호하다. 그들의 소감은 대체로 자기 자신이 아니라, 수강생들에게 일어난

---

11) J. Derrida, *L'Université sans condition*, Galilée, 2001, pp.34~35.
12) 슬로터다이크의 다음 언급을 참고하라. "이 원칙은 …… 고대에는 극히 자명한 이치로 여겨졌지만, 현대에 들어와 근절되었다. 지혜를 사랑하고 의식적인 삶을 사는 인간인 철학자에게 삶과 학설은 조화를 이루어야 한다. 모든 학설의 핵심은 그것을 구체화하는 데 있다. …… 철학자가 자신이 말하는 대로 살아야 한다는 소명을 받았다면, 그의 과제는 비판적 의미에서 그 이상의 것이다. 즉 살아온 대로 말해야 한다는 것이다."(페터 슬로터다이크, 『냉소적 이성 비판』 1권, 이진우·박미애 옮김, 에코리브르, 2005, 204쪽)

변화에 대한 보고 형식을 취한다.[13]

물론 전체적으로 '현장인문학' 프로그램들이 시작된 지 얼마 되지 않았고, 〈평화인문학〉 같은 일부 프로그램에서는 강연 횟수에도 제한이 있었기 때문에, 어떤 자세한 소감을 기대하는 것은 무리일 것이다. 하지만 '현장인문학'이 갖는 의미를 스스로에게 묻는 인문학자가 많지 않다는 것은 단지 기간과 참여 횟수의 문제는 아니다. 문제는 '현장인문학'을 바라보는 인문학자의 시각과 깊이 관련되어 있다. 인문학자들이 느낀 '좋은 경험'은 대체로 피교육자에게 나타나는 변화를 보고 느끼는 교육자의 보람에 가까운 것 같다. 정작 자기 자신의 변화, 자기 자신의 배움을 자세히 언급하는 인문학자들은 드물다.

인문학자의 자기 배움, 자기 구원에 대한 무심함은 쇼리스의 『희망의 인문학』에서도 확인할 수 있다. 쇼리스는 '클레멘트코스' 프로그램을 만들었고 그 과정에 누구보다 열정적으로 참여했지만, 책에서 그는 가난한 '그들'에게 일어난 변화만을 적고 있다. 즉 그의 책은 타자의 구원에 대한 관심은 가득하지만 인문학자로서 자기 구원에 대한 관심은 보이지 않는다.

한국에도 '현장인문학'의 경험을 비교적 상세하게 기술한 인문학자가 아주 없는 것은 아니다. 가령 재소자 인문학의 경험에 대한 이명원의 수필과 논문은 현재 한국 사회에서 귀한 사례에 속한다. 그는 재소자 인문학 프로그램의 진행 과정, 수업 내용, 재소자들과 주고받은 대화들, 인문학 프로그램에 참여하면서 느낀 점들, 프로그램의 개선섬

---

13) 가령 2008년 〈평화인문학〉 1기 강사진들이 『한겨레21』에 밝힌 짧은 소감은 주로 수강생들에게 받은 인상을 나열한 것이다. 「창살 안 인문학의 부활」, 『한겨레21』, 2008년 3월 27일자.

들을 유려하고 섬세한 필치로 적었다.[14] 그러나 여기서도 인문학자 자신에 대한 관심은 별로 나타나지 않는다.

이 점은 그 자신이 '실천인문학'이라고 부르는 '현장인문학'의 목표에서 더 분명해진다. 그가 밝힌 목표는 '사회적 약자들'을 '시민적 주체'로 생산하는 데 있다. 그는 "교육복지나 사회복지의 관점에서 인문학을 '인본적 사회통합'의 근거로 사유하는 것이 자연스럽다"고 해도, "실천인문학이 지향해야 할 가장 중요한 목표는 사회적 약자의 '시민적 주체화'에 있다"고 말한다. 즉 현장인문학을 사회통합을 위한 복지서비스로 이해해서는 안 된다는 이야기다. '시민적 주체화'에 대한 그의 주장은 가난한 이들을 정치적 주체로 만들고자 하는 쇼리스의 생각과도 부합한다.

하지만 누가 누구를 주체로 만드는가. 인문학자들이 가난한 자들을? 그렇다면 가난한 자들은 '주체화 프로젝트'의 '대상'에 머무는 건 아닐까. 왜 '주체화'가 '대상화'의 느낌을 주는 것일까. 그것은 인문학과 가난한 자들의 결합이 잘못된 시도이거나, 거기서 일어날 구원에 대한 믿음이 잘못되어서가 아닐 것이다. 바로 인문학자들의 자기해방에 대한 관심이 결합되지 않았다는 데 문제가 있다. 가르침이 전적으로 교사의 몫이고 배움이 전적으로 학생의 몫일 때, 교육은 '지배자-교사'의 가치를 '피지배자-학생'에게 주입하는 일 이상이 되지 못한다.

현재 '연구공간 수유+너머'와 함께 '현장인문학' 프로그램을 운

---

14) 이명원, 「교도소로 부치지 못한 편지」, 『녹색평론』, 통권 96호, 2007년 9~10월호. 그리고 「교정인문학 이론과 실제」, 『평화인문학 발전을 위한 워크숍 자료집』, 평화인문학 운영위원회, 2008. 9.(참고로 이 글은 2007년 10월 인권실천시민연대와 아시아교정포럼이 공동주최한 「교정학 담론의 인문학적 모색」에서도 발표되었다.)

영하고 있는 '노들야학'의 홈페이지 인사말에는 아주 인상적인 문장이 쓰여 있다. "만약 당신이 나를 도우러 여기에 오셨다면 당신은 시간을 낭비하고 있는 겁니다. 그러나 만약 당신이 여기에 온 이유가 당신의 해방이 나의 해방과 긴밀히 결합되어 있기 때문이라면, 그렇다면 함께 일해 봅시다."[15] 멕시코 치아파스 원주민 여성이 했다는 이 말은 '현장인문학' 프로그램에도 시사하는 바가 있다. 문장을 한 번 바꾸어 보자. "만약 당신이 여기에 온 이유가 우리를 가르치러 온 것이라면 당신은 시간을 낭비하고 있는 겁니다. 그런데 만약 당신이 여기에 온 이유가 당신의 배움이 우리의 배움과 긴밀히 연관되어 있기 때문이라면, 그렇다면 함께 공부해 봅시다."

나는 여기서 '현장'의 의미에 대해서 생각해 보고자 한다. '현장'이란 '사건'이 일어나는 곳이다. 그것은 비단 장소만을 가리키지 않는다. 현장은 사건이 일어나는 시간[현-]과 장소[-장]의 결합체다.[16] 사건이 발생하면 그 시간과 장소가 현장화된다. '현장인문학'의 현장은 한 마디로 '배움의 사건'이 일어나는 곳이다. 우리는 그 '사건'에 참여하는 한에서 현장에 '함께-있다'고 할 수 있다.

바흐친은 사건을 나타내는 러시아 말, 'событие' sobytie가 가진 뜻에 주목해서 사건에 대한 아주 흥미로운 해석을 제시한 바 있다. 그 말은 '함께'(co-)와 '있음'(-бытие)이 결합된 것이다. 즉 사건이란 '어

---

15) http://www.nodl.or.kr/htm/introduction/greeting.htm.
16) 바흐친은 이것을 '크로노토프'(chronotope)라고 불렀다. 그에게 사건은 언제나 시간과 공간이 특정하게 결합된 형태로만 그 모습을 드러내기 때문이다. M. Bakhtin, *Toward a Philosophy of the Act*, tr. by Vadim Liapunov, University of Texas Press, 1993. 바흐친의 '크로노토프'와 '사건' 개념에 대해서는 최진석, 「코뮨주의와 타자」(이진경·고병권 외, 『코뮨주의 선언』, 교양인, 2007)를 참조.

떤 무엇들'이 함께 결합해서 생겨난다. 이를 현장인문학의 '배움'과 관련짓는다면, 배움의 사건은 누구에게만 일어나는 것이 아니라, 그 배움의 공동체에 참여한 모두에게 일어나는 것이며, 또 그런 한에서만 각자는 사건의 참여자이고 현장에 있는 셈이다.

"사건 속에 객관적인 관찰자란 없다."[17] 인문학자가 현장에 참여하고 있다면 그는 관찰자로 떨어져 있을 수가 없으며, 관찰자에 머무는 한에서는 현장에 참여한 게 아니다. '교수 행위'를 하는 인문학자는 '배움의 공동체'의 일원이며, 그의 교수 행위 역시 자기 배움의 방편임을 잊지 말아야 한다. 우리가 누군가의 해방에 관여할 수 있다면 그것은 자기 해방을 구하는 과정에서이며, 누군가를 교육할 수 있다면 그것은 무엇보다 스스로의 배움을 통해서이다.

이명원은 「교도소로 부치지 못한 편지」를 이렇게 맺고 있다. "어쩌면 나는 한 편의 시를 강의하면서도, 갇혀 있는 그들의 외적 환경에 대해서는 자못 섬세하게 의식한 것처럼 보이지만, 나 자신의 '마음의 감옥'에는 둔감했던 것인지 모른다. 나는 강의를 하면서 이 더 큰 '마음의 감옥'에서 희망하는 법을 배운 것처럼 느껴졌다. 큰 깨달음이었다. 하지만 나는 아직 그에게 답장을 보내지 못했다. 9월이 되면 그들은 의정부 교도소에서의 생활을 마감하고 자신이 소속되어 있는 원래의 교도소로 돌아가게 될 것이다. 이 9월이 가기 전에, 부치지 못한 답장을 보내야겠다고 생각했다."[18]

우리들이 구성하는 '현장'이 해체되고 모두가 이전의 위치로 돌아

---

17) 최진석, 앞의 글, 271쪽.
18) 이명원, 「교도소로 부치지 못한 편지」.

가기 전에, 나는 이명원이 말한 우리의 '배움', 우리에게 희망을 준 '배움'에 대해서 말하고 써야 한다고 생각한다. 그것이 우리의 감사이고 우리의 투쟁일 것이다. 우리의 말과 행동 속에 우리의 배움을 나타내야 한다. 현장으로부터 날아온 초대장, 우리는 그 답장을 아직도 부치지 않은 채 서랍 속에 넣어 두고 있는 것은 아닐까.

3. 앎은 삶을 바꿀 수 있는가

우리가 답장에 써 넣어야 할 '희망을 주는 배움', 그것은 도대체 무엇일까. 앎이나 배움에 희망을 건다는 것은 무엇을 의미할까. 다시 처음의 질문으로 돌아온 셈이다. 우리 삶을 바꾸는 데 우리 앎을 신뢰해도 좋은가.

1) 삶을 참조하는 앎

이와 관련해서 '현장인문학'에 참여하면서 개인적으로 느낀 게 있다. 현장인문학의 수강생들은 대학의 수강생들과 지식을 받아들이는 방식이 조금 다른 것 같다. 대학에서 강연을 하면 수강생들은 대체로 자기가 알고 있는 학자의 말이나 책을 떠올린다. '저 말은 누구의 견해와 비슷하군.' 혹은 '저 개념은 누구의 개념과는 아주 상반되는군.' 그런 식이다. 즉 아카데미의 사람들은 하나의 지식을 다른 지식을 참조함으로써 받아들이는 경향이 있다.

그런데 현장인문학에서 만난 '가난한 사람들'은 지식을 받아들임에 있어 자신의 삶을 참조하는 것 같다. 물론 이것은 이 사람들 대부분이 학력이 낮다는 데서 일부 연유하는 특징일 것이다.[19] 그러나 앎이 다른 앎을 참조하지 않고, 곧바로 삶을 참조한다는 것은 그 자체로 중요한 의미가 있다.

교도소에서 강연을 했을 때 나는 이런 식의 질문을 많이 받았다. '내가 예전에 이런 일이 있었는데 선생님의 말은 그 일을 가리키는 겁니까?' 혹은 내게 자신이 처해 있었던 힘든 상황을 들려주는 사람도 있었다. 그들은 내 말이나 개념을 단번에 그런 상황 속으로 집어넣고 나로 하여금 함께 생각하게 했다.

'자율' 개념에 대해 철학적 이야기를 했을 때 노들야학의 교사는 대뜸 내게 '당사자주의'에 대해서 어떻게 생각하느냐고 물었다. 장애인 문제에 대한 결정권을 장애인이 가져야 한다는 당사자주의가 장애인 운동에 비장애인이 연대하는 것을 막는 면이 있기 때문에 쉽지 않은 문제였다.

더 흥미로운 점은 앎이 삶을 참조하고 있기 때문에, 그 배움이 곧바로 삶의 변화로 나타난다는 사실이다. 언제부턴가 머리를 단정하게 자르고 온다든지, 옷매무새를 다듬는다든지, 말투를 고친다든지 하는 식의 변화가 나타난다. 공부가 그런 신체적 변화로 표현되는 것이다. 아카데미에서 강의를 했을 때는 좀처럼 일어나지 않는 일들이다. 내가 목격한 사례와 비슷한 것을 어느 노숙인의 글에서 발견했다. "사회가 관심을 보이자 학생들은 몸가짐에서 행동까지 변화하기 시작했다. 의

---

19) 한국의 대학진학률은 80%가 넘는다. 하지만 현장인문학을 통해 만난 사람들의 학력은 사회적 평균치 한참 아래이다. 가령 내가 참여한 2008년 〈평화인문학〉 제1기에 참여한 20여 명의 재소자 중 절반 이상이 고졸 이하의 학력을 갖고 있었다. 장애인의 경우에는 이것이 더 심각한데, 한국보건사회연구원 자료에 따르면 중학교를 진학할 때 45.2%의 장애인이 학교 진학을 포기하며, 고등학교가 되면 62%가 학교에 다니질 않게 된다(「2005년도 장애인 실태조사」, 한국보건사회연구원 정책보고서, 2006).

복의 세탁, 두발, 거친 말투 고치기, 삶의 의미 등 많은 변화가 서서히 몰려왔다."[20]

오늘날의 인문학자들은 앎의 이러한 신체성을 이해하기 어려울 것이다. 공부란 대개의 경우 정보를 취하는 것과 동일시되기 때문이다. 현대인들은 강연을 어떤 자세로 듣고, 책을 어떻게 읽느냐가 지식을 얻는 것과 무슨 상관이 있느냐고 물을 것이다. 어떻게 읽었고, 어떻게 들었든, 그 내용을 기억하고 저장해 두면 그만이다. 지식을 얻기 전에도, 지식을 얻은 후에도, 지식과 행동 사이에 직접적인 연관은 없다. 어떤 것을 안다는 것과 그것을 행한다는 것은, 그 연관을 도덕적으로 요청할 수는 있어도, 별개의 문제이다. 지식이 정보의 형태를 취하고, 배움이 정보의 저장을 의미하는 한에서 말이다.

여기서 '앎'과 '삶'은 분리되어 있다. 이 분리 탓에 오늘날 지식인들은 '알고도 행하지 않을 수 있는' 혜택[혹은 불행]을 누리고 있다. 대학에서 교수는 자신이 살아온 것과 무관한 앎을 학생에게 전하고, 자신이 그렇게 살지 않을 것을 '올바른 삶'이라고 말할 수 있게 되었다. 삶과 분리된 앎은 정보의 형태로 상품처럼 가공되고 판매되기도 한다. 돈을 받고 앎을 팔고, 돈을 내고 앎을 얻는, 한마디로 삶의 소통 없이 앎을 거래하는 일이 얼마든지 가능해졌다.

2) 앎의 냉소주의와 대학

슬로터다이크는 어원상 고대 견유주의 Kynismus에서 나온 현대의 냉소주의 Zynismus가 어떻게 견유주의의 계승이 아니라 타락이고 변질인지를 잘 보여 주었다.[21] 그 변질의 핵심에는 '앎'과 '삶'의 분리가 있다. 즉 '앎'과 '삶'이 분리된 곳에서만 '알지만 행하지 않는' 냉소주의가 가능하다. 그러나 고대 견유주의는 '삶'으로 구체화되지 않는 '앎'에 코웃음을 쳤다.

견유주의자들, 가령 디오게네스는 누군가를 말로써 반박하지 않았다. 그는 직접 공격했다. 현대 냉소주의자들은 제아무리 신랄해도 그다지 큰 공격력을 갖고 있지 않다. 그것은 단지 말의 비난이기 때문이다. 그러나 고대의 견유주의자인 디오게네스의 행동은 유머스러울 때조차 매우 공격적이었다. 그는 플라톤이 고상한 에로스에 대해 말할 때 그 앞에서 자위행위를 했고, 영혼을 말할 때 숨을 쉬는 코를 후볐다. 플라톤이 '인간을 두 발로 걷는 깃털 없는 동물'이라고 말할 때, 닭 한 마리를 잡아 깃털을 뽑고는 '플라톤의 인간이다'라는 말과 함께 플라톤 학파에 보냈다. 그의 '평민적 뻔뻔함'에 지배자들은 자주 감정적 억제력을 상실했다.[22]

고상한 이데아를 잣대로 현실을 교정하려는 '고상한 이론가'에 맞서, 디오게네스는 겉보기에 가난하지만 사실은 아무것도 결핍되지 않은 삶의 유머—이 유머야말로 길거리에서 잠을 자던 디오게네스의 삶이 얼마나 부유했는가를 보여 주는 징표다—를 던졌다. 그가 개처럼 누군가를 물 때, 몸을 파는 여성들과 즐겁게 대화를 나눌 때, 막대한 권력과 부를 가진 알렉산더 대왕 앞에서 뻔뻔하게 고개를 쳐들 때, 그는 '입'이 아니라 '몸'으로 자기 앎을 주장했던 것이다. 슬로터다이크의 표현을 빌리면 "이상주의[관념론]를 반박한 것은 그의 말이 아니라 삶

---

20) 박진철, 「인문학과 삶의 의미」, 『인문학과 나의 삶 — 성프란시스대학 제1기 학생 글모음』, 성공회 노숙인다시서기지원센터, 2006. 7쪽.
21) 슬로터다이크, 『냉소적 이성비판』 1권, 이진우·박미애 옮김, 에코리브르, 2005.
22) 슬로터다이크, 같은 책, 207쪽.

이었다".[23]

 그러나 서구에서 이런 앎의 태도는 거의 사라졌다.[24] 대학universitas 의 발달 과정은 이런 경향을 그대로 증언한다. 르 고프에 따르면[25] 서구에서 13세기에 처음 출현한 '대학'은 당시 도시의 경제적 단위였던 동업조합의 일종이었다. 대학인들은 앎을 구하고 그것을 가르치는 일을 일반 대중들의 일상적 '일'과 크게 구분하지 않았다. 오늘날 학위자의 영예를 나타내는 '마기스테르' magister는 본래 작업장의 우두머리를 뜻하는 말이었다. 당시 대학은 심지어 오늘날의 노동조합처럼 파업권도 갖고 있었다. 대학 조합이 유능한 관리들의 양성소로서, 그리고 무시할 수 없는 경제적 고객으로서, 또 고상한 위세의 원천으로 드러나자 많은 군주들과 교황이 대학을 장악하려고 했다. 그때 대학은 파업권을 사용해서 자기 독립성을 유지하려 했다.

 그러나 배움을 매개로 한 교수와 학생들의 삶의 공동체였던 대학은 그 특성을 점차 잃어 갔다. 이와 관련해서 프란체스코회와 도미니쿠스회와 같은 탁발 수도회의 변천은 중요하다. 이들은 서구 사회에서 배움의 공동체가 겪은 변화를 단적으로 보여 준다. 대학인들의 앎이 삶과 분리되는 순간에 이들은 논쟁의 한복판에 있었다. 처음에 성 프란체스코나 성 도밍고가 '탁발'에 대해서 말했을 때, 그들은 손수 노동이 불가피한 경우 구걸이라도 하라고 했다. 여기에는 교단의 세속적 음모나 정

---

23) 슬로터다이크, 『냉소적 이성비판』 1권, 208쪽.
24) "우선 기독교의 철학에서, 그리고 더 심하게는 탈기독교 철학에서 신체화의 규칙이 한 걸음씩 사라져 갔고, 마침내 지식인들은 명시적으로 인식과 삶의 '비동일성'을 고백했다." 슬로터다이크, 같은 책, 212쪽.
25) 중세 서구에서 대학의 출현 과정에 대해서는 자크 르 고프, 『중세의 지식인들』, 최애리 옮김, 동문선, 1999.

치권력의 간섭에서 벗어나 배움에 필요한 독립성을 얻으려는 의지가 있었다. 그러나 시간이 지나면서 탁발 수도회들은 일하지 않는 앎의 공동체를 꿈꾸었고 그것을 유지하기 위해 교황과 재력가들의 후원을 바라기 시작했다.[26] 그러면서 자기 힘으로 살아야 한다고 믿는 지식인들과, 지식인의 일은 일반 대중의 일과 다르다고 생각한 지식인들의 갈등이 후기 중세로 갈수록 강해졌다. 스콜라 학문이 노동을 천시한 것을 두고 르 고프는 지식인운동과 관련해 볼 때 중대한 과오라고 지적한다. "그것은 지식인의 일을 특별한 것으로 고립시킴으로써 대학의 기초를 약화시키고, 도시 일터에서 지식인과 다른 노동자들의 연대를 끊는 데 스스로 동의한 셈이기 때문이다."[27]

대학인들, 특히 교수들은 점차 귀족이 되어 갔다. 교수직은 세습되기 일쑤였고, 의복이나 표장들은 귀족적 상징으로 변했고, 교단은 높고 웅대하게 올라갔으며, 금반지와 교수모는 직능의 표장이 아니라 위엄의 표장이 되었다. 마침내 중세가 저물고 15세기 인문주의가 득세했을 때, 그나마 희미하게 남아 있던 만인에게 열려 있던 지적 작업장, 삶과 앎이 결합해 있던 배움의 공동체는 사라져 버렸다. 그 대신에 폐쇄된 아카데미아로서 대학이 최고의 교육기관이 되었다. 청중이 쇄도하는 가운데에서 무언가를 말하고 있는 중세의 교수는 점차 자기 서재에서 사색에 잠긴 인문학자의 모습으로, 그리고 어디서든 둘러앉아 앎을 논

---

26) 르 고프, 앞의 책, 161~162쪽.
27) 르 고프, 같은 책, 165~166쪽. 그나마 중세의 끝자락까지 배움의 공동체로서 초기 활력을 가지고 있었던 곳은, 오늘날 인문대학이나 교양학부 정도에 해당하는 학예(Arts) 학부였다. 당시 대학은 대부분 따로 건물을 갖고 있지 않았기 때문에 교회든 길거리든 모여서 강연을 열었는데, 특히 학예 학부는 심지어 학위도 없는 문사들이 자유롭게 토론을 벌이는 장이었다. 그들은 "도시와 외부 세계의 민중을 가장 가까이에서 만났고, 성직록을 얻거나 교회의 위계에 잘 보이는 일에 가장 초연했으며, …… 가장 자유로웠다"(179쪽).

하던 현장으로서의 중세의 대학은 '소음'과 '먼지'가 없는 곳에 설립된 근대의 대학으로 변하고 말았다.[28]

4. 인문학자의 감옥과 배움의 사건

이런 상황에서 앎이 삶을 변화시킬 수 있는가. 삶의 변화와 관련해서 우리 앎을 신뢰할 수 있는가. 앎이 삶과 무관하게 되고, 배움의 공동체가 더 이상 삶의 공동체를 의미하지 않을 때, 그런 물음들은 이미 쓸모가 없다. 르 고프는 중세가 저물어갈 무렵 프랑스 귀족이자 인문주의자였던 공티에 콜Gontier Col의 삶을 이렇게 묘사했다. "그는 호화롭게 살았으며 수많은 하인들을 거느렸고, 말과 사냥개와 매 들을 가지고 있었으며 도박에 열광했다. 이 모든 것에도 불구하고 그는 고대인들 풍으로 '성스러운 소박함' sancta simplicitas을 찬미했다."[29]

호화롭게 살지만 소박한 삶을 예찬하는 것. 학자들은 앎이 삶과 무관한 곳에서는 말한 대로 살 필요도, 사는 대로 말할 필요도 없을 것이다. 인문학자가 가난한 이들에게 '소박한 삶'의 '성스러움'을 말할 때 그것은 무엇을 의미하는가. 물론 우리는 자신이 그렇게 살지 않을지라도 '좋은 삶'에 대해 떠들어댈 수 있다. 어찌 보면 그것이 우리 앎의 현재적 조건이다.

그렇다면 '현장인문학'의 경우는 어떤가. 삶과 무관한 앎의 전달이 가능한가. 결론적으로 오늘날 대학에서 숱하게 이루어지는 이런 앎

---

28) 르 고프, 『중세의 지식인들』, 197, 243, 252쪽.
29) 르 고프, 같은 책, 245쪽.

의 전달 방식을 '현장인문학'에서 반복해서는 안 될 것이다. 그것은 '현장인문학' 자체를 무화시키는 일이기 때문이다. '현장인문학'은 앎에 대한 신뢰, 앎이 삶을 바꾸어 준다는 희망에 기초하고 있다. 그런데 앎이 그 자체로 삶을 바꾸지 못한다면, 앎이 삶으로 증명될 수 없다면, 가난한 자들에게 인문학이 구원이라는 말은 거짓이다.

다소 가혹하게 들릴지 모르겠지만 아카데미에서 이루어지는 강의를 그대로 현장인문학에 옮기려는 시도는 배격되어야 한다. 설령 그 강의 내용이 똑같다 하더라도, 전달되는 앎에 대한 태도, 배움이 일어나는 과정에 대한 접근은 아주 달라야 한다. 현장의 인문학자는 정보의 전달자 이상이어야 한다. 무엇보다 그가 전달하는 것이 정보에 그쳐서는 안 된다. 그는 자기 행동, 자기 삶에 규정력을 갖는 말을 하도록 노력해야 하며, 그런 말을 현장에 있는 사람들, 그와 배움의 공동체를 이루고 있는 사람들과 함께 선언해야 한다.

여기서 인문학자가 자기 해방의 싸움을 벌이는 것이 중요하다. 현장인문학은 결코 가난한 자들을 '훌륭한 시민'으로 만드는 교정이나 재활 프로그램이 아니다. 재소자들에게 법 준수의 필요성을 설득하고, 노숙인들을 집으로 돌려보내고, 성매매여성들에게 고상한 설교를 늘어놓기 이전에, 인문학자는 우리의 집과 법, 도덕, 정상성을 의심할 수 있어야 한다. 그는 '인간됨'을 가르침으로써 현장에 서는 것이 아니라, '인간됨' 자체를 문제화problematique함으로써 현장에 서는 것이다.

프란츠 파농은 '백인 프랑스인'이 되고 싶을수록 '흑인 알제리인'이 걸려드는 편집증paranoia에 대해 말한 바 있다.[30] 비정상성이란 정상

---

30) 프란츠 파농, 『검은 피부, 하얀 가면』, 이석호 옮김, 인간사랑, 1998.

성에 다가서려는 자가 자기 안에서 발견하는 타자성이라고 할 수 있다. 즉 '백인 되기'를 꿈꾸면서 흑인은 자기 신체를 '흑인'으로서 발견하고, 그 때문에 자기 파괴적인 괴로움에 빠져든다. 이 과정에서 범죄자는 범죄자가 되고, 노숙인은 노숙인이 되며, 장애인은 장애인이 된다. 자기 안에서 자기를 처벌하는 병적인 메커니즘이 이런 식으로 생겨난다. 그리고 그런 만큼 자기를 긍정하는 해방, 자기로부터 시작하는 구원은 멀어진다.

2001년 장애인의 날에 '전국에바다대학생연대회의' 학생들은 시민들에게 다음과 같은 내용의 유인물을 나누어 주었다. "인간승리 …… 동정 …… 해마다 이날이 되면 대중매체들은 하나같이 특집을 내보낸다. 그것은 대부분 아름다운 미담들이다. 자신의 장애에도 불구하고 뛰어난 성공을 거둔 '인간 승리자'를 칭찬하거나, 어렵게 살고 있는 장애인들을 찾아내어 '우리 이웃'이라며 동정심을 유발한다. …… 그래서 〔모두가〕 장애는 '극복' 되어야 하는 것처럼 말한다. 하지만 장애는 〔정말〕 극복되어야 하는 것일까?" 나는 이 유인물에서 자기긍정을 통한 해방의 가능성을 읽었다. 이들은 극복되어야 하는 것은 장애인이 아니라, 장애인 스스로를 결핍된 존재로 상상하게 만드는 '정상인' 이미지 자체라고 말하는 것 같다.

우리가 극복해야 하는 것은 '장애'가 아니라 '정상성'이라는 것, 우리는 우리 시대의 지각구조, 우리 시대의 공통감각sens commun을 문제 삼아야 한다는 것, 여기서 나는 인문학자의 자기 해방 과제가 드러난다고 생각한다. 오랫동안 철학자들은 우리가 '현장인문학'을 통해 만나는 사람들, 즉 재소자나 노숙인, 여성, 어린이, 장애인 등을 결핍과 미숙의 존재로 이해해 왔다. 사슬에 묶인 죄수는 고집 센 무지를 상징했고, 여성과 어린이, 외국인, 환자 등은 이성을 사용할 자기 권리를 갖지 못한 자, 따라서 후견인에 판단을 의존해야 하는 자들로 불렸다. 한마디로 이들은 오류와 미숙이 여러 양상으로 구현된 신체들이었다. 인문학자가 이런 익숙한 편견에 빠져 자기 감각과 구조를 문제 삼지 않는다면, 그는 십중팔구 자기 병은 모르는 채 박애주의자를 자처하는 돌팔이 의사가 되고 말 것이다.

죄, 유치함, 광기, 부도덕, 이것들은 인문학자들이 '인간됨'에 대해 말할 때, 그리고 철학자들이 진리에 대한 믿음을 얻고자 했을 때 즐겨 이용했던 '부정적인 것'들이다. 오류들은 진리됨에 실패하는 식으로 사람들로 하여금 진리라는 게 있다고 믿게 한다. 마찬가지로 재소자들, 어린아이들, 광인들은 '인간됨'에 실패함으로써, 사람들로 하여금 마치 '인간됨'이라는 것이 원래 존재하고 있었던 것처럼 착각하게 한다. 마치 장애인의 '장애'를 '비정상'으로 포착함으로써, '정상'이 무엇인지에 대한 쟁점은 무시한 채, '정상'이라는 게 원래 있었던 것처럼 간주하듯이 말이다.[31] 이 점에서 오류는 진리의 협력자이며, 비정상은 정상의 다른 얼굴이다. 철학자들은 오류를 극복하고 진리에 도달해야 하는 것처럼 말하지만, 우리가 극복해야 하는 것은 진리 자체이다. 우리는 우리 시대의 진리를 극복해야 한다. 그것이 우리 시대의 어리석음을 극복하는 길이다. 진리란 한 사회가 가진 체계적이고 객관적인 오류이며, 그 사회에 고유한 어리석음이라고 할 수 있다.

이 객관적 오류, 이 고유한 어리석음이 인문학자들이 갇혀 있는 감옥이다. 인문학자들은 재소자, 여성, 노숙인, 장애인 각각에서 '정상성'

---

31) 김도현, 『당신은 장애를 아는가』, 메이데이, 2007, 39쪽.

의 어떤 결핍을 보겠지만, 정작 그 결핍을 정의하는 인문학 자신은 총체적이고 구조적인 결핍을 구현하고 있다. 인문학자가 가진 앎이야말로 그 시대의 오류이자 그 사회에 고유한 미숙함이 구현된 것이다. 거기서 재소자이고 미성년자인 것은 인문학자 자신이다. 그는 자유롭기 위해 우리 시대의 지각구조, 우리 시대의 공통감각과 싸워야 하고, 거기서 벗어나야 한다. 바로 여기가 해방을 위해 도약해야 할 인문학자의 로도스이다.

인문학자가 자기 구원에 대한 관심이 없을 때 그는 '미몽에 빠진 계몽자'가 되기 쉽다. 칸트는 「'계몽이란 무엇인가'에 대한 답변」에서 이성의 '사적 사용'과 '공적 사용'을 구분한 바 있다.[32] 이성의 사적인 사용은 자기 직책에 주어진 책무를 해당 규정에 따라, 마치 '기계의 부품처럼' 수행하는 것이다. 반면 이성의 공적인 사용은 그가 어느 직책에 있든지 간에 '학자로서' 전체 대중을 향해, 나아가 세계를 향해 자유롭게 주장을 펴는 것이다.

그렇다면 현실의 학자는 이성의 공적 사용이 담보되어 있을까. 그렇지 않다. 학자가 자기 시대의 통념 아래서 단순한 정보 전달자에 그칠 때 그는 '기계'와 같고, 자기 시대의 통념을 감히 넘어설 용기를 가질 때 '학자'가 되는 것이다. 칸트 식으로 보자면, 학자 역시 '학자'가 되는 한에서만, 즉 자기 시대의 미성년을 기꺼이 벗어날 용기를 갖는 한에서만 계몽적 인간이 될 수 있다.

따라서 현장인문학은 거기에 참여하는 모두에게 배움의 현장이어

---

32) 이매뉴얼 칸트, 「'계몽이란 무엇인가?'에 대한 답변」, 이한구 편역, 『칸트의 역사철학』, 서광사, 1992. 이 글에 대해서는 다음의 사이트에서도 정지인과 강유원의 좋은 번역문을 구할 수 있다.(http://allestelle.net/resources/2006/09/09/123)

야 한다. 배움의 사건이 일어나고 그 사건에 함께하는 한에서, 우리는 '현장인문학'에 참여하는 셈이다. 가난한 이들은 자기 안에서 학자를 발견하고 '학자-되기'를 시도해야 한다. 그것이 그들의 배움이다. 윙W-ing이 잘 말한 것처럼 "'자활'이란 삶 전체를 바꾸는 거대한 '변혁'의 과정임에도 불구하고, 근본적인 물음에 접근하지 못하고 즉각적인 대응으로 일관하고 있는 현실"을 타파해야 한다.[33] 모든 민중은 칸트의 말처럼, '감히 알려고' Sapere aude 시도함으로써, 즉 우리 시대의 근본적 물음에 접근하면서 모두 '학자로서' 말하고 행동할 수 있다.[34]

한편 인문학자들은 자기 안에 심어진 '인간'이라는 독단적 이미지와 싸우는, 즉 우리 시대의 객관적 편견과 싸우는 모든 가난한 자들이 되어야 한다. 학자들은 모든 영역에서, 가타리의 용어를 빌리면, '어린이-되기' devenir-enfant, '부랑자-되기' devenir-voyou, '여성-되기' devenir-femme를 해야 한다.[35] 그것은 인문학의 오랜 과제인 '인간-되기'의 반대 방향이다. 현장의 인문학자는 재소자가 되고, 여성이 되고, 노숙인이 되고, 장애인이 됨으로써, 그래서 '인간됨' 전체를 근본적으로 문제 삼을 수 있게 됨으로써 자기 해방의 길을 발견할 수 있을 것이다. 그것이 어떤 면에서는 학자의 '학자-되기'이다.

학자의 '가난한 자들-되기'는 부정적이고 창백한 이미지로 생산된 가난한 자들과는 관계가 없다. 앞서 말한 것처럼, 부정적 존재에 머무를 때 가난한 자들은 우리 사회를 지배하는 가치체계의 파괴자가 아

---

33) 『W-ing과 인문학의 동행─인문학 아카데미』, 여성성공센터 W-ing 자료집, 11쪽.
34) 칸트, 「「계몽이란 무엇인가?」에 대한 답변」.
35) F. Guattari, "Introduction à devenir enfant, voyou, pédé...," *Les Cahiers pédagogiques*, N 152, 1977 그리고 "Devenir femme", *La Quinzaine littéraire*, N 215. 1975. 이 두 글은 『분자혁명』, 윤수종 옮김, 푸른숲, 2004에 실려 있다.

니라 협력자이다.[36] 가령 내가 교도소에서 만난 재소자들은 자신들이 법과 도덕을 파괴했다고 믿는 것 같았다. 그러나 그들과 대화를 하면서 나는 그들이 도대체 무엇을 파괴했는지 알 수 없게 되었다. 그들은 여전히 자본주의 시대의 여느 사람들처럼 돈을 숭상했고, 동성애자를 변태라 믿었으며, '장애인과 여성들은 집에 처박혀 있어야 한다'고 말했다. 그들이 자기 생각을 구현하는 방법이 우리 사회의 규칙을 어긴 것은 사실이지만, 그들의 상당수는 우리 사회 가치체계의 충실한 복종자들이었다.

학자가 '가난한 자들-되기'를 해야 한다고 말하는 것은 가난한 자들이 그들을 가난하게 만드는 우리 사회 구조를 증언하는 한에서, 그리고 그 구조에 저항하는 한에서, 그들 존재가 되어야 한다는 말이다. 그런 의미라면 우리는 여성적이지 않은 여성이 되어야 하고, 장애인적이지 않은 장애인이 되어야 하며, 범죄자적이지 않은 범죄자가 되어야 할지도 모른다.

'현장인문학'에서 재소자, 여성, 노숙인, 장애인과 마주친 인문학자들은 자기 안에서 또한 그들이 들끓고 있음을 발견할 수 있을 것이다. 광인과 만난 인문학자는 그 광인과 함께할 수 있을 만큼 충분한 광기가 자기 안에서 들끓음을 발견할지 모른다. 이것은 인문학자가 범죄를 저지른다는 것도, 성전환이 된다는 것도, 신체적 손상을 입는다는 것도 아니다. 다만 '인간됨'이라는 편견 아래서 모든 비정상적인 것들로 억눌려 왔던 요소들이 인문학자 안에서 끓어오른다는 이야기다. 인

---

36) "오류는 어떤 합리적인 정통교리의 이면에 불과하다. 게다가 오류는 자신이 벗어나고 있는 것에 유리하게 증언하고, 어떤 공명정대를 위해, 이른바 실수하는 자의 어떤 선한 본성과 선한 의지를 위해 증언한다."(질 들뢰즈, 『차이와 반복』, 330쪽)

문학자는 우리 시대의 지배 이념을 구현하고 있는 한에서, 내부에서 끓어오른 이 가난한 자들로부터 총체적인 공격을 받을 것이다. 그의 신체는 온갖 힘들의 전쟁터가 될 것이다. 그 싸움이 인문학자를 오랫동안 가두어 온 감옥으로부터의 탈출구이다.

이것이 바로 배움이다. 모든 깨우침은 깨뜨림에서 온다. 통념이 깨질 때 사유가 일어난다. 인문학자는 현장의 힘들에 자신을 개방함으로써 배움의 사건을 경험할 수 있을 것이다. 인문학자가 현장에 간다는 것 혹은 자신의 시간과 장소를 현장화한다는 것은 이 배움의 사건에 참여하는 일이다. 그리고 이 사건에 참여한다는 것은 그 사건에 자신을 개방하는 일이다. 적극적으로 자신을 내맡기는 행동, 능동성과 수동성이 더 이상 구분되지 않는 그 행동 속에서, 인문학자는 사유를 경험하고 배움을 경험한다.

5. 삶으로 사유하기 위하여

니체는 기독교인을 구별짓는 것은 그들의 '신앙'이 아니라 '행동'이라고 말한 바 있다.[37] 무엇보다 예수의 삶이 그러했다. 니체에 따르면 예수는 신앙이나 기도를 통해서가 아니라, 오직 복음적인 실천을 통해서 신을 만날 수 있음을, 복음의 실천이 곧바로 신임을 보여 주었다. 구원이란 이런 실천에 따른 변화 혹은 이 실천 상에 나타난 변화일 뿐이다. 니체에 따르면 예수에게는 천국을 느끼기 위해 어떤 삶을 살 것이냐가

---

37) 프리드리히 니체, 『안티크리스트』(니체전집 15권), 백승영 옮김, 책세상, 2005, 259~260쪽.

중요했지 어떤 신앙을 갖느냐가 중요하지 않았다.

우리가 삶의 구원과 관련해서, 앎에 신뢰를 갖고 인문학에 희망을 건다는 것은 무엇을 의미하는가. 그것은 앎에 대한 맹목적 신앙과는 아무런 관계도 없다. 앎을 신뢰한다는 것은 앎을 실천한다는 것 이상의 의미가 아니다. 물론 그를 위해서는 먼저 앎이라는 게 '삶으로 사유하는 일'이 되어야 한다. 신뢰할 수 있는 앎은 앎을 신뢰하게 만드는 실천을 통해서만 얻어질 수 있다.

현장으로부터의 초대장에 답장을 쓰는 일, 그 초대에 응하는 일은 앎의 신뢰와 관련된 요구 조건에 서명하는 일이라고 할 수 있다. 우리는 살아온 대로 말하겠으며, 말한 대로 살아가겠다는 것. 우리의 배움은 오직 우리 삶의 변혁을 통해서만 온다는 것. 무엇보다 우리 서로가 앎으로 연대한다는 것은 곧바로 서로의 삶에 연대하는 일이라는 것.

3부

운동의 선언

1.
소수자에 대한 학살을 중단하라
― '소수자 투쟁 선언'

2.
길에서 하는 공부
― '걸으면서 질문하기'

3.
우울한 지식과 즐거운 지식
― '대중지성 프로젝트를 위한 선언'

4.
앎의 연대 : 책을 읽자, 세상을 바꾸자
― '시민지식네트워크를 위한 독서 프로젝트'

5.
코뮨주의를 선언한다
― '코뮨주의 선언'

1 소수자에 대한 학살을 중단하라

대법원의 판결로 새만금 갯벌의 마지막 숨구멍에 콘크리트가 부어지고, 군대와 경찰이 대추리 농부들을 밀어내고 철조망을 설치하던 2006년 봄 어느 날. 연구실 동료 중 누군가 모두의 영혼에서 들끓던 공통의 말을 내뱉었다. 한번 싸워보자! 그 한순간 모든 것이 변했고, 곧바로 나는 하나의 짧은 선언문을 작성했다. 말들이 쏟아져 나왔다. 그것이 이 '소수자 투쟁 선언문'이다.

:: 소수자 투쟁 선언

지금 곳곳에서 권력과 자본에 의한 삶의 파괴가 자행되고 있습니다.
새만금에서는 바다로 통하는 마지막 숨구멍에 콘크리트를 쏟아붓기 시작했습니다.
평택의 대추리, 어린 싹들에게 흘러가는 들의 농수로에도 콘크리트가 부어지고 있습니다.
우리 모두가 제 집에 틀어박혀 있는 사이,
그들은 새벽에 몰려온 공수부대처럼 곳곳에서 생명을 학살하고 있습니다.
새만금에선 바다만이 거센 물결로 저항하고 있고,
대추리에선 늙은 농부들만이 들판에 드러누워 농성하고 있습니다.

농촌의 포기된 농지들은 처음부터 거대 농지조성이라는 새만금 개발의 위선을 고발했습니다. 갯벌의 조개들은 제 자신의 주검으로써, 정부의 '친환경적 개발'이라는 위선을 고발했습니다. 단지 권력과 자본이 들이민 계산기에 눈을 맞춘 우리만이 그것을 애써 외면해 왔을 뿐입니다. 이제 계산기는 말합니다. 그 동안 쏟아부은 돈이 얼만데, 이제는 돌이

킬 수 없다고. 계산기는 아마 다음에 이렇게 말할 겁니다. 그 땅을 그냥 놀리기보다 공장이라도 세우자고. 그럼 또 얼마가 이익이라고. 또 모릅니다. 모두가 꺼려하는 유해 사업장을 그리 보내면 안전하고 이익도 생기고, 일석이조 아니냐고. 누가 반대하겠습니까. 그곳에 있는 건 바다뿐인데.

용산에 있는 미군기지가 물러났습니다. 세계 어느 나라 수도에 외국 군대가 진주하고 있느냐고들 했습니다. 하지만 용산 대신 평택에 450만 평의 세계 최대의 미지상군 해외기지가 건설됩니다. 우리는 이 의미를 잘 모르고 있습니다. 용산의 미군기지는 주한미군의 기지였지만, 평택의 미군기지는 동북아 미군의 기지로 계획된 것입니다.

주한미군의 작전 범위가 커지고 유연성이 증대되는 만큼 우리도 안전해진다고 생각한다면, 당신은 정말 바보입니다. 평택기지는 말하고 있습니다. 우리가 통제할 수 없는 동북아의 모든 분쟁들에 우리 자신이 당사자가 될 수밖에 없음을. 동북아 물류의 허브 노릇을 하겠다는 정부의 공언과 달리 한반도는 동북아 미군의 허브 노릇을 할 겁니다.

마침내 아무 기척도 내지 않고,
점령군의 본대가 당신 앞에 왔습니다.
한미 FTA.
정부가 급작스레 선언하기 전, 아무도 몰랐습니다.
규모를 상상하는 것도 불가능한 재앙 앞에서
우리는 순진무구한 표정으로 정부의 계산기를 다시 보고 있습니다.

지금 한국정부가 하려는 것은 우리 삶을 통째로 건,
미국과의 전면적인 '경제통합협정' 입니다.
농산물, 의료서비스, 교육, 에너지, 금융, 투자, 지적재산,
공공서비스, 노동, 환경……

지금까지는 물과 흙, 바람만이 소수자로 보였을지 모릅니다.
지금까지는 뻘의 게와 조개, 철새들만이 소수자로 보였을지 모릅니다.
지금까지는 농민과 비정규직 노동자만이 소수자로 보였을지 모릅니다.
지금까지는 여성과 장애인, 청년들만이 소수자로 보였을지 모릅니다.
그러나 이제는 당신이 소수자입니다.

지금 세계는 온몸을 뒤척이고 있습니다.
반전, 반자본, 반미 운동이 세계 곳곳에서 일어나고 있습니다.
프랑스에서는 수백만 명의 사람들이 고용법에 맞서 싸웠고,
미국에서는 수백만의 이민자들이 이민법에 맞서 싸웁니다.
새로운 고용법, 새로운 이민법, 새로운 군사기지, 새로운 무역협상.
이 모든 것들이 따로 보인다면 당신은 바보입니다.
아마 FTA는 그런 바보들을 위한 지옥선이 될 겁니다.

당신의 삶을 당신의 대표자에게 더 이상 맡겨 놓지 마십시오.
대의기구들은 당신을 더 이상 대의할 수 없습니다.
어떻게 미국이 세계를 대의하며,
어떻게 기업이 농촌을 대의하며,
어떻게 정규직 노조가 비정규직을 대의하며,

어떻게 자국노동자가 이주노동자를 대의하며,
어떻게 스스로를 정상인으로 간주하는 자가 장애인을 대의하며,
어떻게 남성이 여성을, 장년이 청년을 대의합니까.
그런데 불행히도 대부분의 중요한 정책들이 밀실에서
그렇게 결정되고 있습니다.

당신이 서 있는 그곳에서 싸우십시오.
당신의 친구가 서 있는 그곳에서 싸우십시오.
물과 흙, 바람이 싸우는 곳에서,
뻘의 조개와 들판의 곡식이 싸우는 그곳에서,
농민과 노동자, 청년, 여성, 장애인, 학생, 예술인이 싸우는 그곳에서,
만물이 소수자로서 투쟁하는 그곳에서,
당신도 싸우십시오.

Be the multitude! Be the minority!
지금 당장 대중이 되십시오.
우리의 능력만큼이 우리의 권리입니다.

2 길에서 하는 공부

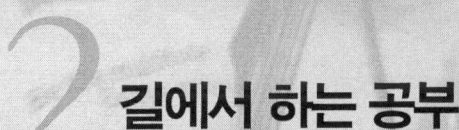

2006년 늦봄, '무엇을 할 것인가' 라는 물음이 연구실을 배회했다. 공부하는 연구자로서 우리의 답은 간단했다. "공부하자, 길에서 하는 공부!" 새만금에서 서울까지 길 위에서 만나고 길 위에서 묻고 길 위에서 말하자.

5월 10일 변산에서 출발한 후 도착한 마을마다 세미나를 열었다. 어부와 농부, 교사와 환경운동가, 대추리 주민, 이주노동자, 중증장애인들을 만났다. 우리는 서로 물었고 서로 말해 주었다. 그런 식으로 서로 엮였다. 길은 우리에게 물음의 장소였고 연대의 장소였다. 여기 실린 선언문, '걸으면서 질문하기' 는 일종의 초대장이었다. '선언' 은 항상 길거리로의 '초대' 이다.

:: 걸으면서 질문하기
위기에 빠진 생명, 그 권리를 묻는다

'연구공간 수유+너머'의 연구자들은 새만금에서 서울까지 천리 길을 걸으며 길 위에서 공부하기로 결심했습니다. 자본과 권력에 의해, 특히 한미FTA로 인해 위기에 처한 생명의 권리, 삶의 권리를 지키고 키워나가기 위해서입니다.

걸으면서 묻고, 물으면서 걸어가기. 거짓 비전과 약속으로 희생된 저 새만금의 갯벌, 국익이라는 이름 아래 삶의 기반을 내놓게 된 농민들, 비정규노동자들, 예술가들, 국가 안보라는 이유로 자신의 대지를 잃은 평택 대추리의 주민들, 그리고 단지 시민이 되기 위해서 생명을 걸어야 하는 장애인들, 노동만을 제공할 수 있을 뿐 어떤 권리도 가질 수 없는 이주노동자들. 이 모든 대중들, 이 모든 소수자들이 싸우는 그 길 위에서 우리는 배우고자 합니다. 배우기 위해 걷고, 싸우기 위해 걷겠습니다. 이 모든 소수자들, 이 모든 대중들의 형상이 바로 우리 자신의 형상임을 알기 위해, 그리고 그것을 또한 모두에게 알리기 위해, 천리 길을 힘차게 걷겠습니다.

1. 우리는 한미FTA에 반대하기 위해 걷습니다

우리는 '한미FTA'에 반대합니다. '한미FTA'는 단순한 자유무역협정이 아니라 두 나라 경제를 통합시키는 협정이며, 나아가 우리 삶의 미국적 재편을 요구하는 협정입니다. 우리는 '한미FTA'가 경제적 재앙에 그치지 않고 우리의 삶 전체에 재앙을 몰고 올 거라고 확신합니다. 그러나 우리는 '도래할' 한미FTA가 우리 안에서 '이미' 작동하고 있다는 것 또한 알고 있습니다. 우리 사회에는 아직 오지 않은 FTA의 재앙을 이미 체험하고 있는 다양한 소수자들이 있습니다. 바다로 통하는 새만금의 마지막 숨구멍에 콘크리트가 부어지던 날, 평택의 대추리 들판이 포크레인으로 파헤쳐지던 날, 생명을 건 농성에도 대꾸 없는 시청 앞에서 중증 장애인들이 삭발하던 날, 우리는 그것을 확실히 깨달았습니다.

우리 곁의 많은 이들이 쓰러져 가는 것을 보며, 우리는 정부가 말하는 '이익'이라는 것에 대해 이제 분명하게 따져 물어야 한다고 생각했습니다. 정부는 지역개발을 위해 불가피하다며 갯벌의 생명들을 죽였습니다. 자유무역을 위해 불가피하다며 농민들에게 사망선고를 내렸습니다. 기업경쟁력을 위해, 좋은 기업을 유치하기 위해 불가피하다며 노동을 유연화하고 비정규직을 양산했습니다. 복지 예산이 없기에 불가피하다며 장애인을 짐짝처럼 시설에 내던져 버렸습니다. 산업상의 필요 때문에 불가피하다며 이주노동자들에게 험한 일을 떠맡기고도 그들의 법적 경제적 권리는 부인했습니다.

전체의 '이익'을 위해 이 모든 것들이 '불가피'하다고 말하는 정부에게 이제는 묻고자 합니다. 이미 주검이 된 갯벌의 생명들, 삶의 터전을 잃은 어부와 농부들, 전체 노동자의 반을 넘어선 비정규직 노동자들, 단지 시민으로 살아가기 위해서도 싸워야만 하는 장애인들, 산업적 필요성만 인정받을 뿐 정치적·사회적 필요성은 거부당한 이주노동자들. '불가피하다'며 배제해 버린 이들을 제외하고 남은 '전체'는 누구이며, 그 이익은 누구의 '이익'인지 답하라고 요구합니다. '이미' FTA 상황 속에 존재하는 소수자들의 이름으로, 그리고 '도래할' FTA 상황 속에 존재하는 수많은 소수자들의 이름으로, 우리는 정부에 따져 묻기 위해 걷습니다.

2. 우리 모두가 함께 싸우기 위해 걷습니다

처음에는 물과 흙과 바람이 소수자였습니다. 처음에는 새만금의 조개와 천성산의 도롱뇽만이 소수자였습니다. 처음에는 늙은 농부와 어부들만이 소수자였습니다. 처음에는 장애인과 비정규직, 여성, 청년들만이 소수자였습니다. 그러나 이제 만물이 소수자입니다.

우리는 이 모든 투쟁들이 함께 하고 있음을 증명하기 위해 걷습니다. 각자 처해 있는 삶의 구체적 상황이 다르고, 각자 지키고 싶은 삶의 내용이 다르지만, 우리 모두는 각자의 삶이 파괴된 이유를 다른 이의 삶이 파괴된 자리에서도 발견합니다. 나는 내 자리에서 싸우지만, 내 친구가 싸우는 자리 또한 내 자리임을 압니다. 그래서 나는 친구에게로 걸어갑니다.

홈 파인 차별의 공간에서 우리 모두는 장애인이고, 시민권이 거부되는 곳에서 우리 모두는 이주노동자이며, 삶이 불안정한 곳에서 우리 모두는 비정규직 노동자이고, 삶의 터전을 잃게 된 곳에서 우리 모두는 농민이며, 생명을 위협받는 곳에서 우리 모두는 새만금의 조개입니다. 이들과 만나기 위해, 이들과 함께 하기 위해 걷겠습니다.

3. 지식인들이 대중적 신체성을 갖도록 촉구하기 위해 걷습니다

우리는 추상적인 지표와 통계 수치들로 대중의 구체적 삶을 표현하는 지식에 반대합니다. 새만금 갯벌의 가치를 거기에 세워질 공장의 가치로 표현하고, 쌀시장 개방으로 유랑하게 될 농민들의 수를 도시에 새로 생길 서비스직의 수로 바꿀 수 있다고 생각하며, GDP 몇 % 성장으로 대중들의 삶 전체를 말할 수 있다고 생각하는 지식인들을 비판합니다. 우리는 대중을 훈계하는 지식인, 대중에 대해 연민을 갖는 지식인 모두를 거부합니다. 우리는 지식인이 대중과 만날 수 있는 유일한 길은 지식인 스스로가 대중일 때뿐임을 압니다. 우리는 무엇보다도 우리 스스로가 대중이며 소수자라는 것을 깨닫기 위해, 또 우리 스스로 대중이자 소수자가 되기 위해 걷습니다. '연구공간 수유+너머'에서 우리 스스로가 함께 먹을 밥을 짓듯이, 우리 정신의 대중적 신체를 짓도록 하겠습니다. 우리의 말이 무기가 될 수 있도록, 그만큼 단단해지기 위해 길을 걷겠습니다.

4. 우리는 생명의 권리, 삶의 권리를 요구하기 위해 걷습니다

'한미FTA' 반대 투쟁을 전개하면서, 우리는 권력과 자본에 의해 우리 자신의 삶, 대중의 삶, 나아가 생명 전체가 큰 문제에 직면했음을 깨달았습니다. 보건과 의료 서비스의 양극화, 농민층의 대대적 붕괴, 노동조건의 불안정성, 문화적 자생력의 상실, 유전자조작식품이나 환경파괴로 인한 생명의 위협…… 한미 FTA는 우리들의 삶 하나하나를 구체적인 위기에 몰아넣고 있습니다.

우리가 마주한 위기는 생존과 생활, 생명의 문제입니다. 따라서 우리의 투쟁은 우리 자신의 생명력을 확보하고 수호하기 위한 것, '생명권'과 '삶의 권리'를 요구하는 것입니다. 그것은 새만금 갯벌의 생명체들과 함께 생존의 권리를 요구하는 것이고, 자기가 살고 싶은 곳에 계속 살려는 평택 주민들과 함께 삶의 권리를 요구하는 것입니다. 삶의 기반을 위협받는 농민들, 예술인들과 함께 싸우는 것이며, 저임금과 열악한 노동환경, 강제 추방의 공포 속에 살고 있는 이주노동자들과 함께 사유하는 것입니다. 우리는 생태적 다양성을 지키는 투쟁을 문화적 다양성을 지키는 투쟁으로, 나아가 삶의 다양성을 지키는 투쟁으로 이해합니다. 그리하여 우리는 우리 생명에 웃음을, 우리 삶에 대안을 찾기 위해 걷겠습니다.

5. 늦지 않기 위해, 부끄럽지 않기 위해 걷습니다

새만금 물막이 공사가 끝난 지금, 우리의 행진은 너무 늦었는지도 모릅니다. 대추리가 군사시설보호구역으로 지정되어 군대의 투입을 앞두고 있는 지금, 우리의 행진은 한 발 늦었는지도 모릅니다. 무엇보다 한미FTA 협정문 초안이 이미 작성되었다고 하는 지금, 우리의 행진은 이미 늦었는지도 모릅니다. 하지만 모든 행동은 그것이 가져올 미래에 대해서는 늦지 않습니다. 언제나 후회만이 늦을 뿐, 행동은 결코 늦지 않습니다. 그래서 지금 걷겠습니다.

새만금 1억2천만 평. 그것은 세계 간척사의 위대한 업적이 아니라, 역사에 길이 남을 우리 자신의 무지와 수치의 넓이입니다. 평택에 만들어질 미군기지는 세계 최대 규모를 자랑하지만, 그것은 우리 자부심이 아닌 부끄러움의 규모가 될 것입니다. 우리는 더 이상 이런 부끄러움을 용납하지 않기 위해, 바로 지금 걷겠습니다.

3 우울한 지식과 즐거운 지식

인문학 위기 담론이 넘쳐나던 2006년 늦가을, 기업화된 아카데미로부터 고등교육을 구원하는 것을 하나의 과제처럼 느꼈다. '대중지성프로젝트'가 구상되었고 '아카데미의 죽음'과 '대중지성의 시작'을 알리는 선언문이 작성되었다. 현재 회사원, 교사, 학생, 농부 등 다양한 사람들이 이 프로젝트에 참여해서 읽고, 쓰고, 토론하는 일을 함께하고 있다.

:: 대중지성 프로젝트를 위한 선언

오랫동안 지식을 독점해 온 계몽적 공간 아카데미가 죽어 가고 있다. 외적인 권력에 의해 처절하게 부서진 것도 아니고, 스스로 빛나며 폭발한 것도 아니다. 황량하게 시들어 가는 지리멸렬한 죽음, 그것이 아카데미에 찾아왔다. 아카데미가 직장인 자들과 아카데미에서 주는 학력인정서가 필요한 자들이 지식을 매개로 기계적 만남을 유지하고 있을 뿐이다. 가르치는 자도 배우는 자도 대단한 노동을 하고 있다.

요즘 아카데미에서는 엉뚱한 열정이 불타오르고 있다. 앎에 대한 의지 속에서 삶의 형태가 바뀌는 게 아니라, 돈에 대한 의지 속에서 앎의 형태가 바뀌고 있다. 돈이 되는 지식, 부가가치를 창출하는 지식, 그 생산현장으로서, 지식 기업으로서 아카데미가 새롭게 부각되고 있다. 대단한 아이러니 아닌가. 지식기반사회, 지식기반경제에서 지식이 죽어 가는 꼴이라니.

아카데미가 황량하게 죽어 가다 못해 기괴한 괴물로 변하는 시점에 지식의 운명에 대해 새롭게 말할 수 있을까. 너무도 다행인 것은 우리가 아카데미의 운명과는 다른, 지식의 운명을 예감한다는 사실이다. 지식의 생산과 소통을 독점해 온 근대 아카데미와 지식인의 죽음, 그것이 예고하는 미래가 꼭 비극적인 것은 아니다. 아카데미가 신체이고 지식인이 지성이었던 시대는 가고 있지만, 지식 생산의 새로운 신체, 새로운 지성의 시대는 오고 있다.

선언컨대 이제는 대중이 지식의 신체이고 대중이 지식을 생산하는 지성이다. 지식은 어떤 개별 지식인의 천재적 두뇌가 아니라, 익명으로 존재하는 여러 두뇌들의 네트워크 속에서 태어나고 있다. 지식은 아카데미의 강단이 아니라 대중적 네트워크를 타고 소통되고 있다. 회사원인 채로, 농부인 채로, 학생인 채로, 예술가인 채로 지식의 생산과 소통에 참여하는 일은 얼마든지 가능하다. 아카데미도, 지식인도 없지만, 가르치고, 배우고, 묻고, 읽고, 쓰는 일은 어느 때보다 활발하다.

그 옛날 에피쿠로스의 정원에 모여들었던 익명의 대중들을 생각해 보자. 그들이 한때 노예였고, 매춘부였고, 어린아이였다는 사실이 뭐가 중요한가. 지식의 정원, 우정의 정원이 이미 그들을 자유롭게 만들었는데. 아테네의 작은 정원에서 앎이 만들어 낸 위대한 기적은 오늘날 첨단 문명 속에서 새롭게 부활하고 있다. 정원은 이제 어느 장소에 있지 않고 모든 곳에 있다. 아카데미 바깥에, 돈 바깥에, 권력 바깥에 있지만 그것은 모든 곳에 있다. 사람들은 끊임없이 정원을 찾고, 정원을 만든다. 곳곳에 넘쳐 날 지식의 정원들을 예감하며 우리도 우리의 정원을 열고자 한다. 대중지성 프로젝트! 우울한 지식이 황혼을 맞고 있는 사이, 즐거운 지식은 벌써 새벽을 시작하고 있다.

나를 바꾸고 세상을 바꾸는 책 읽기

www.jisiknet.com

4 앎의 연대
—책을 읽자, 세상을 바꾸자

책을 통해서 시민지식네트워크가 구성될 수 있을까. 놀랍게도 2007년 10월과 11월 사이, 전국에서 40여 개가 넘는 단체들이 '우리의 불안정한 삶, 비정규직을 읽자'는 독서프로젝트를 함께 진행했다. 서로 읽고 쓴 내용을 인터넷 게시판에 올리고 어떤 날에는 함께 모여 토론을 벌이기도 했다. 이 프로젝트는 2007년 한 해의 실험으로 끝났지만, '앎을 통한 연대'는 2008년 '현장인문학'으로 더 깊어졌다.

:: 시민지식네트워크를 위한 독서 프로젝트
우리의 불안정한 삶, 비정규직을 읽는다

1. 나를 바꾸고, 세상을 바꾸는 독서

안녕하세요. 저희는 '연구공간 수유+너머' 연구원들입니다. 우선 저희 소개부터 하겠습니다. 저희 공간 입구에는 이런 글이 쓰여 있습니다. "서로에게 선물이 되어 주십시오! '연구공간 수유+너머'는 좋은 앎과 좋은 삶을 일치시키는 연구자들의 생활공동체입니다." '연구공간 수유+너머'는 돈이나 권력, 제도에 얽매이지 않고 자유롭게 공부하고 싶어서, 그리고 앎이 삶을 바꾸고, 삶이 앎을 인도하는 그런 학문 공동체를 만들고 싶어서, 60여 명의 연구자들이 함께 공부하고 생활하는 곳입니다.

저희가 여러분께 드릴 말씀은 책과 세상에 대해서입니다. 저희는 연구자들인지라 대부분의 시간을 책과 함께 보냅니다. 책을 읽고 생각하고 공부하는 것, 저희에게는 그것이 삶입니다. 책은 저희를 생각하게 했고, 저희를 공부하게 했습니다. 그러나 이는 비단 저희 같은 연구자들만의 이야기는 아니라고 생각합니다. 어쩌면 우리 모두는 생각하며 공부하며 살아가는 사람들이 아닙니까.

생각하며 살아간다는 것은 무슨 뜻인가요. 그것은 아무런 생각 없이, 관성대로 살지 않는다는 뜻일 겁니다. 공부한다는 것, 뭔가를 배웠다는 것은 무슨 뜻인가요. 이제는 다르게 생각하고 다르게 산다는 뜻 아닙니까. 그냥 정해져 있는 대로, 명령받은 대로, 습관대로 살지 않는 것, 남들 말하는 대로 생각 없이 살지 않는 것, 그것이 공부라고 감히 말씀드려 봅니다.

우리는 생각하고 배웁니다. 그러기에 다르게 살아갈 수 있습니다. 저희는 책을 읽는 이유를 여기서 발견합니다. 책은 항상 나를 깨우고, 나를 바꿉니다. 책은 항상 내가 살아가는 세상을 깨우고, 세상을 바꿉니다. 하지만 우리의 독서는 어떻습니까. 혹시 우리의 독서는 나를 깨우기는커녕 나를 치장하고, 나를 바꾸기는커녕 나를 숨기고 있지 않습니까. 혹시 책이 정신을 일깨우는 새벽닭이기는커녕 정신을 잠재우는 수면제가 아닙니까. 저희는 책이 교양이라는 정신적 치장물로 되는 것에 반대합니다. 책이 세상의 나무와 인간 정신을 낭비하는 소비재가 아니라, 사람과 세상을 새로 만드는 생산재여야 한다고 믿습니다. 독서로 얻은 지식이 단지 내 호기심을 채우고, 나를 치장하는 것에 머문다면 그것은 공부가 아닐 겁니다. 우리는 나를 바꾸고 세상을 바꾸는 독서를 하고 싶습니다. 책에는 바로 그런 힘이 있습니다.

책을 읽고 공부하면서 우리 모두가 좋은 삶, 좋은 세상을 만들 수는 없을까요. 우리 삶이 불안정해지고, 세상이 더 큰 불행으로 나아갈 때, 그것을 멈추게 할 힘이 독서에 있지 않을까요. 저희가 찾은 해답은 저희 공동체의 경험 안에 있었습니다. '함께 하면 무슨 일이든 사건이 된다.' 그래서 책을 읽는 여러분, 책을 좋아하는 여러분과 함께 올 가을 하나의 '사건'을 만들어 보고자 합니다.

2. 전국적 지식네트워크, 가을에 판을 벌여 보자

작년에 전국 인문대학의 학장들이 '인문학 위기'를 선언했습니다. 대학의 인문학은 정말로 위기입니다. 대학은 시장 경쟁력이 없는 인문학을 지원하지 않고, 학생들은 취업에 도움이 되지 않는 인문학을 공부하지 않습니다.

하지만 지성의 전당, 지식의 보고인 것처럼 떠들었던 대학이 위기에 빠지는 동안 우리 주변에는 책을 읽고 지식을 소통하는 새로운 사람들, 새로운 공간들이 생겨났습니다. 대학이 아니어도 얼마든지 학문 연구가 가능함을 보여 준 연구자 단체들이 생겨났고, 돈 벌기 위해서가 아니라 정말 책을 좋아해서 읽는 클럽들이 생겨났습니다. 한때 취직 시험 공부하는 열람실에 불과했던 지역 도서관들이 지식과 정보의 새로운 중심으로 우리 이웃에 생겨나고 있습니다. 시민들로부터 멀리 떨어진 지식의 전당인 대학이 죽어갈 때, 시민들 곁에는 새로운 지식 공동체들이 생겨나고 있었던 것입니다.

저희는 바로 그런 활동을 하는 공동체들에게 지식네트워크, 독서네트워크를 만들어 보자고 제안합니다. 단 한 번이어도 좋습니다. 함께 책을 읽어 봅시다. 함께 토론해 봅시다. 함께 공부해 봅시다. 혼자서 책을 읽으면 머릿속 지식에 그치지만, 수많은 사람들이 한 권의 책을 읽으면 '사건'이 됩니다.

이는 이미 2001년 시카고에서 행해졌던 '하나의 책, 하나의 시카고' One Book, One Chicago 운동을 통해 알려진 사실이기도 합니다. 그 운동을 통해 도시 전체가 한 권의 책을 읽고 시민들이 다같이 그 책에 대해 토론하면서 한동안 열띤 독서 분위기가 만들어졌었습니다. 그들이 읽었던 책은 『앵무새 죽이기』였습니다. 인종문제를 다룬 책이었지요. 사람들마다 생각이 달랐을 것이고, 행사의 저의를 의심하는 사람도 많았을 겁니다. 하지만 뭐 어떻습니까. 자신이 백인 우월주의자이건 흑인 인권운동가이건, 보수주의자이든 진보주의자이든, 우파든 좌파든, 그 책을 함께 읽었다는 것, 그 사실이 중요합니다. 도시의 시민들 모두가 그 문제에 관심을 가졌다는 것, 그 문제를 알고 있다는 것, 그것만으로도 세상은 변합니다. 책의 힘이 바로 그런 것입니다.

우리가 살아가는 세상을 바꾸고, 우리가 처해 있는 문제를 풀기 위해서는 시민들 사이의 지적인 공감이 중요합니다. 아니 공감하지 못해도 좋습니다. 지적인 소통이라도 이루어질 수 있다면 족합니다. 저희는 전문 학자의 지식이 아니라 시민들의 지성이 세상을 바꾸는 더 큰 힘임을 믿습니다. 시민들의 지적 소통이 활발할 때만 정책 담당자들, 전문 학자들은 좋은 해결책을 찾기 위해 노력하게 될 것입니다.

저희는 우리의 지식 네트워크, 독서 네트워크가 한편으로 동료 시민들에게 책을 어떻게 읽을 것인가를 묻는 일이라고 생각합니다. 그리고 다른 한편으로 정부에 대해 우리가 제기하는 문제, 우리가 읽고 토론하는 문제에 대해 대안을 촉구하는 일이 될 거라고 생각합니다.

3. 우리 삶의 불안정을 상징하는 '비정규직'을 읽읍시다

저희가 제안하는 프로젝트는 '독서문화진흥'이 어쩌고저쩌고 하는 그런 전시용 캠페인이 아닙니다. 저희는 '무슨 책을 왜, 어떻게 읽을 것인가'에 대한 생각 없이 그냥 좋은 책을 모두가 읽자는 식의 캠페인에 반대합니다. 독서란 정신적 쾌감을 제공하는 상품의 소비가 아닙니다.

저희는 과거 정신의 만족이 아니라 새로 시작하는 정신의 탄생을 위해서 책을 읽습니다. 무엇보다 우리가 처해 있는 현실을 이해하고, 그것에 대해 우리 모두의 주의를 환기하고, 우리 모두의 지혜를 모으기 위해 책을 읽습니다.

시민들의 독서 네트워크를 제안하면서 저희는 어떤 책을 읽을까를 고민했습니다. 사실 어떤 책을 읽을까보다 우리가 지금 어떤 문제와 대면하고 있는가를 고민했습니다. 고민 끝에 저희가 뽑은 열쇳말은 '불안'이었습니다. 불안 속에 내던져진 삶. 이것이 현재 한국 사회의 단면이 아닌가 생각합니다. 1997년 IMF 사태 이래 많은 사람들이 한국 사회가 전환기를 맞고 있다고 말하고 있습니다. 사회 전체가 구조조정을 경험하고 있지요.

하지만 저희 생각에 우리가 현재 겪고 있는 불안은 단순히 더 나은 사회로 나아가기 위해 치러야 하는 전환기의 비용이 아닙니다. 우리는 더 나은 사회로 가기 위해 일시적으로 구조조정을 하는 것이 아니라, 구조조정이 영속화된 사회, 영속적인 불안정을 겪어 내야 하는 사회로 나아가고 있습니다.

올해 우리 사회의 최대 현안 중의 하나인 비정규직 사태는 이런 변화의 상징일 것입니다. 우리 국민들 중 상당수가 비정규직이기도 하지만, 무엇보다 우리 사회가 나아가는 모습이 비정규직 속에서 상징화되고 있습니다. 비정규직이 일부 사람들이 처한 '예외적' 곤경이 아니라, 우리 모두의 '정상 상태'라는 점이 점차 분명해지고 있습니다. 'KTX'와 '이랜드'라는 고유명사에 가려져 우리의 삶 전체가 비정규화되고 있는 현실을 놓쳐서는 안 됩니다.

여러분들과 진솔하게 우리 삶의 불안, 우리 삶의 불안정성에 대해서 책을 읽고 함께 이야기해 보고 싶습니다. 책을 읽는 시민들 모두가 함께 동료들과 단 한 번이라도 말할 기회를 가졌으면 좋겠습니다. 그래서 감히 저희 연구자들이 동료 시민들께 '우리의 불안정한 삶, 비정규직을 읽자'고 제안드립니다.

전국 곳곳에 있는 독서 클럽들, 여러 지역 도서관들, 그리고 출판사들, 연구자 단체들, 그 어느 모임이어도 좋습니다. 책이 갈 수 있는 그 어떤 곳, 책을 좋아하는 그 어떤 모임도 좋습니다. 이 가을, 하나의 사건을 만들어 봅시다. 지금 내가 있는 클럽에서 우리 모두가 읽을 책을 읽어 봅시다. 그리고 며칠간 그 문제로 여기저기 떠들어 봅시다. 생각이 다르면 어떻습니까. 해법이 다르면 어떻습니까. 우리 시민들의 소통이 우리 시민들의 권리이고 우리 시민들의 무기 아니겠습니까. 우리의 독서가 우리를 바꾸듯 세상을 더 나은 모습으로 바꾸길 기대합니다.

5 코뮨주의를 선언한다

2007년 11월 우리는 '코뮨주의'를 선언했다. 어떤 자격이나 근거 없이도 우리는 함께 할 수 있으며, 우리는 '함께 함'을 통해서만 자유롭다는 것, 그리고 '함께 함', 즉 '코뮨'이 우리의 존재이자 지향임을 밝혔다. 우리는 '동일자' 이름으로 감행된 모든 추방에 맞선 하나의 '이질적 무리들'이며, 자본주의적 추방 이전에 이미 자본주의 '바깥'으로 탈주한, 아니 그 '바깥'을 자본주의 '안'에서 발견하고 또 창안해 내는, 그리고 그런 시도 속에서 다른 이들과 연대하는 코뮨주의자들임을 선언했다. 공공연한 하나의 고백으로서, 하나의 초대로서, 그리고 하나의 약속으로서.

:: 코뮨주의 선언*

1

우리는 코뮨주의자다. 코뮨주의가 우리의 존재론이고 인식론이다. 가장 고독한 순간에도 우리는 고독한 채로 무리를 이룬다. 우리에게는 '고독'조차 '고독들'인 것이다. 모든 것들이 더불어 있다는 것, 더 나아가 더불어 있는 것만이 실존할 수 있다는 것, 그것이 우리의 출발점이다. 코뮨은 실존한다. 아니 코뮨만이 실존한다.

우리는 '나는 사유한다', '나는 존재한다'고 말하기 이전에, 얼마나 많은 것들이 '나'라는 이름 아래서 사유하고 있는지, 얼마나 많은 것들이 '나'라는 공동체를 이루고 있는지 말하고 싶다. 마치 '니체'라는 이름이 그가 횡단했던 수많은 건강 상태, 수많은 역사적 인물들의 코뮨이었듯이. 우리는 "'분할 불가능하다' in-dividual는 의미에서의 개체는 없으며, 모든 개체는 항상-이미 집합체"라는 의미에서 "개체는 중생"(衆-

---

* 이 글은 『코뮨주의 선언—우정과 기쁨의 정치학』(교양인, 2007)에 실려 있는 글이다. 게재를 허락해 준 교양인 출판사에 고마움을 표한다.

生, multi-dividual)이라고 생각한다. 개체와 집합체의 대립은 무의미하며, 우리에게는 단지 코뮨이 있을 뿐이다.

코뮨주의란 이처럼 세상의 존재를 코뮨으로서 긍정하는 것이다. 우리는 만물이 코뮨이며 세상이 만물의 코뮨임을 긍정한다. 그러나 이 긍정은 얼어붙은 관계에 대한 긍정이 아니라 끊임없이 구성되고 해체되는 관계에 대한 긍정이다.

우리는 존재의 자리에, 아니 존재보다 깊은 곳에 생성을 놓는다. 그리고 그런 생성의 세계 안에 우리가 있음을, 우리 또한 그 생성의 원인으로 참여하고 있음을 긍정한다. 코뮨주의는 세상의 변화 원인으로서 우리 자신에 대한 실천적 지향이자 노력이다.

이런 점에서 우리는 코뮨주의가 하나의 이념임을 밝혀 둔다. 코뮨주의는 한편으로 모든 개체들의 존재론적 사태, 부정하려 해도 소멸되지 않는 실재적 현실에 대한 긍정이지만, 다른 한편으로 현실 자체에 대한 변혁의 지향이기에, 분명 하나의 이념이다. 자유주의자나 개인주의자는 우리와 반대 태도를 취한다. 그들은 탈이념을 내세우며 자기 이념을 자명한 현실인 양 떠들어댄다. 하지만 자신의 신체, 자신의 소유, 자신의 이익만이 존재하는 세계가 어떻게 현실인가. 우리가 보기에는 자유주의나 개인주의야말로 모든 실재적 연관을 억지로 끊어 내고 현실을 외면하면서 생겨난, 말 그대로 현실 없는 이념이다. 그들과 달리 우리 코뮨주의자들은 존재론적 사실에서 시작하지만 그것을 자명한 것으로 치부하지 않는다. 코뮨주의자의 현실에 대한 긍정은 항상 현실에 대한 변혁을 내포한다. 현실을 긍정하지만 그 현실에 머물지 않기에 우리는 코뮨주의가 이념이라고 말한다.

모든 것을 코뮨의 관점에서 생각하고 행동하라! 모든 앎의 기초를 코뮨의 구성 위에 두라!

어떤 대상에 대한 적합한 인식은 그것과 적합한 코뮨을 구축했을 때만 획득된다. 우리 앎의 과정은 우리가 대상이라고 불렀던 다른 어떤 신체와의 앎의 공동체를 이루는 과정이다. 근대의 인식론은 앎의 과정 이전에 주체와 대상을 설정해 놓지만 우리에게 주체나 대상은 전제라기보다는 결과이다. 주체나 대상이 현상하는 방식은 그 앎의 과정, 그렇게 구성된 앎의 공동체의 권력 관계를 표현한다. 우리에게 근대 인식론은 대상에 대한 주체의 참된 앎이 아니라, 다른 신체를 노예화하는 어떤 폭압적인 앎의 공동체를 나타낼 뿐이다. '무엇'을 아느냐는 '어떻게' 아느냐와 깊이 관련되어 있다. 우리가 다른 신체에 대해 얼마나 적합한 인식을 획득하는가는 우리가 그 신체와 얼마나 적합한 코뮨을 구성하는가에 달려 있다. 그러기에 우리는 코뮨을 산출하는 실천적이고 구성적인 노력 속에서만 우리의 앎을 생산한다.

코뮨주의 선언은 이러한 우리의 실천과 노력에 대한 선언이다. '만물이 코뮨'이라는 것은 우리 인식의 출발점일 뿐, 선언의 실질적 내용이 아니다. '코뮨주의란 무엇인가'라는 물음은 우리에게 '어떤 코뮨을 어떻게 구성할 것인가'와 동일한 것이다. 우리는 코뮨주의의 의미(sens)를 물으며 우리가 구성할 삶의 방향(sens)을 찾고자 한다. 우리에게 문제가 되는 것은 코뮨의 존재가 아니라 코뮨의 구성이다. 우리에게 문제가 되는 것은 "존재론적 코뮨"이 아니라 "구성적 코뮨"이다. 가령 우리에게는 가족이나 국가가 하나의 공동체, 하나의 코뮨이라는 사실이 중요한 게 아니다. 그것이 어떤 코뮨이냐가 더 중요하다. 그래서 코뮨주의 선언은 만물이 코뮨이라는 사실에 대한 선언이 아니라, 우리가 어떤 코뮨을 원하는가에 대한 선언이다. 즉 우리 욕망에 대한 선언, 우리 삶의 방향에 대한 선언이다.

물론 모두가 알고 있듯 코뮨주의라는 용어는 우리의 발명품이 아니다. 우리는 세상에 새로운 기호를 내놓은 게 아니다. 코뮨주의라는 이름은 역사적으로 이미 존재하고 있고, 그 이름을 썼든 쓰지 않았든 코뮨주의에 대한 시도는 여러 시대, 여러 곳에서 이루어졌다. 우리는 역사 속에 존재하는 그 모든 코뮨주의자들의 시도와 성취를 존중한다. 우리가 '공산주의'라고 부르는, 지금은 역사 속에 묻혀 버린 체제 역시 코뮨주의를 위한 하나의 진지한 시도였음 또한 우리는 부인하지 않는다. 그리고 바로 그렇기에 그것은 우리가 지금 생각하고 있는 코뮨주의로부터 너무나 멀리 떨어진 체제, 사실상 반대물이라 불러도 좋을 체제가 되고 말았음을 진지하게 시인한다.

모리스 블랑쇼는 '공산주의' 코뮨주의니 '공동체'니 하는 단어들이 스스로를 배신했기에, 그것들이 지닌 적합성을 드러내기 위해서도 거기서 떠나야 한다고 말했다. 우리 역시 코뮨주의를 주창하거나 공동체를 역설했던 많은 이들이 전체주의로, 파시즘으로 귀결된 경험들을 묵과하지 않는다. 그러나 우리가 사랑하는 하나의 단어가 있다. '그럼에도 불구하고!' trotzdem 블랑쇼가 돌아가기 위해서도 떠나야 한다고 말했던 그 단어들에 우리는 악착같이 달라붙고자 한다. 우리는 오히려 머무르는 방식으로 떠나고자 한다. 진정한 떠남은 재해석이고, 재창조이고, 재발명임을 우리는 믿는다. 우리는 해석되었던 것을 재해석한다. 익숙한 개념들에 대한 재해석, 그것이 우리의 발명이다. 모든 창조는 해석에서 시작되고, 모든 해석은 창조를 통해서만 의미가 있다.

2

우리에게 코뮨주의는 '공통된 것' the common의 생산을 의미한다. 그러나 여기서 '공통된 것'은 '동일한 것'과는 아무런 관계도 없다. '공통된 것'은 또한 상이한 존재자들이 공통으로 소유property하고 있는 어떤 성질property도 아니다. 그것은 우리를 하나로 모으고 동일하게 사고하고 행동하도록 해주는 어떤 '근거' Grund도 아니다. 코뮨주의는 상이한 개체들이 하나의 집합체로 존재하고 활동하는 것을 사유하지만, 그것을 어떤 성질의 동일성, 어떤 심층의 근거로부터 추론하지 않는다. 우리가 말하고 싶은 것은, 이유가 무엇이든 복수의 개체들이 하나의 공통된 사건을 구성하는 능력이고, 나와 다른 개체들의 사고와 행동의 리듬을 맞춰 가며 하나의 공동 행동을 구성하는 능력이다. 우리는 공통의 사건, 공동의 행동을 통해 또다른 공통의 사건이나 행동을 구성할 수 있는 잠재력을 중시한다.

동일성이나 근거를 찾는 이들은 결코 '공통된 것'이라는 말을 이해할 수 없을 것이다. 왜냐하면 공통된 것은 동일성이 아니라 차이에 관한 이야기이며, 그것도 근거根據를 공유한 차이나 일자一者를 전제한 다양성이 아니라, 차이 자체, 다양성 자체에 관한 이야기이기 때문이다. '공통된 것'이란 오직 차이나는 것들 사이에만 존재하고, 오직 차이나는 것들만이 생산할 수 있는 어떤 것이다. 다양한 차이들, 여러 특이점들이 소통하며 공통된 것을 생산한 것, 그것을 우리는 코뮨이라고 부른다. 따라서 우리의 코뮨은 동일체가 아니라 다양체다. 그리고 코뮨주의 선언은 이러한 다양체의 실재에 대한 선언이다.

소통을 꿈꾸면서도 차이를 두려워하는 이들이 있다. 그들은 차이를 해소하는 것만이 소통이라고 생각한다. 그러나 거꾸로다. 대화가 불가능한 것은 동일성 아래서다. 동일성 아래 있는 존재들은 둘일 때조차 한 사람처럼 독백한다. 차이들만이 소통할 수 있다. 우리는 매번 그 방법을 발명해야 한다.

그런데 이러한 소통의 발명은 우리가 하나의 동일자로서 다른 동일자를 만나는 한에서는 불가능하다. 이는 우리들이 더 큰 동일자로 해소되는 문제도 아니다. 우리 자신에 대한 절대적 승인도, 우리 자신에 대한 절대적 기각도 필요 없다. 소통을 발명하는 일은 우리 자신을 재발명하는 일이기 때문이다. 우리의 가장 내밀한 것, 우리를 가장 특별하게 만들어 준 것은 우리로부터 가장 먼 데서 온다. 낯선 존재와의 마주침이 내 안의 낯선 존재를 불러낸다. 나로부터 가장 멀리 있는 그 존재가 바로 나이다. 내 안의 타자가 다시 내가 됨으로써, 우리는 다른 타자와 공통된 것을 생산하는 관계에 들어간다. 우리는 서로 다르기에 함께 하며, 함께 하기에 서로를 다르게 만든다. 코뮨의 구성 문제는 보편과 특수, 유와 종이 아니라, 공통된 것 the common과 특이한 것 the singular의 문제이다.

3

코뮨에 대한 정의 속에서 우리는 이미 타자를 발견한다. 타자는 항상 우리와 함께, 우리의 곁에 있다. 아니 그것들은 우리 안에 있다. 코뮨은 타자들의 공동체이다. 그런데 흥미로운 점은 역사적 코뮨주의의 실패를 증언한 것 또한 타자의 문제였다는 사실이다. 타자들의 공동체를 지향하는 코뮨주의가 타자들을 억압한 체제로 고발되었다는 것은 역사적 아이러니가 아닐 수 없다. '감옥 같은 공동체'. 많은 개인주의자들은 공동체가 갖는 폭력성을 고발했다. 그들에게 공동체는 개체성이나 고유성을 잡아먹는 '흉악한 괴물'이었다.

그러나 전체주의와 개인주의, 유기체론과 원자론은 그리 멀리 있지 않다. 전체에는 외부가 없고 원자에는 내부가 없다. 전체주의자에게 타자성은 내적 문제이고 개인주의자에게 타자성은 외적 문제이다. 전체주의적 공동체들(그것이 정치적이든, 군사적이든, 종교적이든)은 모든 차이들을 전체적 통일성 아래 포섭한다. 차이란 더 큰 동일성 아래서의 차이이며, 타자성은 국소적인 것일 뿐, 전면적 타자란 있을 수 없다(만약 그런 타자가 존재한다면 공동체는 그를 제거하려 할 것이다!). 개인주의자들은 어떤가. 각자의 고유성을 주장하는 그들은 언뜻 보기에 타자성을 존중하는 것처럼 보인다. 그러나 이들의 타자성은 원자적 동일성을 전제하고 있다. 가령 홉스가 '만인에 대한 만인의 전쟁'에 대해 말할 때, 그 '만인'들의 존재방식, 행동방식은 사실상 똑같다.

타자와 관련해서 전체주의와 개인주의는 크게 다르지 않다. 국제사회에서 전체주의자들이 원자론자로 돌변하는 것은 얼마든지 가능한 일이다. 그들은 '만인에 대한 만인의 전쟁'을 치르며 자기 지배력을 극대화하려 한다. 개인주의자들도 자기 신체와 관련해서는 전체주의자들처럼 행동한다. 개별적 고유성을 믿는 한에서 그들은 자기 신체에 대한 전체주의자들이다. 개인의 고유성이란 자기 안의 타자성에 대한 억압의 결과일 뿐이다. 코뮨주의자로서 우리는 전체주의와 개인주의에 똑같이 반대한다. 하나의 큰 동일자도, 여러 작은 동일자도 우리의 지향이 아니다. 우리의 안과 바깥은 모두 타자들, 차이들로 이루어져 있다.

4

우리는 휴머니즘에도 반대한다. 개체의 단위를 개인에 두든, 인종과 민족에 두든, 아니면 인류에 두든 똑같은 동일자의 변증법이 작동한다. 인간과 자연, 인간과 사물, 인간과 기계라는 말에서 '과' 라는 접속사에는, 언젠가 니체가 말했듯이 인간의 오만함이 잔뜩 묻어 있다. 이 접속사는 도무지 접속을 거부하는 접속사다! 그 말이 표시하는 것은 인간은 자연이 아니고, 인간은 사물이 아니고, 인간은 기계가 아니라는 말이기 때문이다. 그것은 접속이 아니라 분리와 차별을 선언하는 단어다. 접속사가 아니라 분리사인 셈이다. 그 말은 '인간'과 '인간 아닌 모든 것'을 구별하여 인간을 위한 특별한 자리를 만들어 준다. 그 자리에 있는 한 인간의 사랑은 모든 존재를 껴안을 때조차 독재자의 사랑일 수밖에 없다.

많은 코뮨주의자들이 이 휴머니즘의 한계를 넘어서지 못했다. 그들은 인간들의 코뮨주의를 꿈꾸었을 뿐, 자연이나 사물, 기계 등과 코뮨주의적 관계를 사고하는 데는 실패했다. 그들은 사물과 어떻게 관계할 것인가를 진지하게 생각지 않았다. 그들은 자신들이 상상한 '인간적인 것'의 보존과 확장에만 관심을 가졌을 뿐이다. 사물들의 세계에서 그들은 다만 인간성 상실을 볼 뿐이다. "사물화란 한마디로 소외이다!" 사물의 일차성을 주장했던 유물론자들에게조차 '사물'은 사실상 일종의 욕설이었다. 그러나 바로 그런 인식 속에서 정작 소외된 것은 사물이었다. 우리의 해방이 사물로부터 멀어지는 것일수록, 사물들도 우리의 해방으로부터 멀어질 것이다. 이 점에서 우리는 생산자와 생산수단이라는 맑스주의의 오랜 구분을 다시 생각한다. 인간과 자연, 인간과 사물, 인간과 기계. 우리는 이를 생산자와 생산수단이라는 말로 간명하게 나누어 왔다. 여기서 우리는 다시 한번 휴머니즘의 포자가 참으로 널리 퍼져 있음을 실감한다. "자연, 사물, 기계는 생산자 인간을 위한 수단들이다." 물론 모든 수단 뒤에는 목적이 있다. "인간은 언제나 목적으로서 다루어져야 한다." 누구를 위해서? 무엇을 위해서? 아마 자연도 웃고, 기계도 웃을 것이다. 자연이나 기계의 생산에 빌붙어 생존을 꾸리는 자가 인간 아니던가?

그러나 코뮨주의 선언의 목적은 숭상이나 비하에 있지 않다. "코뮨주의란 인간과 비인간을 가르는 그 경계를 근본에서 변환시키는 것이어야 한다. 인간을 착취하고 인간을 억압하는 권력에 대해 분노하면서도 인간 아닌 것들에 대해서는 착취하고 쉽사리 버리거나 파괴하는 데에 아무런 불편함도, 부당함도 느끼지 않는 우리의 감각을, 그런 자명성을 낳는 관계를 변혁해야 한다."

자본주의적인 노동의 소외를 넘어선 곳은 인간이 사물들과 확실하게 '목적'으로 분리되어 그들 위에 군림하고 그들을 '수단'으로 부리는 세계가 아니라 '사물이 인간의 동료'인 세계일 것이다. 코뮨주의란 인간이 사물화에서 벗어나 자기 동일성으로 되돌아간 상태가 아니라, 인간이 사물과 진정으로 접속할 수 있게 된 상태, 그래서 사물과 인간이 친구가 될 수 있는 상태다. 우리 모두는 생산 속에서 서로의 동료다. 동물도, 식물도, 기계도, 그 어떤 사물도 우리의 동료가 될 수 있다.

우리는 인간을 특별한 존재로 만들었던 근대적 배치의 해체를 선언한다. 인간'과' 다른 존재 사이를 벌려 놓았던 분리사 대신, 인간과 다른 존재를 결합시키는 접속사들이 여러 방향으로 자라날 것을 믿는다. 머지않아 '인간인가 아닌가'라는 물음이 더 이상 무의미해지는 시대가

올 것이다. 이미 경계선은 허물어졌고 앞으로도 계속 허물어질 것이다. 과거의 코뮨주의자들은 코뮨주의를 통해 진정한 인간이 회복될 것이라 믿었다. 그러나 우리는 코뮨주의에서 인간적인 것의 진정한 극복을 기대하고 있다. 사물과 동료가 되는 법을 배우면서 우리는 제3의 종, 아니 지금으로서는 도무지 예측할 길이 없는 어떤 존재로 변신해 가는 과정을 기꺼이 즐길 것이다.

5

우리는 우정의 정치학을 꿈꾼다. 우리는 누구와도, 그 어떤 존재와도 친구가 될 생각이다. 그러나 우리는 적 앞에서 자기 최면을 걸어 그를 친구로서 발견할 생각이 없다. 위대한 사랑은 그 사랑의 대상을 먼저 창조한다고 했던가. 우리는 친구를 창조함으로써만 우리의 우정을 이어 간다. 적을 친구라고 우기는 게 아니라, 적을 친구로 만드는 것이 우리의 우정이고 사랑이다. 혁명가는 세계를 전복하는 혁명으로 세계에 대한 그의 우정을 보여 주지 않는가. 우정이나 사랑은 어떤 때 꽤나 잔혹한 행동을 우리에게 요구한다.

우리는 우정이라는 말로 자본주의 사회에서 계급 적대의 정치학이 작동하고 있음을 부인할 생각이 없다. 그러나 우리가 싸우는 대상은 적이 된 타자가 아니다. 우리가 겨냥하는 것은 타자를 적으로 만드는 체제 자체이다. 계급투쟁은 두 계급 사이에서 일어나는 적대적 투쟁이 아니라, 적대를 양산하는 계급사회에 대한 투쟁이 되어야 한다. 계급과 계급의 투쟁이 아니라, 계급과 비계급의 투쟁, 한 계급을 위한 투쟁이 아니라 비계급을 위한 투쟁이 우리의 계급투쟁이다. 우리는 프롤레타리아트를 부르주아지에 대한 '반대 계급'이 아니라, 계급사회를 폐절시키고자 하는 '비계급'으로 이해한다.

우리는 적대와 추방의 정치학을 넘어서야 한다고 말한다. 아마도 "부르주아지가 지배계급으로 존속하는 한, 그리고 그들이 대중의 흐름을 자신의 것으로 포획하여 자기 권력으로 변환시키는 계급의 정치학을 작동시키는 한, 프롤레타리아트 역시 고유한 반계급counter-class의 정치학을 포기할 수 없을 것이다. 그러나 그것이 또 하나의 '계급적' 정치학이 되지 않기 위해선, 이미 익숙해진 계급정치학을, 적대의 정치학을 변형시켜야 한다".

부르주아지의 자리를 차지하기 위한 투쟁이 아니라, 부르주아지의 자리를 없애는 투쟁이 중요하다. 초월적 권력을 차지하려는 투쟁이 아니라, 초월적 권력의 작동을 멈추게 하는 투쟁이 중요하다. 그렇지 않다면 부르주아지를 닮은 프롤레타리아트가 프롤레타리아트를 닮은 또 누군가를 지배하는 일만이 반복될 것이다.

불행히도 적대의 정치학은 계급적 적대를 폐지시키려 했던 코뮨주의자들의 운동에도 깊숙이 침투했다. 적대의 정치학은 코뮨주의를 자칭하는 이른바 '동지들' 사이에도 작동했다. 많은 코뮨주의자들이 계급 간 차이만큼이나 계급 내의 차이를 견딜 수 없어 했다. 정말로 "긍정적 촉발이 필요한 곳에서 부정적 배제와 억압, 투쟁과 증오의 정치가 작동했다". 적을 선명히 함으로써 자기를 선명히 하려는 시도는, 자기를 오염시키는 내부의 타자들을 색출하는 동일자의 논리를 양산했다. 괴물과 싸우는 자의 최대 위험은 그 자신이 괴물로 돌변하는 것이다.

6

코뮤주의자로서 우리는 또한 사유화privatization에 반대한다. 사유화란 공통된 것에 대한 파괴이다. 분리와 배제, 그리고 추방이 사유화 속에서 작동한다. 맑스와 엥겔스는 자신들의 코뮤주의를 '사적 소유의 철폐'라는 한 문구로 요약할 수 있다고 선언했다. 우리는 그 선언을 '공통된 것의 생산'이라는 말로 번역한다.

로크의 말처럼 소유란 "타인에게 사용의 여지를 두지 않는 독점"이다. 그가 근대의 사적 소유권의 신성한 기원을 신체에 둔 것도 타자 배제 문제와 깊이 관련되어 있다. "모든 사람은 자기 인신에 대해서 소유권을 가지고 있다. 그를 제외하고는 아무도 그 권리를 갖고 있지 않다." 이로부터 그는 신체와 신체가 노동해서 얻은 산물들을 사유물로 선언할 수 있었다.

그러나 그를 조롱하듯 이제는 신체의 장기臟器를 거래하는 시대고, 우리의 신체에서 나온 것이 적절히 변형되면 우리가 아닌 변형자의 소유물이 되는 시대며, 이미 우리 모두가 갖고 있는 유전 정보가 그것을 '발견'했다는 미명 아래 한 개인이 독점하여 소유하고 이용할 수 있게 된 시대이다. 실험실을 갖지 못한 자, 지식을 갖지 못한 자, 돈을 갖지 못한 자, 한마디로 말해 가난한 자는 자기 신체에 대한 소유권조차 갖기 힘들어진 시대이다.

근대의 사적 소유 체제에서 사유화할 수 없는 것은 사실상 아무것도 없다. 어디에 있는 사물이든, 누구에게 붙어 있는 특질이든, 그것이 분리될 수 있는 것이라면, 그것이 처분될 수 있는 것이라면, 우리는 그것을 사유화할 수 있다. 여기에 어떤 역설이 있다. 내가 어떤 사물을 소유하고 있다는 것은 그것과 결합하고 있음을 의미하는 것 같지만 사실은 반대이다. 사적 소유권의 핵심은 '결합'이 아니라 '처분'과 '분리'에 있다. 맑스가 지적한 것처럼, "처분이 불가능하다면 내가 가진 곡물의 양은 내가 먹어치울 수 있는 한계를 나타낼 뿐"이다. 자유롭게 처분 가능한 것, 매매 가능한 것만을 나는 소유하고 있다고 말할 수 있다. 가난한 자들이 진정 가난해진 것은 그들이 뭔가를 소유하고 있었기 때문이다. 그들의 신체와 정신이 처분 가능한 것임이 밝혀졌을 때, 즉 그들이 그 것을 진정으로 소유하고 있음이 발견되었을 때, 그들은 먹고 살기 위해 그것들을 즉각 팔아야만 했다.

그래서 사적 소유의 체제란 내가 가진 것을 안전하게 지키는 체제이기 이전에, 남의 것을 내 것으로 만들 수 있는 체제인 것이다. 한 사람이 자기 집의 울타리를 두르는 동안 다른 사람은 그 울타리를 넘어서 그의 재산을 훔친다. 울타리 치는 자가 있는 곳에 도둑이 있고, 도둑이 있는 곳에 울타리 치는 자가 있다. 소유 체제 아래서 우리는 "이 두 쌍둥이를 구분하기 어렵다".

공통의 영역에서 타자를 몰아내고 울타리를 두른다는 것은 비단 재산과만 관련된 이야기가 아니다. '소유' property라는 말은 재산만이 아니라 고유성을 의미하기도 한다. 재산에 대한 소유만이 아니라 고유성에 대한 소유도 존재한다. 내 안에서 타자를 배제하는 것, 내 안의 타자성을 억압하는 것, 외부 타자와의 공통 작용을 거부하는 것. 이 또한 근대의 사적 소유 체제의 특징이다. 고유성이니 정체성이니 하는 영역에도 추방과 배제, 도둑질이 존재한다. 내가 소유한 모든 것이 남의 소유가 될 수 있다. 나의 '자아'는 나를 지배하는 자, 나를 독점하는 자의 것이다. 우리는 도둑질에 반대하는 소유자도 아니고, 소유물을 훔치는 도둑도 아니다. 우리는 사적 소유에 반대한다. 우리는 울타리는 치는 자, 그것을 넘는 자 모두에 반대한다. 우리는 울타리 자체에 반대한다. 우리의 반대는 공적인 것의 사유화가 급속히 진행되고 있는 지금의 신자유주의 시대를 겨냥한 것이기도 하다. 지식과 정보, 각종 에너지, 여러 생명자원에 사적인 울타리가 둘러지고, 대중들의 정서 소통마저 사유화되는 시대를 우리는 반대한다.

그러나 사적 소유를 극복하고자 한다고 해서 우리가 역사적 공산주의자들의 국유 관념에 동의하는 것은 아니다. 맑스가 잘 지적했듯이 "근대의 사적 소유는 근대 국가와 조응하고 있다". 독점의 주체가 개인인가 국가인가는 오히려 부차적이다. 실제로 근대의 사적 소유는 국가의 배타적 권력을 통해서 발생한다. 또 공통된 것의 국유화는 사유화를 용이하게 하는 메커니즘이기도 하다. "역사적 공산주의 패망과 더불어 국영기업들이 집단 매각되는 방식이 그랬고, 개발독재국가에서 공기업을 사적으로 불하한 것이 그랬고, 현재 신자유주의 하에서 공기업을 민영화하는 방식이 그렇다."

공통된 것을 국가적인 것으로 혼동해서는 안 된다. 불행히도 우리에게 공공성은 많은 경우 국가적인 것을 의미한다. 그러나 우리는 공통적인 것이 확산되기를 바랄 뿐 국가적인 것이 확산되기를 바라는 것은 아니다. 우리가 보기에 국가의 개입은 언제나 과잉이다. 부족한 것은 비국가적 공공성, 우리가 코뮨주의라고 부를 수 있는 공통된 삶의 실험이다. 지식, 정보, 사물, 인간들이 여전히 개인의 울타리 안에, 국가의 울타리 안에 갇혀 있다.

7

동일자의 폭력을 제기한 것이 우리만은 아니다. 타자가 누구인지, 우리는 어떻게 타자를 만날 수 있는지를 진지하게 물었던 사람들이 있었다. 그들에 따르면 타자는 우리의 인식 대상이 아니다. "주체로서의 나는 타자를 결코 만날 수 없다. 타자가 나에게 이미 알려지고 앎의 대상이 되었다면 그는 더 이상 낯설고 이질적인 것으로서 타자가 아니기 때문이다." 그렇다면 도대체 우리는 타자를 어떻게 만날 수 있는가. 엠마누엘 레비나스에 따르면, 타자와의 마주침은 우리가 도무지 어찌할 수 없는 절대적인 어떤 것과의 마주침이다. 우리가 마주하지만 볼 수 없는 어떤 것과의 마주침. 그것은 고통과 죽음이라는 형태로 나에게 현현한다. 나는 그러한 타자에 대해 전적으로 순종하고 나를 바치며, 내 죄를 고백하고 참회할 수 있을 뿐이다.

그러나 동일자든 타자든 우리에게는 섬기고 싶은 주인이 없다. 설령 고통 받는 자의 얼굴이라 할지라도 우리는 그에게 기도 드릴 생각이 없다. 타자의 절대 권리를 희생자의 절대 권리에서 찾고, 그 절대 권리를 영원한 정의justice로 바꾸어 내는 사유의 전개 과정이 얼마나 위험한 것인지 우리는 지적하지 않을 수 없다. 예수의 삶보다 죽음을, 그가 삶 속에서 느꼈을 행복보다 십자가에서 느꼈을 지옥 같은 고통을 환기시킨 사제들, 그들이 어떻게 통치자가 되었는지를 생각해 보라. 독재나 테러에 희생된 자들의 얼굴을 활용하는 오늘날의 제국주의자들을 보라. 그들은 자신의 침공이 희생자가 요구하는 무한한 정의에 대한 화답이라고 주장한다.

그러나 우리가 단지 위험 때문에 이른바 '타자의 철학'에 반대하는 건 아니다. 어쩌면 위험이란 모든 위대한 사상의 운명이라는 점에서 반대하기보다는 감수해야 할 어떤 것이다. 우리가 진정으로 반대하는 것은 무력함이다. 원한, 죄의식, 양심의 가책, …… 본인에게 요구하든 타인에게 요구하든 그것들은 사람들을 노예로 만드는 장치들이다. 우리는 슬픔이 매개하는 공동체, 죽음이 매개하는 공동체에 반대한다. 가장 슬플 때조차 우리는 그 작아질 대로 작아진 기쁨을 찾기 위해 노력한다. 스피노자의 말처럼, 그 순간부터 슬픔은 더 이상 우리를 슬프게 만들 수 없다.

그렇다면 지금까지 우리가 말한 타자는 누구인가. 엄밀히 말하자면 '타자'는 없다. 우리에게는 '타자들'이 있을 뿐이다. '나'와 '타자'라는 양자관계가 우리에겐 존재하지 않는다. '2'라는 숫자는 코뮨을 생각하기에는 너무 작은 숫자이다. 우리에게 '타자'는 무수히 많은 수, 즉 대중 multitudes의 형상을 취한다.

'타자'에 대해 말하는 '나' 자체가 이미 무수히 많은 대중들로 구성되어 있다. 한 사람인 나는 항상 한 사람 이상이다. '나'란 그 자체로 무수히 많은 것들이 조직화된 구성체에 불과하다. 보통 때 그것들은 지층화stratification된 채 하나의 질서를 따른다. 그러나 어떤 독재자도 제거할 수 없는 신체의 작은 요동들은 항상 존재하고, 사소한 계기에 의해 지층을 휘젓는 거대한 요동은 언제든 생겨날 수 있다. 우리 안에는 우리의 변신을 부추기며 말을 건네는 무수히 많은 대중이 있다. 우리 안에는 우리를 구성하고 있는 우리 아닌 '타자들'이 있다.

코뮨주의는 이 타자들, 이 대중들의 운동에 대한 사유이다. '나'만이 아니라 이 사회, 이 우주를 이루는 대중들의 흐름을 사유한다. 우리는 우리에게 가장 친숙하면서도 가장 낯선 무리들, 우리 안에도 우리 바깥에도 있는 이 무리들을 사랑한다. 생성의 순간마다 닥치는 이 이방인들을 우리는 사랑한다. 그들의 정체를 밝히는 것은 불가능하다. 그들은 정체성을 가진 자가 아니라 정체성을 벗어나는 자들이고, 주어진 정체성을 받아들이는 자가 아니라 새로운 정체성을 끊임없이 만들어 내는 자들이기 때문이다.

코뮨주의자로서 우리는 작동을 원하지 분석을 원하는 게 아니다. 아니 우리는 대중에 대한 분석조차 대중 속에서 작동하기를 원한다. 이 점에서 우리는 스스로를 프롤레타리아와 결합한 자코뱅 당원이 아니라 프롤레타리아의 일부라고 선언했던 로자 룩셈부르크를 지지한다. 코뮨주의자란 누구인가. 그는 그 자체로 활성화된 대중이면서 또한 대중들을 활성화하는 자이다. 그의 신체는 아주 낮은 발화점에서도 불이 붙고, 아주 습한 환경에서도 다른 이에게 불을 전한다. 그는 불길을 지도하는 자가 아니라 스스로 불탐으로써 다른 이들에게 불을 지르는 자이다. 그의 신체는 매우 민감하다.

코뮨주의자는 왜 착취당하는 자, 소수자, 광인과 긴밀한 유대를 갖는가. 그의 신체 속에 그들이 대중으로서 생생히 살아 있기 때문이다. 그는 그들을 만나자마자 견디기 힘든 대중들의 난동이 자기 신체 안에서 일어나고 있음을 느낀다. 그는 자기 안에 "광인과 함께할 가능성을 지닐 만큼 충분한 광기"를 느낀다. 도대체 이 낯선 타자들, 이 이방인들이 언제 그의 신체에 들어 있었단 말인가. 그의 신체 안팎을 가로질러 대중들이 소통한다. "혁명가로서의 그의 특이성은 여러 소수자들, 착취당하는 자들, 광인들, 가난한 자들과의 공통 작용을 통해 생산된다." 그래서 단 한 사람일 때조차 혁명가는 혁명가들이고, 코뮨주의자는 코뮨주의자들이다. 즉 코뮨주의자의 형상은 항상 대중이다.

8

우리는 자본주의 화폐 경제에 반대한다. 우리는 코뮨주의의 완전한 전도를 화폐에서 발견한다. 맑스는 이렇게 말한 적이 있다. "화폐는 자신이 코뮨이 아닌 곳에서 코뮨들을 해체한다." 우리는 자본주의 사회를 화폐 코뮨이라 부른다. 화폐는 환상적 코뮨이지만 그 환상을 공유하는 한에서 현실적 코뮨이기도 하다. 화폐는 공통된 것의 환상 혹은 환상적 공통성이다. 화폐는 모든 이질적인 것들을 매개한다. 화폐는 모든 욕망들을 빨아들인다. 이것이 가능한 이유는 화폐가 아무것도 아니기 때문이다. 아무것도 아니기에 화폐는 모든 것일 수 있다. 공통된 것을 생산하는 적극적인 노력이 멈춘 곳에서 사람들은 화폐를 갖고자 한다. 서로에 대해 철저히 무관심한 곳에서 사람들은 화폐에 관심을 갖는다.

모든 이질적인 것들의 소통! 그러나 자본주의 화폐경제에서 발견하는 것은 특이성들의 소통이 아니라 특이성 상실의 소통이다. 화폐는 공통된 것처럼 보이지만 모든 곳에서 오직 화폐만을 보는 자본주의적 환상 속에서만 그럴 뿐이다. 화폐는 이질적인 것을 매개하지만 이질적인 것이 그 특이성을 상실하는 한에서만 그렇다. 우리는 화폐를 사용할수록 우리의 후각을 잃어버린다. 모든 짐승은 다른 짐승의 똥에서 역겨움을 느낀다. 그러나 '똥 중의 똥'인 화폐에서는 아무 냄새도 맡을 수 없다. 단지 우리가 느끼는 것은 부족과 결핍의 감정이다. 공통된 것이 결핍된 곳에서 우리는 결핍을 공통된 것으로 느낀다. 결핍을 생산하지 않았다면, 결핍을 유통시키지 않았다면, 결핍을 소비하게 하지 않았다면, 자본주의가 이 세계에 이처럼 충만하지는 않았을 것이다. 가장 부유한 자본가마저 결핍감에 시달리는 곳, 그곳이 자본주의다. 자본은 결핍으로 충만한 신체이다!

정신분석학자들이 발견한 가족질서, '아빠-엄마-나'로 이루어진 오이디푸스 삼각형은 자본주의 체제에 잘 들어맞는다. 사람들은 어떤 사회적·역사적 상황 속에서 정말 그 법칙을 따르는 것처럼 보인다(이 점에서 오이디푸스는 우리에게 원인이 아니라 결과이다). 자본capital이라는 대문자capital가 순환할 때, 사람들은 '대문자/자본'의 어떤 목소리를 듣는다. "나의 노예가 되라. 모든 것의 주인으로 만들어 주겠다." '자본가-아버지'는 첫번째 노예가 된 사람이다. 그는 스스로 복종한 삶의 형태에 자식들을 복종시킨다. 그가 권력자인 것은 그가 또한 복종자이기 때문이다. "아무도 소유하지 않은 채 유동하는 자본팔루스, 자본을 소유하고 있다고 상상한 자본가아버지, 자본에 무력한 토지와 기계어머니, 가변자본(임금)을 잃을까 두려운 노동자아들, 가변자본을 선망하는 산업예비군딸으로 이루어진 오이디푸스 가족의 탄생." 누구도 소유하지 못하는 결핍의 기호인 자본의 순환 속에서 만들어진 가상의 공동체, 환상의 가족이 사회 전체를 지배하고 있다.

우리 코뮨주의자들이 독신자들처럼 보이는 것은 이 자본의 가족주의에서 벗어나기 때문이다. 가족주의자들 눈에 우리는 틀림없는 독신자들의 모임이다. 자본주의 가족 배치를 이탈했다는 점에서, 그리고 우리가 권력과 부의 관능에 별 쾌락을 느끼지 못한다는 점에서, 우리의 성욕이 남성과 여성, 이성애와 동성애, 인간과 사물의 구분에 무관심하다는 점에서, 우리는 기꺼이 독신자들이다. 그러나 "독신자가 개인주의자인 것은 아니다". 우리는 어느 누구와도 사랑을 나눌 준비가 되어 있는 횡단성애자이며, 우리는 어떤 존재와도 자유로운 연합을 구성할 준비를 하는 사람들이다. 그것이 우리의 욕망이고, 그것이 우리의 능력이다.

우리는 우리의 사랑이 구체로서 전체를 이루기를 희망한다. 우리는 우리가 반대하는 삶에 추상적인 총체로서 대적할 생각이 없다. 우리는 구체적 삶의 형식을 실험하고 발명해 낼 것이다. 아무것도 없는 공허한 구호로 사람들의 삶을 지배한 것은 바로 자본주의다. "환상을 통한 욕망 생산은 자본주의적 생산의 전매특허품이다."

우리는 일상에 대한 구체적 실험을 통해서만 코뮨주의를 주장할 것이다. 에너지, 음식, 정보, 지식, 정서 등을 다른 코뮨들과 어떻게 소통할까, 어떻게 대안적 삶을 실험할 수 있을까. 이런 고민 속에서만 우리는 우리의 코뮨주의를 주장할 것이다. 우리의 구체적 실험에 대해 "그렇게 해서 세상이 바뀌느냐"고 묻는 사람들, 총체적 플랜을 제시하라는 사람들에게 우리는 이렇게 답한다. 세상이 바뀌지 않는다는 말을 자신의 삶을 바꾸지 않는 변명으로 삼지 말라고. 중요한 것은 당신의 삶을 바꾸는 것이다. 그리고 여러 대안적 실험들을 소통시키고 확산시키는 것이다. "그렇게 하면 세상이 바뀐다."

9

우리의 선언이 끝나는 곳에, 아니 우리의 행동이 시작하는 곳에 하나의 항목을 덧붙이고자 한다. 모든 실험들, 모든 혁명들, 모든 선언들(이 선언을 포함해서)에서 엄숙주의를 몰아내자. 우리는 더 이상 실험할 필요가 없는 단 한 번의 '진정한 실험'을 꿈꾸는 사람들이 아니다. 더 이상의 실험을 원하지 않는 실험, 그것을 우리는 '진정한 실험'이라고 부른다. 그러나 코뮨주의자로서 우리는 실험과 시도를 즐기는 사람들이다. 우리는 실험을 반복함으로써 한 발씩 한 발씩 걸어 나간다.

코뮨주의는 언젠가는 도달해야 할 세상에 대한 이름이 아니라, 언제든 도달할 수 있고 언제든 실현할 수 있는 삶의 방식이다. 코뮨주의는 대안적 삶에 대한 끊임없는 물음과 시도 속에서 언제든 실현된다. 우리는 머무를 곳을 찾아 이행하는 사람이 아니라 이행 속에 머무르는 사람들이다. 목적이 이행을 결정하는 게 아니라 이행이 목적을 결정한다. 우리는 우리의 여정을 코뮨주의라고 부른다. 우리는 우리가 시도하는 매번의 실험을 코뮨주의라고 부른다.

이 실험, 이 모험을 즐기지 않고 어떻게 코뮨주의자가 되겠는가. 엄숙한 자들, 진지한 자들에게는 우리의 실험이 실패들의 연속으로 보일 것이다. 그들은 우리의 끊임없는 여정 자체를 실패의 증거로 삼을 것이다. 우리를 보는 것만으로도 그들은 피로를 느낄지 모르겠다. 그러나 우리의 실패들은 우리의 성공들이기도 하다. 우리는 "아무도 실패해 본 적이 없는 새로운 방식으로만 실패할 것"이기에. 우리는 언제든 우리의 이전의 실패들, 이전의 성공들로부터 쉽게 떠날 수 있을 만큼, 그리고 우리에게 익숙한 모든 것들로부터 언제든 쉽게 떠날 수 있을 만큼 가벼워지려고 하기 때문이다.

우리는 결국에 웃을 것이라고 말하지 않는다. 우리는 웃으면서 시작하자고 말한다. 우리는 지금으로부터 150여 년 전 세상에 퍼진 「코뮨주의자 선언」을 기억하고 있다. 우리는 그 선언자들의 자유로운 정신을 사랑한다. 그들은 그들에게 결여된 자본, 국가, 가족 등에 매달리지 않았다. 그들은 결여를 채우려 하지 않고 그 결여를 버려 버렸다. 그들은 결여 자체를 결여하게 했다. 그들은 돈과 권력, 박애를 얻지 못했지만, 그것들을 얻기도 전에 버려 버렸다. 결여감, 그것이 쇠사슬이었음을 알았다. 결여감을 가진 자는 떠나지 못한다. 결여된 것을 얻고자 매달리기 때문이다. 충만한 자는 어디로든 떠날 수 있다. 매달릴 곳을 갖지 않기 때문이다. 아니 매달릴 곳을 갖지 않은 자야말로 진정 충만한 자이다. 가볍게 떠날 수 있다는 것, 그것이 그 정신의 위대함을 말해 준다.
자, 이제 우리도 웃으며 떠날 시간이다!

모두 함께, 다만 둘의 이름을 빌려
고병권, 이진경 쓰다